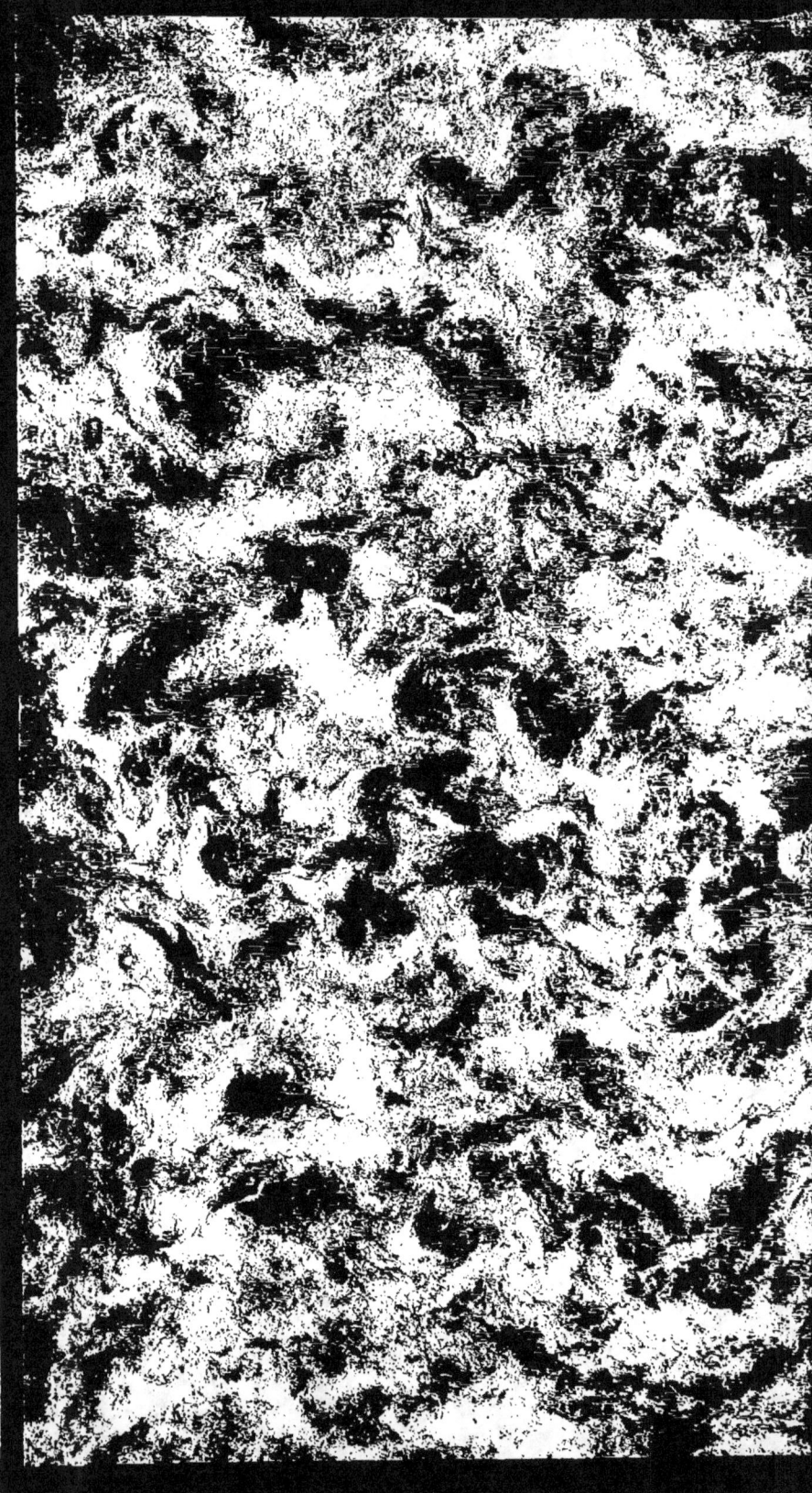

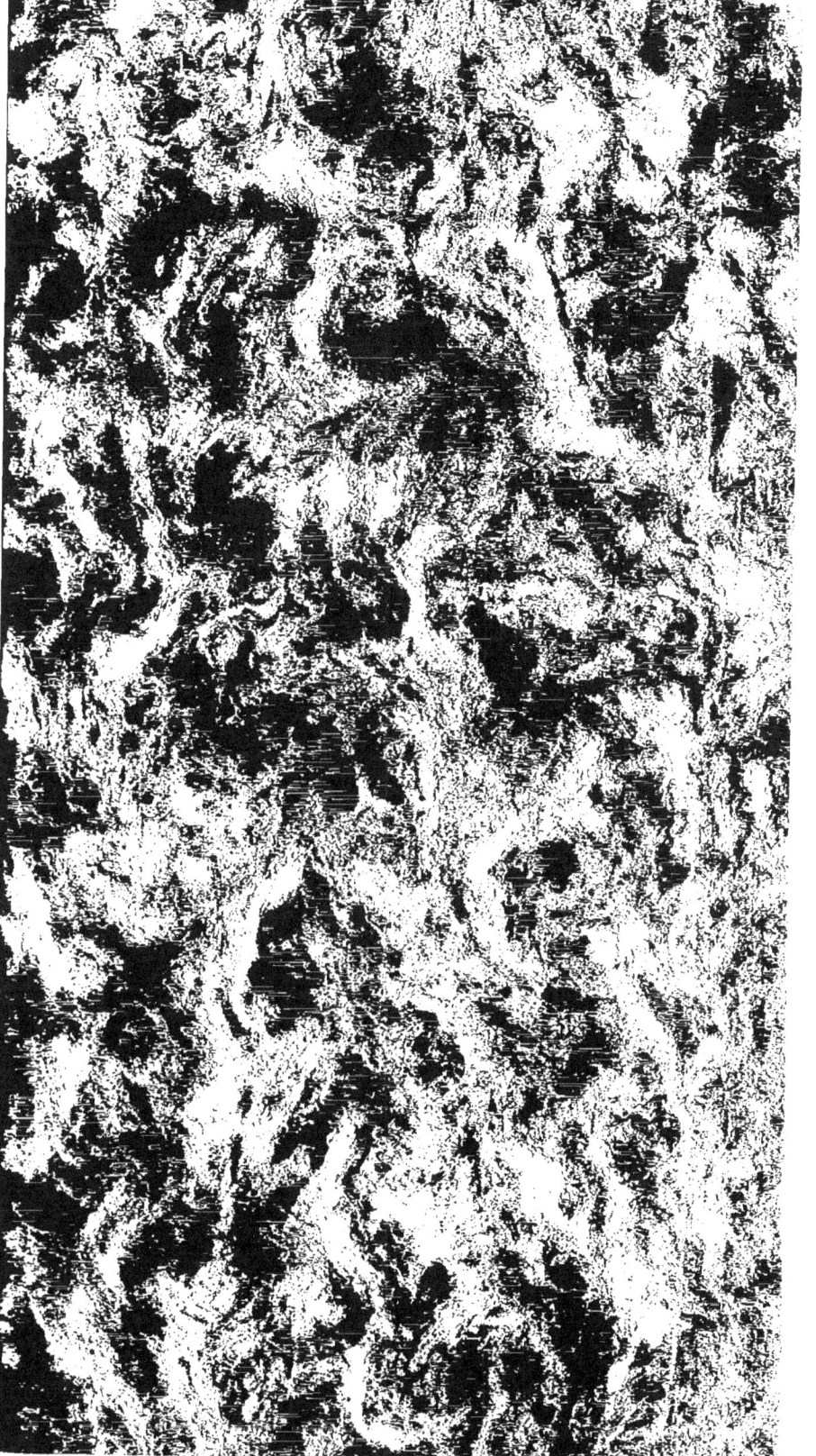

MOLINIE 1984

HISTOIRE GÉNÉRALE

DE

LA BASTILLE.

HISTOIRE GÉNÉRALE
DE
LA BASTILLE,

DEPUIS SA FONDATION 1369,

JUSQU'A SA DESTRUCTION, 1789.

Par FOUGERET,

ANCIEN SECRÉTAIRE DE PITT ET COLLABORATEUR
DE MIRABEAU.

TOME DEUXIÈME.

PARIS,
CHEZ GAUVAIN, EDITEUR,
RUE SAINT-ANTOINE, N. 177.

1834.

Imprimerie de Bacquenois, rue Christine, N° 2.

HISTOIRE GÉNÉRALE

DE

LA BASTILLE,

DEPUIS SA FONDATION, EN 1369,
JUSQU'À SA DESTRUCTION, 1789.

BASTILLE SAINT-ANTOINE.

Nous croyons faire plaisir à nos lecteurs en leur racontant un épisode des mille aventures galantes du duc de Richelieu.

Les beautés de la cour sont devenues, pour le duc de Fronsac, le *Pâté d'Anguilles* du bon La Fontaine. « Toujours des princesses, des duchesses, des marquises, se disait-il un jour, parcourant à pied la grande rue du faubourg Saint-Antoine; toujours des diamans, de l'or, des robes de satin; c'est trop monotone; les soupirs patriciens m'ennuient. Tâchons de rencontrer dans ces quartiers éloignés quelques colerettes de simple mousseline, quelque petit bonnet sous lequel se montrent un nez relevé, une brune prunelle; essayons de suivre dans quelque allée obscure une jupe écourtée, laissant voir un petit pied bien serré dans son soulier... » Fronsac disait encore, quand il aperçut à la porte d'une boutique de miroitier la plus jolie blonde qu'il eût rencontrée de sa vie. Chevelure angélique, regard céleste, bouche de rose, taille d'Hébé et dix-huit ans environs. Telle était Mme Michelin, dont notre galant lut le nom au-dessus du magasin de glaces. « C'en est fait, s'écria l'inflammable gentilhomme; voilà celle que je cherchais; j'en raffole, j'en suis fou; il faut qu'elle m'appartienne avant l'expiration de la semaine.

Le soir même, un valet, fidèle et intelligent limier de Fronsac, était établi dans un cabaret, vis-à-vis le miroitier. Il apprit là tout ce qu'il voulait savoir : Michelin avait trente-six ans; la jolie blonde était devenue sa femme un peu malgré elle; mais elle était sage et même dévote. Tous les jours régulièrement, Mme Michelin allait entendre au moins une messe à Saint-Paul. Jamais personne ne l'abordait, ni en allant à l'église, ni en revenant au logis; et, conclusion extrêmement rassurante, l'âge de son confesseur passait 70 ans. Le duc fut très satisfait de tous ces détails; mais il se voyait en présence d'une vertu armée de toutes pièces. Galant de cour, jamais il ne s'était trouvé en pareille situation; pour lui les routes du plaisir avaient toujours été des chemins battus. L'aventure n'en devait être toutefois que plus piquante. Fronsac en fit l'objet de ses soins exclusifs. Il se rendit tous les jours à Saint-Paul; il ne manquait point d'y rencontrer la blonde miroitière; mais ses yeux étaient constamment attachés à son livre d'heures. L'assidu voisin s'évertuait vainement à tousser, à faire crier sa chaise sur les dalles, ou bien encore à chanter faux quelques versets; rien ne pouvait distraire Mme Michelin. Fronsac revit alors sa bibliothèque espagnole; elle lui apprit l'art d'entrer en relation avec une belle dévote, soit en lui offrant de l'eau bénite, soit en lui cédant un siége qu'on s'est attaché à rendre nécessaire, soit en lui soumettant une demande respectueuse sur un point du sermon. Le duc était parvenu, par l'emploi successif de ces moyens, à se faire apercevoir de l'adorable marchande, et elle devait avoir reconnu qu'il ne pouvait guère y avoir à Paris un plus joli homme que lui. Rarement une telle remarque est sans danger : les yeux de notre dévote n'étaient plus aussi obstinément fixés sur son livre ; quelques regards dérobés se portaient de temps en temps vers le voisin ; et celui-ci, caché derrière un pilier, avait plus d'une fois observé l'inquiétude de sa miroitière lorsqu'il tardait à se placer près d'elle. Les principes de Mme Michelin n'était nullement ébranlés ; mais elle commençait à s'apercevoir que ses affections redescendaient vers la terre. « C'est peut-être, se disait-elle déjà, pour faire aimer l'homme que Dieu l'a fait à son image. » Les choses en étaient là, quand on apporta, un matin, sur les fonds baptismaux de Saint-Paul, un enfant dont la mère venait d'être blessée par un mari furieux... Cet accident établit quelques entretiens entre les fidèles. Fronsac profita de la circonstance pour lier conversation avec Mme Michelin, qui, ce jour là, le quitta enchantée de l'avoir vu donner dix louis pour la pauvre blessée.

Le duc ne doutait déjà plus qu'il ne fût aimé, et cette assurance lui fut tout-à-fait acquise lorsque, s'étant rendu chez le miroitier, sous prétexte d'acheter des glaces, le visage de Mme Michelin prit, en le voyant entrer, la couleur d'une rose âgée d'une aurore. Michelin était absent; ce fut sa femme qui montra au duc les articles qu'il demandait... La dévote n'ignorait pas qu'elle parlait à un grand seigneur; elle ne pouvait pas ignorer davantage que ce grand seigneur soupirait pour elle : la beauté la moins expérimentée sait cela tout de suite... L'embarras, le respect, l'émotion portaient le trouble de l'intéressante blonde au dernier point.

« Ceci, monsieur le duc, disait-elle en touchant une glace, pourrait-il vous convenir?

— Beaucoup, madame, beaucoup... Le prix?

— Deux cents livres...

— Quoi! si bon marché?...

— Je me serais bien gardée de surfaire à M. le duc.

— Surfaire!... impossible... Tout ici est inestimable, répondit avec feu l'amoureux Fronsac; en saisissant une main qui tremblait comme la feuille agitée par le vent du matin.

— M. le duc est trop bon, reprit la jeune femme en dégageant ses jolis doigts... Puis, s'arrêtant devant d'autres glaces, elle ajouta : Voilà qui vous conviendrait peut-être mieux.

— Oui, je prends celle-ci, et puis celle-là, et ces deux autres.

— Il me semble que vous en vouliez moins...

— Maintenant, s'écria le duc avec une sorte de transport, je prendrais tout le magasin.... il n'y a pas une glace où je ne vous aie vue. »

Je ne sais ce que Mme Michelin aurait répondu, lorsque son mari entra. C'était un homme franc, ouvert, loyal; il changea un peu les choix du duc, que ni ce seigneur ni la marchande n'avaient fait bons, tant cet objet commercial se trouvait loin de leur attention quand ils s'en étaient occupés. Fronsac dit au miroitier qu'il venait d'acheter une maison de campagne aux portes de Paris, et qu'il lui rendrait service en se chargeant de la meubler. On conçoit que Michelin accepta avec plaisir; pour la jeune blonde, elle rougit encore, sans doute par pressentiment.

Que dirai-je enfin? la pauvre petite dame aimait Fronsac avec toute la ferveur d'une âme dévote, que la créature distrait de l'amour du Créateur... Mais, loin de croire qu'elle pût trouver d'ineffables délices dans un commerce de sens que Michelin lui faisait haïr, le sentiment qu'elle vouait au duc était un culte de pure contemplation qui inondait son cœur de félicités... Presque tout le charme fut détruit aux premières tentatives de Fronsac contre sa vertu; elle aperçut le but auquel son amant audacieux tendait, et ce but, un époux le lui faisait abhorrer. La défense fut vigoureuse, sanglante même; des égratignures sillonnèrent le joli visage de Fronsac. Mais l'élève de Villars était formé aux assauts; il ne tarda pas de gagner beaucoup de terrain, et s'aperçut bientôt qu'il avait des intelligences dans la place... En effet, Mme Michelin venait de découvrir, en combattant, qu'il pouvait y avoir en amour quelque chose de plus heureux que la contemplation... C'en était fait, l'occasion seule manquait, mais elle ne manqua pas long-temps.

Le duc, qui avait besoin d'éloigner Michelin, lui procura coup sur coup plusieurs ameublemens à renouveler dans des châteaux où le miroitier était obligé de se rendre. Madame la maréchale de Villars, devenue l'amie de Fronsac, après avoir été un peu plus, s'empressa de donner sa pratique au bonhomme, pour faciliter charitablement le déshonneur de sa femme.

Jusqu'alors le duc avait reçu la miroitière à sa petite maison meublée par le mari; mais un jour que cet honnête marchand devait coucher au château de la duchesse de Villars, Fronsac déclara à Mme Michelin, qu'il viendrait le soir remplacer l'absent. Il ne fallait, pour s'assurer une sécurité parfaite, qu'endormir profondément une grosse fille de boutique, âgée d'environ vingt ans, et dont la chambre touchait à celle de la miroitière... On craignait que la demoiselle n'eût le sommeil léger, pendant une entrevue nocturne où le calcul des précautions serait difficile; la marchande reçut, des mains de son amant, un narcotique bien innocent, mais bien sûr, qui fut glissé, au souper, dans le verre de la grosse fille, et l'on fut tranquille.

Or, je dois dire maintenant pourquoi Fronsac tenait tant à passer la nuit rue Saint-Antoine, car il ne se trouvait au domicile de Michelin aucun élément de bonheur que le duc n'eût déjà possédé à sa petite maison. Mais il avait remarqué chez Mme Michelin une jeune et jolie brune, nommée Mme Renaud; c'était une voisine, une amie, une amie sincère même, comme on le verra bientôt. Elle était veuve, avait la physionomie animée, l'œil étincelant; la conquête semblait assurée. On glissa un soir une lettre qui fut reçue et cachée avec empressement; elle annonçait qu'on irait en recevoir la réponse chez la veuve, logée dans la même maison que le miroitier. Fronsac y alla en effet, en paraissant se tromper d'étage; et la réponse fut complète... Le veuvage mène quelquefois l'amour un train de poste. Mais notre roué craignait de ne pouvoir se tromper de porte une seconde fois, sans éveiller les soupçons de Mme Michelin; il demanda à celle-ci le commencement d'une nuit, pour avoir occasion d'en accorder la fin à Mme Renaud.

Mme Michelin trouva bien courte la moitié de séance que son amant lui donnait; il y avait en elle, cette nuit-là, une source inépuisable de remords; mais Fronsac lui dit qu'au lever du soleil il devait être à Versailles pour le lever du roi; il quitta la désolée miroitière, monta un étage, et se trouva près d'une femme sans remords, mais qui n'en aimait pas moins les consolations. On ne songe pas à tout; Fronsac fut réveillé en sursaut par la vieille servante de Mme Renaud, qui, ayant une clé de l'appartement de sa maîtresse, venait, comme de coutume, allumer son feu. Le duc, la tête cachée sous les draps, exprima à voix basse son inquiétude à la jolie brune sur la présence d'un témoin qui allait rendre sa retraite difficile. Mme Renaud le rassura en lui disant qu'elle allait envoyer sa cuisinière au marché, et que, pendant son absence, il aurait, pour se retirer, tout le temps nécessaire....., et au-delà ajouta-t-elle, par une réflexion matinale de brune.

La servante étant partie, Fronsac s'habilla diligemment. Tout-à-coup la clé tourne de nouveau dans la serrure, la porte s'ouvre...: c'est Mme Michelin... Qui pourra peindre la stupéfaction du duc, encore en caleçon, et celle de Mme Renaud, sans jupe, à cet aspect inattendu! Ayant rencontré la vieille servante sur l'escalier, l'intéressante dévote l'avait priée de lui ouvrir l'appartement de sa maîtresse; elle venait engager son *excellente amie* à déjeûner avec *elle*. Le coup de théâtre était tout-à-fait pittoresque... Ici, Fronsac, les yeux fixes, la bouche béante, tenant sa culotte d'une main immobile; là, Mme Renaud, rentrant avec précipitation dans son lit, et jetant les draps par-dessus sa tête pour dérober sa honte. Près de la porte, Mme Michelin, le visage pâle, la respiration haute, le sein agité; à côté d'elle, l'honnête servante, la clé à la main, l'étonnement dans les yeux, un demi-sourire sur les lèvres, et disant sans doute tout bas : « Peste! madame n'est pas si veuve... »

C'en était trop pour l'intéressante blonde, elle ne put y résister et tomba à la renverse sur le carreau. Notre roué les laissa s'arranger comme elles purent, et rejoignit un carrosse qui l'attendait au coin d'une rue voisine.

A quelque temps de là, le duc de Richelieu roulait avec fracas sur le boulevart, dans son riche équipage, lorsqu'il aperçut M. Michelin qui marchait lentement sur un des côtés de cette promenade... Le miroitier était en grand deuil..... Cette vue causa au jeune seigneur un saisissement douloureux. Il tire le cordon, fait arrêter son carrosse, et envoie un laquais prier poliment M. Michelin de venir lui parler. L'honnête marchand, selon le privilège de son état de mari, ignorait l'intrigue de sa femme avec Richelieu, bien que celui-ci l'eût racontée à tout le monde ; il estimait, il chérissait même dans le séducteur, un homme qu'il avait trouvé ardent à le protéger et à favoriser le débit de ses glaces....... Michelin s'empressa donc de se rendre à l'invitation de son protecteur, qui, l'ayant vu suivre la même direction que sa voiture, le fit placer à côté de lui.

— Que signifie ce deuil ? monsieur Michelin, demanda Richelieu.

— Hélas ! monsieur le duc, répondit le miroitier en portant son mouchoir sur ses yeux, c'est le deuil de ma pauvre femme.

— De votre femme ! s'écria le duc, dont le

cœur venait de se serrer de manière à lui couper la respiration.

— Je la perdis il y aura demain huit jours... La chère créature! le spectacle de son agonie est toujours là devant moi..... Je vois partout son visage évangélique......

—Ah! monsieur, que vous me faites mal, dit avec un bruyant soupir Richelieu, qu'agitait déjà un secret remords.

— Non, jamais je n'oublierai ces beaux yeux bleus à moitié éteints, et fixés sur moi avec une tendresse suppliante dont je ne puis soupçonner le motif.

— Grâce! grâce! monsieur Michelin ;..... et de grosses larmes tombaient des yeux du débauché, que déchirait un poignant regret.

— Que monsieur le duc est bon de partager ma douleur.... Ah! j'ai toujours bien pensé que monsieur le duc était pour moi un respectable ami.....Dieu vous bénira, excellent seigneur, il vous bénira.

— Assez Michelin, assez; vous me faites mourir....

— Que de reconnaissance! ajouta le mari déshonoré en baisant les mains du perfide séducteur. Puis il poursuivit. Oui, cette malheureuse enfant me regardait avec un air qui me perçait le cœur..... Elle me serrait la main de de ses petits doigts déjà glacés par la mort, et répétait à chaque instant, dans le transport qui l'agitait : Vous me pardonnerez; n'est-ce pas, monsieur Michelin, que vous me pardonnerez?... Mon cœur était tout à Dieu... J'ignorais que le démon pût prendre une forme aussi séduisante...... Ah! c'est qu'il était si beau, si beau!...... Mais son âme..... elle n'était pas changée....» Et la pauvre femme ajoutait avec un rire sinistre : « J'ai vu son âme et je meurs.....»

— Ah! cessez, cessez, monsieur, cette terrible description, s'écria le duc, dont le visage était entièrement décomposé..... Voulez-vous me déchirer les entrailles ?

— Pardon, mon digne protecteur, pardon; je sens que j'ai été trop loin..... Mais quel ange j'ai perdu! Elle avait bien du respect pour vous, monsieur le duc; car, au moment où son âme allait s'enlever au ciel, elle m'a dit : « Quand vous verrez M. de Fronsac, vous lui direz que je meurs pour.... Elle n'a pu achever; mais un sourire céleste accompagnait son dernier soupir... La chère petite! elle songeait sans doute à toutes les obligations que je vous ai.

— Monsieur Michelin, interrompit le duc

d'un air sombre, vous m'avez dit que vous alliez rue du Temple; nous y voici...; adieu. »

Le miroitier salua M. de Richelieu, descendit et s'éloigna tristement. Le pauvre homme était loin de penser qu'il venait d'exercer une terrible vengeance.

Pierre Girod, entré à la Bastille le 8 mai 1712.

Après les malheurs que le sort des armes et le cruel hiver de 1709 réunissaient sur la France, les finances étaient épuisées; les besoins urgens avaient fait imaginer des papiers pour représenter l'argent : on en paya d'abord l'intérêt : on suspendit ensuite le paiement; alors ils perdirent soixante-dix pour cent; on les plaça en rentes sur la ville, mais plus tard on retrancha les deux tiers. Ces injustices, qui ruinaient des familles entières, donnèrent lieu à divers épigrammes, celle-ci se chantait publiquement:

> Du papier pour ducats,
> Un dévot pour Turenne,
> Une catin pour reine;
> Grand Dieu, l'étrange cas!
> Ne m'entendez-vous pas?

L'auteur fut découvert, et envoyé à la Bastille.

André Azzurins, entré à la Bastille le 26 août 1712, en vertu d'une lettre de cachet signée marquis de Torcy.

Ce prisonnier avait été arrêté à Fontainebleau. Il était arrivé nouvellement d'Espagne, et avait fait différens voyages à Serpa. Ses principales liaisons étaient avec les émissaires du duc d'Orléans, desquels il avoua qu'il avait reçu de l'argent ; ce qui fit prendre la résolution de le garder à la Bastille.

Françoise de Villiers, surnommée Fanchon, native d'Amiens, mise à la Bastille sur ordre du roi, du 15 novembre 1712.

« Pour correspondance téméraire et répréhensible avec les révoltés Espagnols, dont on a des preuves suffisantes pour se dispenser de l'interroger. » Cette malheureuse mourut peu de temps après son incarcération. Elle était âgée de soixante et un ans.

Carcano et Molina, entrés à la Bastille le 14 juin 1713, en vertu d'une lettre de cachet signée de Torcy.

Carcano, jeune libertin, originaire de Milan, avait volé au sieur Cléricy, banquier, dont il était commis et parent, une somme assez considérable; étant passé en France avec un nommé Molina, il convint du vol qu'il avait fait, et il s'en excusa en disant que le sieur Cléricy, chez qui il avait demeuré pendant deux ans, ne lui ayant pas procuré l'avancement qu'il lui avait promis, il s'était déterminé à se payer par ses mains et à venir demander ensuite du service en France. Il assura que le nommé Molina, qui avait été arrêté en même temps et mis aussi à la Bastille, n'avait eu aucune part à cette action, et ne s'était joint à lui que pour l'accompagner dans ses voyages.

Le père de Carcano était lieutenant des gardes du prince Eugène de Savoie; or, on pensa que ces jeunes gens avaient pu ne venir dans le royaume qu'à mauvaise intention, et on décida de les laisser à la Bastille jusqu'à *nouvel ordre*.

Louis-Michel de Bellevaux; Pierre Mansard, capitaine au régiment d'Artois, mis à la Bastille par ordre du roi, le premier, le 24 septembre 1713, le second, le 9 octobre de la même année.

Depuis quelque temps la mort planait sur les fils et les petits-fils de Louis XIV. Les médecins Fagon et Boudin regardèrent le poison comme certain. Ils apprirent au roi, désolé, que deux hommes, nommés Bellevaux et Mansard, tenaient entre leurs mains tous les fils de cet abominable complot. Sa Majesté les fit chercher et conduire à la Bastille. Bellevaux déclara que ces morts si rapprochées, si promptes et si étranges étaient une suite du complot qu'avait déjà formé le duc d'Orléans en Espagne. En apprenant cette nouvelle, le roi, affaibli par les années et le désespoir, s'écria : « O! mon Dieu! que faut-il que je fasse? » Cependant il manda le duc d'Orléans; mais il ne voulut pas déconsidérer sa famille par un procès qui devait retentir dans toute l'Europe.

Mansard accusa le duc d'avoir dans le Palais-Royal un cabinet secret où avaient été machinés des mystères d'iniquités. C'est-là, dirent les délateurs que le duc d'Orléans admettait par fois à ses expériences; c'est-là que souvent il passe la nuit dans des opérations magiques, secondé par Humberg, son confident, qui se vante d'avoir la pierre philosophale. Des fourneaux, des alambics, des liqueurs inconnues, des herbes malfaisantes, tout, dans cet arsenal, dénonce des intrigues infernales.

Ils déclarèrent en outre avoir vu chez ce prince des fioles qui portaient en étiquettes les noms de *Monseigneur*, du *Dauphin* et de la *Dauphine*; ils assurèrent aussi lui avoir vu préparer des liqueurs dont une goutte suffisait pour donner la mort. Enfin, ils montrèrent des vers écrits de la main du duc d'Orléans, et tendant à rejeter la mort du grand Dauphin, décédé à Meudon, sur madame de Maintenon.

> Ci-gît le seigneur de Meudon,
> Qui vécut sans ambition,
> Qui mourut sans confession,
> Dépêché par la Maintenon.

Lors de cette déposition, le lieutenant de police d'Argenson et M. de Pontchartrain coururent au Palais-Royal et conseillèrent au prince de se mettre en lieu de sûreté. Le duc d'Orléans refusa de prendre la fuite, disant :

« J'ai *cabalisé* en Espagne, mais, en France, je suis innocent. »

Il est bien vrai de dire que les petits pâtissent pour les grands. Humberg, victime de cette dénonciation, fut chassé de France. Le duc d'Orléans, n'ayant jamais pu se laver entièrement de cette accusation, laissa le temps achever ce qu'il avait si bien commencé.

Détails trouvés à la Bastille sur l'affaire des voleurs de grands chemins et assassins des courriers, coches, voitures publiques et voyageurs.

Cette affaire a duré plusieurs années ; elle a commencé en 1713.

A la paix, qui fut signée le 11 avril 1713 par les plénipotentiaires de France, ceux de la Grande-Bretagne, du duc de Savoie, du roi de Portugal, du roi de Prusse et des états-généraux des Provinces-Unies ; et à celle qui fut conclue et signée à Rastadt par le maréchal de Villars et par le prince Eugène de Savoie le 6 mars 1714, après la longue guerre de 1701 pour la couronne d'Espagne, le roi fit une réforme très-considérable dans ses troupes.

Toutes les routes du royaume furent couvertes d'une multitude de soldats qu'on renvoyait dans leurs foyers sans leur donner aucun moyen d'existence. Des troupes de brigands sortirent en même temps de leurs repaires et répandirent partout la désolation. Ce n'était plus que vols à main armée et assassinats.

Mais au lieu de laisser suivre à la justice son cours naturel, on préféra nommer des commissions pour faire le procès tant aux voleurs nouvellement arrêtés qu'aux anciens détenus (1).

Il y eut soixante-dix-sept accusés dans cette affaire, dont six condamnés à mort et exécutés.

Noms et qualités des accusés condamnés à mort.

Jacques Froger, dit Dubreuil, perruquier, détenu à Vannes en Bretagne, d'où il a été transféré à la Bastille le 23 mai 1714, sorti et transféré au Grand-Châtelet le 10 septembre suivant.

François Amiaud, dit Beausoleil, ci-devant soldat au régiment d'Offy, détenu à Vannes, d'où il a été transféré à la Bastille, le 23 mai 1714, et ensuite au Grand-Châtelet le 10 septembre suivant.

Ils ont été roués tous les deux en place de Grève, par jugement de la commission du mois de septembre 1714 (2).

(1) Si quelque chose annonce et caractérise le despotisme, ce sont les commissions pour juger les accusés. Pourquoi ne pas les renvoyer devant leurs juges naturels? Il semble que le despote craigne toujours de ne pas trouver de coupables ni assez de coupables. Les commissions sont plus commodes, parce que ceux qui les composent sont des agens dévoués et affidés.

(2) Il y a une lettre de M. Hérault, lieutenant-général

Joseph Bizaut, ou Gratien Davanelle, marchand joaillier à Liége, détenu au Petit-Châtelet, par ordre du roi.

Condamné à être rompu vif en place de Grève, et à expirer sur la roue : son corps transporté sur le grand chemin de Calais, par jugement de la commission du 13 juillet 1724.

Pierre Lefèvre, marchand joaillier, contrebandier, demeurant au village de Courcelles en Lorraine, détenu au Fort-l'Évêque.

Condamné à être rompu vif en place de Grève, et à expirer sur la roue; son corps, transporté sur le grand chemin de Péronne, par jugement de la commission dudit jour 13 juillet 1724.

Pierre Langlois, dit le Blond, marchand dans l'armée d'Espagne, détenu à Bordeaux.

de police, datée du 17 août 1726, par laquelle il charge le sieur Dufour, garde des archives de la Bastille, de remettre au sieur Caillet, greffier au Châtelet, les procédures faites contre Dubreuil et Beausoleil en 1714, et celles faites en 1716, contre le nommé Barreau, dit Grand-Pierre, détenu aussi à la Bastille, et transféré au Grand-Châtelet.

Honoré Berth., dit Picard, natif d'Amiens, détenu à Bordeaux.

Condamnés l'un et l'autre à être rompus vifs, et à respirer sur la roue jusqu'à ce que mort s'ensuive; leurs corps transportés où ils ont commis le crime, par jugement prévôtal rendu à Bordeaux le 8 août 1713.

Ils avaient assassiné et volé les nommés Orphelin, courrier de Bordeaux, et Bertrand Bodel, son postillon, la nuit du 11 au 12 mars 1710, entre la poste de Peyecbrune et Chazac, près Bordeaux.

Cinq des accusés, dans le procès de Joseph Bizot ou Gratien d'Avanelle, et Pierre Lefèvre, joailliers, ont été condamnés par contumace à être rompus en place de Grève, dans un tableau attaché à un poteau planté à cet effet, par jugement de la commission du 5 décembre 1724.

1714, 9 *janvier*, 10 *février*, 19 *mars*.

Martin dit Toulouze; la nommée Joly, la nommée Lecourt, femme de Martin, dit Toulouse, entrés au château de la Bastille, en vertu des ordres du roi, signés marquis de Torcy.

Ils étaient tous trois accusés, même convaincus des vols les plus importans, et ils étaient soupçonnés, avec beaucoup d'apparence, d'avoir eu part aux meurtres et vols des courriers de Bordeaux et de Lyon.

Jean René de la Tour, marquis de Montauban, colonel de cavalerie, chevalier de Saint-Louis, mis à la Bastille sur un ordre du roi, du 15 mars 1714.

Il avait dit, en parlant du duc d'Orléans : « On lui fait un crime de sa conduite et de toutes ses opérations militaires en Espagne. »

Il paraît que dans la nuit du 10 au 11 juin, Pontchartrain fit sortir de la Bastille le marquis de Montauban, soupçonné d'avoir une entière connaissance des prétentions du duc d'Orléans au trône d'Espagne, et des motifs qui l'avaient fait agir lorsqu'il était à la tête des armées.

En conséquence d'une si grande perte, René-Vallois, parent du marquis, sergent de la compagnie du château de la Bastille, qui se trouvait de garde pendant la nuit du 10 au 11, fut arrêté et enfermé dans cette prison par ordre du roi du 13 juin, comme seul coupable de cette évasion. Les petits paient toujours pour les grands. Le comte de Pontchartrain était pourtant bien connu pour être l'homme de la faction orléaniste.

Alexandre Lion, lieutenant au régiment de Montmorency, mis à la Bastille le 8 janvier 1715.

Louis XIV eut le malheur de voir périr toute sa famille par des morts prématurées. Le Dauphin, son fils, le fils du Dauphin, le duc de Bourgogne, son épouse et leur fils aîné, furent portés à Saint-Denis dans le même tombeau, tandis que le dernier de leurs enfans qui monta depuis sur le trône, était aux portes de la mort.

Lion avait entrepris de réfuter des bruits fort accrédités alors contre le duc d'Orléans. Nous devons dire que la véridique histoire, en lui reconnaissant des qualités, ne l'absout pas des crimes d'empoisonnement.

« Les calomnies d'une faction stipendiée, disait le lieutenant, vont jusqu'à déshonorer le meilleur des princes. Le duc d'Orléans, ce prétendu empoisonneur de toute la famille royale, n'a-t-il pas été le premier à préparer le contre-poison qui a conservé les jours de M. le duc d'Anjou (depuis Louis XV)? Si les autres princes sont morts empoisonnés, comme l'affirment les médecins, faut-il s'en prendre au neveu du roi, au prince dont les talens chimiques viennent de sauver la vie à un de ses parens ? Non ! vils calomniateurs, mille fois non ! ce prince magnanime ne peut être accusé de diriger le bras criminel qui moissonne les enfans de Louis XIV ».

Il terminait ce mémoire officieux en disant : « Les malheureux qui ont environné son carrosse dans la rue Saint-Honoré ont été excités à cet acte barbare par des agens cachés qui leur avaient dicté les menaces qu'ils ont proférées. » Ils avaient voulu conduire le duc aux bûchers de la Grève.

Madame la marquise d'Esclainvilliers, entrée à la Bastille le 27 janvier 1715.

Elle avait commis une grande faute envers son mari ; mais nous n'avons pu en pénétrer le mystère.

Dans tous les cas elle devait être d'une espèce singulière, puisque M. le comte de Ponchartrain proposait de retirer, par un arrêt du conseil, toutes les informations et papiers de cette affaire, pour en dérober la connaissance au public, et les déposer chez le greffier des commissions du conseil, dans une cassette qui serait cachetée par M. d'Argenson, qui en dresserait procès-verbal et inventaire ; on s'appuyait d'un précédent dans l'affaire de la Jolie qu'on avait tenu secrète sous le prétexte qu'elle intéressait une partie de la population de Paris.

Louis XIV venait de mourir. Une longue agonie avait condamné le moribond royal à s'apercevoir de la versatilité des hommages des courtisans, de la perfidie de ses parens et de l'ingratitude d'une femme qu'il avait faite son épouse. Mme de Maintenon s'était confinée à Saint-Cyr quatre jours avant la mort du roi. Cette favorite refusa de recueillir le dernier soupir du prince qui l'avait tirée du néant. Le duc du Maine préparait sa puissance future, et le reste des courtisans, n'ayant pas le courage de supporter les derniers instans d'un moribond, s'abordaient en se demandant : Qui connaît les dispositions du testament ? qui sera donc régent ? Cependant la plupart revenaient au mourant et laissaient là le régent futur toutes les fois que le roi donnait des marques d'un meilleur état. Dans ces momens de forces si inopinées, le moribond s'exprimait avec plus d'énergie que lorsqu'il jouissait de tous ses sens : il demandait avec autorité celle qui avait seule sa confiance. La veuve de Scarron paraissait un instant; mais voyant le prince sans ressource, elle retournait à Saint-Cyr, pour y lever les deux bras vers le ciel et se donner en spectacle à sa nouvelle cour. La courtisannerie allait du duc du Maine au duc d'Orléans. C'est une singulière arlequinade qu'un changement de règne! Que les rois s'abandonnent donc à tout ce qui les environne et qu'ils dépouillent les peuples pour enrichir des maîtresses et des courtisans! L'image de Louis XIV mourant et les sentimens du peuple après sa mort, sont une grande leçon. Il est vrai que la mort d'un oppresseur est une fête publique. Les Parisiens, écrasés d'impôts, et secrètement poussés au scandale par Philippe d'Orléans, qui convoitait, sinon le trône, au moins la régence *absolue*, se vengèrent effectivement avec amertume du règne calamiteux du feu roi. Depuis Versailles jusqu'à Saint-Denis, il fut établi des bals, des fanfares et des concerts. On dansa, on chanta d'une manière bruyante. Il fut distribué des vers satyriques que le peuple fredonna long-temps.

    Il est donc mort ce grand barbon
    Regretté de la Maintenon,
      De Le Tellier et de Fagon.

C'était une vengeance grossière du duc d'Orléans. Enfin, quand le convoi passa, une troupe d'hommes, fort bien mis, se répandit dans un marais, en pilla les oignons, les distribua; et parce qu'on ne pouvait pleurer naturellement, disait cette troupe, il fallait s'en frotter les yeux pour lui rendre les derniers devoirs. D'ailleurs, ajoutait-elle, c'était un mauvais roi. *Vive Philippe d'Orléans! vive le régent!*

Jusqu'à son lit de mort, Louis XIV montra assez de noblesse de caractère pour soutenir le surnom de *Grand,* que, malgré ses fautes, la postérité, après avoir essayé du régime désastreux des d'Orléans, a consenti à lui confirmer. Revenons à l'événement du jour.

Le *grand règne* a donc cessé! la nouvelle est-elle arrivée jusqu'au Palais-Royal? certainement... Les Parisiens dorment encore...; mais à leur réveil quelle surprise!... des affiches, des programmes... et, au lieu du plus affreux despotisme, la plus franche liberté!

Il paraît que les imprimeurs n'avaient pas dormi la nuit entière; car, à la pointe du jour les murs de la capitale étaient couverts de placards, et les marchands assaillis de circulaires; ces nouvelles étaient presque toutes rédigées par l'abbé Dubois, et rappelaient les tortures, les proscriptions, les emprisonnemens qu'avaient eu à subir jansénistes, quiétistes ou protestans sous un gouvernement *plus qu'*absolu.

« Vous êtes prié d'assister aux convoi, service et enterrement de la constitution (la bulle *Unigenitus*), fille naturelle du pape Clément XI, qui se feront dans l'église des jésuites, rue Saint-Antoine.

« *Requiescat in pace.* »

Pendant que Dubois et consorts achevaient de préparer les esprits en faveur de leur maître, le duc d'Orléans, certain que le roi ne l'avait pas nommé régent, cherchait les moyens d'obtenir la régence par d'autres voies, et employait la nuit à prodiguer des promesses dont ses descendans, dans le besoin, n'ont jamais été avares. Il s'adressa d'abord au Parlement, dont il craignait que les membres pacifiques ne voulussent laisser les affaires sur le pied que le feu roi les avait réglées. S. A. R. n'était déclarée dans le testament que chef de la régence, il devait avoir un conseil composé des princes du sang qui étaient en âge, des ministres d'Etat, des maréchaux de Villeroi, de Villars, d'Harcourt, d'Uxelles et de Tallard, dont le nombre ne pouvait jamais être augmenté, même en cas de mort de l'un d'eux. S. M. avait déclaré, par le même article que les affaires seraient décidées dans ce conseil à la pluralité des voix.

Comme l'ambitieux duc prévit que le Parlement ferait en cette rencontre ce que ces sortes de compagnies avaient coutume de faire, c'est-à-dire que, par un respect scrupuleux pour des dispositions testamentaires, il ne voudrait rien changer à celles de Louis XIV, il voulut trouver quelques secrets pour lever ces scrupules; il ne chercha pas long-temps; cependant il n'employa pas, à l'égard du Parlement, les ressources de son cabinet de chimie.

Il fut donc reconnu dans un conseil nocturne que si quelqu'un s'opposait aux desseins du duc d'Orléans et pouvait lui nuire, ce serait le duc du Maine, qui avait gagné le cœur du peuple et des grands par ses belles qualités; mais qu'il y avait remède à cela.

Le lendemain de la mort du roi, le Parlement devait se réunir pour l'ouverture du testament. Les ducs d'Orléans et du Maine rassemblaient tous leurs partisans ; gens de robe et d'épée, haute et basse noblesse, tout était en rumeur au château de Versailles et au Palais-Royal; le duc d'Orléans donna 600,000 francs à M. de Guiche pour s'assurer des troupes et lui communiqua le singulier discours qu'il devait lire au Parlement : c'est un monument digne de remarque ; le voici :

« Messieurs,

« Louis XIV est mort ; son arrière-petit-fils (Louis XV) lui succède comme le plus proche héritier du trône ; mais, moi seul, premier prince du sang, ai le droit de régence pleine et entière ; le roi, dans ses derniers momens, a reconnu la fausseté de plusieurs crimes inouïs qui m'avaient été imputés ; il m'a même prié d'excuser sa déplorable erreur... et le chagrin que lui faisait un testament qu'il ne pouvait récrire à cette heure ; ainsi tout testament contradictoire à mes droits, est annulé par ce fait.

« Je me suis emparé du rang qui m'appartient, en m'appuyant de l'alliance de l'Angleterre, du vœu de la nation, de l'approbation des troupes et du suffrage du Parlement, que vous ne pouvez me refuser. »

Il en était là de son travail, quand Dubois lui dit : « Monseigneur, ce chef-d'œuvre est fait pour donner gain de cause contre vous au duc du Maine. »

Dès le matin on trouva sur les murs des affiches imprimées, dont voici la teneur :

« Habitans de Paris,

« Louis XIV est mort. Au milieu des désordres de toute sorte que laisse après lui le défunt roi, la dette publique s'élève à la somme énorme de 2,062,000,000 fr.; en conséquence vous êtes invités à donner toutes les instructions nécessaires sur les moyens à prendre, tant pour la diminution des impôts, que pour en rendre la levée moins onéreuse aux contribuables.

« Il y aura une réforme générale dans les dépenses de la cour; S. A. R. le duc d'Orléans s'occupe d'assurer les rentes sur l'Hôtel-de-Ville, d'attaquer les traitans et de faire servir leurs dépouilles à acquitter et enrichir l'Etat. »

Comblé de joie, le peuple cria : *Vive le duc d'Orléans! vive le Régent!* Il se trouvait dans une de ces situations critiques où l'homme adopte, en désespéré, le premier parti que lui offre la circonstance. Et le jour même, par imprudence, il s'abandonna aux propositions trompeuses de ce fourbe qui aggrava considérablement le mal au lieu de le diminuer.

Enfin, un autre placard promettait une entière liberté pour les prisonniers de la Bastille. D'Argenson, pensionnaire du duc d'Orléans, avait mis la police à ses ordres; des officiers et des soldats du guet parcouraient les rues de Paris. Le duc de Guiche, payé comme je l'ai dit pour soudoyer les troupes, faisait occuper les avenues du palais par le régiment des gardes; Renald, colonel des Suisses, vendu six cent mille francs, avait posté son régiment autour du lieu de la séance; Philaire, colonel de l'artillerie, qui reçut un million pour corrompre ce corps, avait, pendant la nuit, caché des canons dans les maisons voisines.

Outre les séductions particulières, le duc d'Orléans avait gagné le Parlement par l'adresse avec laquelle il avait flatté son oreille, en insinuant le retour au droit de *remontrances*, dont cette cour était privée depuis fort long-temps.

A dix heures du matin, il se rendit au parlement, accompagné d'une nombreuse suite, et d'un cortège d'officiers qu'on eût cru rassemblés pour emporter les suffrage par la violence, s'ils n'avaient pas été gagnés par l'insinuation, la peur et l'argent. Chemin faisant, Son Altesse Royale, montée sur un beau cheval, souriait à tout le monde, et saluait gracieusement même les personnes qui lui tournaient le dos.

Les ducs et pairs, toutes les chambres, la maison du duc du Maine et celle du duc d'Orléans se rassemblèrent à midi dans un profond silence, qui peignait l'incertitude de tous les esprits.

L'assemblée étant formée, le duc d'Orléans crut voir d'un coup-d'œil que le parquet lui était entièrement dévoué. Il se trompait. S. A. R. parla en ces termes à cette assemblée :

« Messieurs,

« Après les malheurs qui ont accablé la France, et la perte que nous venons de faire d'un grand roi, notre unique espérance est celui que Dieu nous a laissé.

Interruption — Dites : *que je vous ai laissé*, cria une voix étouffée. Ces paroles firent pâlir le prétendant, qui fit signe à l'abbé Dubois de sortir. Un instant après, on vit entrer dans la salle une foule d'officiers déguisés et armés sous leurs habits. L'abbé leur ordonna de se tenir prêts au premier signal.

LE DUC D'ORLÉANS. « C'est à lui, messieurs, que nous devons à présent nos hommages et une fidèle obéissance ; c'est moi, le premier de ses sujets, qui doit donner l'exemple de cette fidélité inviolable pour sa personne, et d'un attachement encore plus particulier que les autres aux intérêts de son Etat.

« Ces sentimens, connus du feu roi, m'ont attiré sans doute un discours plein de bonté qu'il m'a tenu dans les derniers instans de sa vie, et dont je crois devoir vous rendre compte :

Mon cher neveu, me dit-il, j'ai fait un testament où je vous ai conservé tous les droits que vous donne votre naissance. Je vous recommande le Dauphin.

Interruption. Pour qu'il meure empoisonné comme les autres princes, crièrent plusieurs voix parties du fond de la salle. Cette sortie énergique produisit une stupeur générale; le duc d'Orléans, rouge de colère, s'arrêta : Dubois chercha à découvrir l'auteur de cette trop grande vérité.

DE MESMES, premier président et très attaché au duc du Maine (*agitant la sonnette*) : N'interrompez pas Son Altesse Royale.

LE DUC D'ORLÉANS (*continuant d'une voix plus rassurée*) : « Servez-le aussi fidèlement que vous m'avez servi.

Interruption. Surtout en Espagne.

LE DUC D'ORLÉANS (*feignant de ne point entendre*) : « Et travaillez à lui conserver son royaume; s'il vient à manquer, vous serez le maître, et la couronne vous appartient.

Interruption. Eclats de rire presque général.

LE DUC D'ORLÉANS. Quelle indécence!

« A ces paroles, le roi mon oncle en ajouta d'autres qui me sont trop avantageuses pour pouvoir les rappeler.

Interruption. « C'est de la modestie entourée de brillantes épées. » Une autre personne qui siégeait près du duc du Maine : « A voir tant d'hommes armés, on se croirait au temps de la Ligue ou de la Fronde. »

Le duc d'Orléans. « Messieurs, j'ai commandé *quelques* troupes pour le maintien de l'ordre et de la liberté du Parlement.

De Mesmes. Ecoutez, messieurs.

Le duc d'Orléans. « Le roi finit en me disant : j'ai fait les dispositions que j'ai cru les plus sages. Mais comme on ne saurait tout prévoir, s'il y a quelque chose qui ne soit bien, on le changera. Ce sont ses propres termes.

Le duc du Maine. — Monsieur d'Orléans, vous fûtes sans doute seul témoin de cet entretien?

Le duc d'Orléans. — Personne n'ignore que le feu roi me fit appeler plusieurs fois pendant sa maladie, et me parla en particulier. Messieurs, je continue. « Je suis donc persuadé que, suivant les lois du royaume la régence m'appartient; mais je ne serai satisfait qu'autant que vos suffrages se réuniront en ma faveur. Je vous demande de ne point confondre mes différens titres, et de délibérer également, et sur le droit que ma naissance m'a donné, et sur celui que le testament pourra y ajouter. Je suis persuadé même que vous jugerez à propos de commencer par délibérer sur le premier.

Le duc du Maine.—Messieurs, le testament du feu roi a une autre autorité que celle qu'on veut lui donner; l'intérêt de l'Etat l'a dicté à mon très honoré père, si la cour veut consulter son devoir, je ne doute pas qu'elle ne l'accepte dans son intégrité.

Le duc d'Orléans (*écumant de colère*). Monsieur, vous parlerez à votre tour; puis reprenant le cours de sa harangue avec un mécontentement bien marqué: « Mais, à quelque titre que j'aie droit à la régence, j'ose vous assurer, messieurs, de mon zèle pour le service du roi, et par mon amour pour le bien public, surtout étant aidé par vos conseils et par vos sages remontrances.

« Je vous les demande par avance, en protestant, devant cette auguste assemblée, que je n'aurai jamais d'autres desseins que de soulager les peuples, de rétablir le bon ordre dans les finances, de retrancher les dépenses superflues, d'entretenir la paix au dedans et au dehors du royaume, de rétablir surtout l'union et la tranquillité de l'église, et de travailler enfin avec toute l'application qui me sera possible à tout ce qui peut rendre un Etat heureux et florissant. »

Le duc du Maine. — Monsieur le président, je vous prie de faire ouvrir le testament. C'est la meilleure manière de convaincre l'assemblée et de réfuter ce qui vient d'être dit.

L'abbé Dubois s'approcha de Philippe d'Orléans, et lui demanda s'il n'avait pas d'ordre à lui donner. « Si fait, répondit le duc un peu troublé, voici l'instant décisif; tâche d'opérer une diversion qui rende nulles les réclamations des bâtards.

On ouvrit donc le testament, et on fut très étonné de voir que le duc d'Orléans, qui s'était dit si sûr des bonnes intentions du défunt, n'était nommé que chef du conseil de régence, qui devait administrer le royaume pendant la minorité du roi. A chaque article, le président de Mesmes s'écriait : « Ecoutez, messieurs, observez : c'est là notre roi. »

Pendant qu'un conseiller lisait le testament d'une voix si faible et si embrouillée, que les plus attentifs ne l'entendirent qu'à demi, le duc de Saint-Simon s'écria : il est donc avéré que le duc d'Orléans est sacrifié à la grandeur du duc du Maine. Les partisans de ce dernier éclatèrent en murmures; le tumulte fut au comble jusqu'à la fin de la lecture, après laquelle le bruit s'appaisant, le duc d'Orléans, sans laisser aux personnes en faveur desquelles le testament était fait le temps de parler, demanda que les gens du roi donnassent leurs conclusions sur la proposition qu'il venait de faire. Le procureur-général Guillaume-François Joly de Fleury, bien embarrassé, mais craignant des troubles dans le royaume, conclut à ce que le testament fut abrogé.

Le duc d'Orléans fut déclaré régent. Dans le transport de la joie d'un succès si prompt et si entier, il laissa échapper des promesses qui allaient certainement au delà de ce qu'il voulait tenir. Dubois, en homme habile, qui observait froidement dans la foule ce qui se passait, lui fit parvenir un billet où étaient ces mots! *Vous êtes perdu si vous ne rompez la séance.* Il le crut, et en fit ajourner la continuation à l'après-midi. On acheva dans cette soirée d'infirmer le reste des dispositions testamentaires de Louis XIV.

La séduction, la peur ayant poussé le Parlement à casser, en faveur du duc d'Orléans, le testament du feu roi, il se fit entre ce corps politique et le duc escamoteur un échange de concessions qui servit les intérêts de tous les deux. Le régent permit à ce corps de révoquer les ordonnances de 1667 et de 1673, et lui rendit la prérogative de faire des représentations au roi pour le bien de ses sujets. Une partie de la France fut charmée de la décision du parlement, et les Parisiens se signalèrent par la joie qu'ils en firent paraître.

Mais le Parlement dut bientôt se repentir de sa lâche complaisance. Le pouvoir qu'on lui avait rendu ne fut qu'illusoire, et lorsqu'on eut augmenté la valeur numéraire des espèces au-delà du prix ordinaire, la démarche qu'il fit d'aller à pied de la grand'chambre au Louvre, ne servit qu'à lui apprendre qu'il y aurait au besoin toujours de la place à la Bastille. Il paraît que ces remontrances-ci, n'étaient pas les *sages remontrances* dont avait parlé le duc avant d'être nommé régent.

Le marquis d'Aremberg, âgé de soixante-dix ans, fut élargi de la Bastille, où il était depuis dix ans, pour avoir contribué à la liberté du père Quesnel, détenu prisonnier dans le palais de l'archevêque de Malines. La comtesse de Nassau eut aussi le bonheur de sortir de ce château, de même qu'André Nicolozzo, imprimeur de la ville de Chartres.

Dans la même année 1715, le régent, en réconnaissance de l'alliance qu'il avait faite avec les Anglais, leur sacrifia les réfugiés, que Louis XIV, même dans ses revers, ne voulut jamais abandonner. Long-temps le jeune Stuart s'était flatté de recouvrir l'héritage de ses pères par la seule bienveillance que lui gardait la reine Anne, sa sœur, sous la protection du vieux roi de France. Le prétendant avait préparé une invasion, mais la mort du monarque ruina ses espérances. Les insulaires poursuivirent le prince et ses partisans avec acharnement. Ils mirent leurs têtes à prix. Le duc d'Orléans aimait l'argent. L'ambassadeur d'Angleterre n'eut pas honte de proposer la somme au régent, qui l'accepta et livra le chevalier de Saint-Georges et tous les gentilshommes anglais et écossais soupçonnés d'avoir secondé l'entreprise du malheureux réfugié.

La mesure rigoureuse que prit le régent de faire condamner les financiers de la vieille dynastie à des amendes et à des peines afflictives, ne produisit aucun effet salutaire pour le peuple. En cherchant des fripons, le régent le devenait autant qu'eux, en vendant aux financiers imposés des réductions qui n'entrèrent jamais dans les coffres du roi. Un de ces traitans avait été condamné à verser au trésor un million;

Dubois lui offrit de le faire décharger moyennant deux cent mille livres. « Vous venez trop tard, monsieur le conseiller d'état, répondit l'imposé; j'ai déjà versé la moitié de cette somme entre les mains de mademoiselle de Valois (fille du duc d'Orléans); cette jeune beauté m'a assuré que cette somme suffirait pour ma quote-part de restitution. » Ici commence l'origine de cette immense fortune.

On était revenu des espérances d'une administration sage, économique, approchant de l'administration paternelle. On s'était aussi aperçu que l'usage dès long-temps établi dans cette famille était de ramasser de l'argent pour maintenir plus sûrement un nom qui menaçait de perdre de son illustration.

Les remontrances ne furent pas entièrement interdites; mais le duc d'Orléans prétendit qu'elles ne devaient pas toucher à certains objets. Il voulut en circonscrire étroitement et la matière et la forme; et ces limites posées pour éloigner la lumière et envelopper les opérations du ministère d'une obscurité nécessaire, donnèrent lieu à des conjectures d'où naquirent des soupçons et des craintes. La magistrature s'effaroucha surtout de l'appui donné par le régent aux ducs et pairs de primer les présidens au parlement.

Le 26 août 1718, dit Villars, les conseillers de régence furent avertis qu'il y avait un conseil de régence extraordinaire qui serait suivi d'un lit de justice aux Tuileries. On lut les édits qui devaient être portés au lit de justice. Le premier défendait au Parlement de prendre connaissance des affaires d'Etat, et cassait deux arrêts, non-seulement contraires à la banque de Law, mais encore par l'un desquels Law lui-même avait été décrété de prise de corps.

Tout ce qui venait d'être lu le fut de nouveau au Parlement assemblé dans une pièce voisine pour le lit de justice. Le premier président demanda à délibérer; mais le lieutenant de police d'Argenson, devenu garde-des-sceaux, après s'être approché du duc d'Orléans comme pour recevoir les ordres du roi qui siégeait à côté de ce duc, s'écria : « *Messieurs, le roi veut être obéi, et sur-le-champ.* »

Déjà le chancelier d'Aguesseau avait été exilé pour son opposition. Le régent fit enlever et conduire à la Bastille trois conseillers qui s'étaient permis de manifester de justes craintes sur les dangers que courait la personne du roi par l'éloignement du duc du Maine, aussi exilé. Ces actes despotiques de la part d'un roué qui avait promis tant de liberté, excitèrent une grande fermentation dans Paris, étonné d'une rigueur qui n'avait pas été tentée depuis les barricades.

Le duc d'Orléans prenait chaque jour des *précautions* pour qu'on n'approchât pas le jeune dauphin : le maréchal de Villars s'en étant aperçu, lui dit un jour en plein conseil : « Nous sommes très persuadés que vous désirez la vie du roi comme nous la désirons tous tant que nous sommes; mais il n'y a personne qui puisse s'étonner que vous portiez vos vues plus loin. Comment les mesures qu'il est libre à tout particulier de prendre dans sa famille pour ne pas laisser échapper une succession qui le regarde, pourraient-elles être blâmées dans un prince auquel la couronne de France doit naturellement tomber? »

Outre la manière dure avec laquelle le Parlement de Paris avait été traité, de nouvelles sévérités exercées sur d'autres parlemens, principalement sur celui de Bretagne, jetèrent aussi l'alarme dans les provinces.

Un aventurier écossais, nommé Law, après avoir promené de cour en cour un nouveau système financier sans trouver de dupes, était venu se présenter à la cour du régent, où il avait trouvé tout disposé en sa faveur. Il établit d'abord, en son propre nom, une banque qui devint bientôt un bureau général des recettes du royaume. Ensuite on y joignit une compagnie du Mississipi, de laquelle on promettait des profits merveilleux. Ce fut l'occasion d'une création de ving-cinq millions en actions et d'une émission proportionnelle de billets de banque qui avaient déjà été portés jusqu'à deux cents millions.

Plein de confiance dans les succès de la banque que le régent avait constituée *Banque royale*, on changeait, d'après ses ordonnances, l'argent en papier. Les actions haussaient et se multipliaient prodigieusement. La rue Quincampoix, où la banque avait été établie, était tous les jours obstruée par la foule qui s'y précipitait aveuglément pour changer une valeur réelle contre une valeur imaginaire.

Cependant, les billets de cette banque, qui, suivant les arrêts de fabrication, ne devaient monter qu'à six-cent quarante millions, avaient été frauduleusement portés par le duc d'Orléans jusqu'à trois milliards sept cent mille livres. Les soupçons que quelques personnes conçurent de cette émission désordonnée, qui surpassait de plus des deux tiers toutes les espèces et matières d'or et d'argent qui pouvaient être alors dans le royaume, leur fit convertir les billets en numéraire. L'embarras qui en naquit à la banque Régento-Law, donna lieu à des arrêts qui interdirent la conversion des billets en argent; et dès-lors le coup mortel fut porté au système. En vain l'homme du duc d'Orléans (d'Argenson, ancien geôlier de la Bastille-Saint-Antoine), faisant les fonctions du nouveau chancelier d'Aguesseau, exilé pour son opposition à cet affreux système, déclara autoriser le gouvernement à faire ses rentrées en billets exclusivement à toute autre espèce; en vain il fixa la valeur du papier à un taux supérieur à celui que le cours donnait à l'argent; en vain il défendit dans les transactions particulières l'emploi de la monnaie, dont il restreignit l'usage aux seuls appoints. Les *fidèles sujets* du roi devinrent des rebelles; ils s'obstinèrent à vouloir échanger leur papier, quelques pertes qu'ils dussent subir, et augmentèrent le discrédit. Pour afficher la confiance, le régent ordonna une nouvelle fabrication de billets, puis un dividende de quarante pour cent par action; enfin une remise à ceux qui paieraient les droits des fermes en billets; remise qui donnait au papier un avantage de vingt-cinq pour cent sur l'argent; mais la défiance ne fit que s'accroître de la faveur étrange accordée aux billets; les denrées triplèrent de valeur.

Ne soyez point étonnés de ce que vous allez lire. Déchu des espérances qu'il s'était promises de son adresse, le duc d'Orléans crut devoir recourir aux mesures de rigueur. Il défendit d'abord de garder de vieilles espèces. Une ordonnance les déclarait confisquées au profit des dénonciateurs! Bientôt il proscrivit aussi les nouvelles! On ne pouvait avoir chez soi pour plus de cinq cents livres de monnaie ou de matières d'or et d'argent, bijoux, etc. Des visites domiciliaires furent ordonnées, et la dénonciation fut encouragée! Ces vexations indignèrent et ne purent rétablir le crédit.

La ville de Lyon avait toujours été opposée à la banque. Sur les représentations des habitans de cette grande cité pour n'avoir rien de commun avec ce nouveau genre de battre monnaie, qu'on peut appeler une *espèce* de vol, on y établit un comptoir de la banque. Peu de temps après, pour donner aux Français plus de confiance dans le système de Law, on éleva ce dernier à la place de *contrôleur-général des finances*, et on le convertit à la religion catholique.

Au milieu de toutes ces vicissitudes, l'Ecossais ne s'oublia pas : en moins d'un mois, il acheta du comte d'Evreux pour huit cent mille livres, argent monnayé, le comté de Tancarville en Normandie. Il offrit au prince de Carignan quatorze cent mille livres pour son hôtel de Soissons. Il présenta, peu de jours après, à la marquise de Beuvron, la somme de cinq cent mille livres pour une terre. Presque en même temps, il était en marché avec le duc de Sully pour le marquisat de Rosny.

Ces richesses énormes, amassées si promptement, donnèrent l'idée à la nation de beaucoup d'autres qu'elle ne voyait pas. Les fidèles sujets se persuadèrent, non sans de puissantes raisons, que le directeur de la banque ne pouvait avoir gagné tant de biens, sans que le protecteur de ce système eût, de son côté, amassé aussi une fortune non moins colossale, et sans qu'un grand nombre de personnes eussent fait des pertes, ou ne fussent menacées d'en faire par la suite. Cette source de fortunes excita donc beaucoup de murmures et de plaintes de la part des familles ruinées. Le Parlement les reçut, et lança contre Law un décret d'ajournement personnel. Vaine démonstration! Cette compagnie fut réprimandée, et Philippe dit à l'Ecossais : « Marchez toujours; je vous prends sous ma protection; je suis au-dessus du qu'en dira-t-on et des lois. Si je n'avais recours à votre banque, je leverais des impôts et ferais des emprunts. »

Le duc d'Orléans avait supprimé tous les conseils établis au commencement de sa régence, pour y substituer des créatures plus dépendantes de lui. Ces nouveaux venus découvrirent une conspiration en Bretagne. Vingt-deux colonels avaient, disaient-ils, promis d'arrêter le régent lui-même, et de le livrer à une flotte espagnole qui croisait sur les côtes. Quatre seigneurs bretons eurent la tête tranchée. Attendez. Six mois après cette exécution, un incendie affreux avait dévoré la ville de Rennes. Alors les esprits furent occupés à quelque chose. Il ne nous manque plus que la peste. Attendez-donc. Le duc d'Orléans, qu'on accusa *méchamment* de ce crime, exhorta les évêques, par lettres circulaires, de contribuer au soulagement des malheureux par des quêtes dans leurs diocèses.

Voici la réponse à la circulaire :

« Tous les soins en faveur des familles dont les propriétés ont été incendiées n'ont pu produire dans le diocèse de Castres que cent pistoles en espèces et cinq mille livres en billets. L'inondation de vos papiers a fait presque autant de mal dans nos cantons que les flammes en Bretagne. Si le spectacle n'est pas si affreux, les effets n'en sont guère moins funestes. Nos maux sont plus cachés, mais ils n'en sont pas moins réels, et n'en sont que plus incurables. Qu'importe que nos maisons n'aient pas été réduites en cendres, si de tout ce que nous avions de plus nécessaire il ne nous reste qu'une matière qui n'est que propre à être jetée au feu.

« Quels changemens, en six mois de temps, ces billets n'ont-ils pas apportés aux fortunes qui paraissaient les mieux établies! On ne saurait le comprendre sans le voir, et on ne saurait le voir sans être accablé de douleur. Plus de commerce, plus de travail; plus de confiance, ni dans l'industrie, ni dans la prudence, ni dans l'amitié, ni dans la charité même. Nous sommes entourés d'espions et de délateurs. La confiance détruite détruit l'amitié, ou en suspend les effets, en persuadant aux particuliers qu'il est désormais de la prudence de ne se fier à personne, et de ne prêter ni à leurs amis ni à leurs proches. »

Ce tableau d'une misère réelle, et que toute la France éprouva, est une preuve que le duc d'Orléans n'avait point, comme l'ont prétendu quelques salariés, enrichi l'Etat, à moins qu'on ne distingue l'Etat de ceux qui le composent, et que, par une erreur familière aux orléanistes, aux orléanistes même du XIXe siècle, on ne croie que la misère du peuple importe peu, pourvu que le trésor du *régnant* soit rempli. Mais ce qui surtout excita les murmures et même l'indignation, ce fut un écrit que fit distribuer le régent. Il démontrait au public que les sommes énormes que dépensait le sieur Law étaient le résultat des gains licites de sa banque. A cet écrit était joint un compte sommaire dans lequel on prouvait que le régent avait enrichi l'Etat, et que, depuis la mort de Louis XIV, il avait payé pour un milliard sept cent vingt-deux millions de dettes. Mais les personnes qui réfléchissaient avec maturité sur le système, disaient : c'est un tort fait à chaque citoyen, auquel on a enlevé d'abord par fraude, par artifice, par séduction, et ensuite par contrainte, les gages et cautionnemens des avances qu'il avait faites au gouvernement dans sa détresse; or, appauvrir et ruiner chaque particulier, ce n'est *ni payer les dettes de l'Etat, ni l'enrichir.*

Cette vérité n'est que trop prouvée par la peinture où la France se trouva réduite, quand le renversement du système Régento-Law eut fait cesser l'illusion qui ne s'était pas bornée à Paris, mais qui s'était étendue dans toutes les provinces.

Un fléau d'un autre genre va faire diversion dans les esprits. Depuis long-temps les habitans de la Provence, guidés par une sage défiance, repoussaient avec énergie les trompeuses ressources de la banque parisienne. Dans le port de Marseille, si commerçant, affluaient des richesses qui ne se fondaient pas en papier; une longue chaîne de prospérité semblait se dérouler aux yeux et s'étendre dans un long avenir. Encouragé par la résistance du Parlement, qui refusait d'enregistrer les édits que le régent présentait à l'appui du système, le monde mercantile de cette heureuse cité se livrait avec confiance à toutes les spéculations commerciales. Tout d'un coup une maladie épidémique désole plusieurs villes de cette riche contrée. Le robuste habitant de Marseille se lève, court à ses travaux; le soleil prend de la force, sa paupière s'appesantit, sa vue devient terne, son visage pâlit; ses lèvres tremblent, ses muscles se contractent; il chancelle et tombe;... il est mort! Quelle est cette affreuse mortalité qui frappe de son glaive invincible les habitans de cette malheureuse ville? c'est la peste. L'administration, s'efforçant d'en cacher l'existence, la contagion fit des ravages considérables. Elle était due à l'extrême négligence des officiers de santé préposés au lazareth; mais ces sortes de fléaux arrivent toujours comme cela quand on s'y prête, et jamais, quand on veut bien ne pas pousser l'incurie jusqu'à négliger de faire garder les ports et les frontières.

De méchantes gens profitèrent de cet événement pour dire que l'épidémie avait été attirée exprès sur les gens que le régent appelait les *opiniâtres à notre système*, c'est-à-dire ceux qui ne pouvaient se persuader que le papier valût mieux que l'argent. Pour réfuter cette quasi-calomnie, nous dirons que M. le régent avait une toute autre manière de punir les *opiniâtres*. Pour attraper son monde, S. A. R. tint les monnaies dans une variation continuelle, tantôt en les diminuant, tantôt en les augmentant, par une foule d'arrêts qui se contredisaient dans leurs dispositions, comme dans les causes exprimées par les préambules, et ce délire de la législation produisit l'effet qu'elle désirait, celui de renverser tellement tous les principes, d'offusquer toutes les lumières, de changer toutes les notions, que ne sachant plus à quoi s'en tenir, on se laissait aller à l'impulsion du gouvernement. A peu de chose près, rien n'est changé. Retournons au milieu des pestiférés.

Des citoyens, emportés par le délire précurseur de la mort, couraient au-devant d'elle, en se précipitant au milieu des flots. D'autres, saisis d'affreux vertiges, tremblaient, tournoyaient sur eux-mêmes, cherchaient à se soutenir sur des membres défaillans qui ne pouvaient plus les porter, tombaient et mouraient. Pendant long-temps on ne put rendre à la terre les dépouilles mortelles de ceux qui succombaient. Enfin de tardives mesures furent prises, mais ce ne fut que lorsqu'on commença à compter cinq cents personnes moissonnées dans un seul jour. Ces monceaux de cadavres entassés dans les maisons, dans les rues, et rejetés par les flots jusque sur la grève, ajoutèrent à la malignité du fléau qui avait déjà fait tant de victimes, et qui se trouva par-là dans l'air, sans pour cela que les miasmes putrides gagnassent d'autres pays, par les soins que voulut bien alors faire prendre le régent, de cerner les villes infectées. Par un dévoûment au-dessus de tout éloge, le bailli de Langeron, aidé des échevins Estelle et Moustier, fit déblayer par des forçats, et ensevelir dans des fosses profondes la multitude des corps livides qui encombraient les hangars, les places publiques et le port même. L'horrible épidémie qui planait particulièrement sur Marseille avait fait, dans la ville, des progrès si violens, qu'elle réduisit, dans l'espace de six mois, presque à moitié une population de cent mille âmes.

Reprocher, comme on l'a fait, au duc d'Orléans de n'avoir pas établi des lignes sur les frontières, c'est de toute justice.

La France était dans un état de bouleversement complet; le système avait fait passer tout l'argent de ce royaume dans les coffres de la banque. Le régent, obligé d'arracher plusieurs fois son protégé à la vengeance du peuple, finit par se fatiguer. Le parvenu d'Argenson, jaloux de se voir enlever par un étranger la protection du duc, non seulement ne favorisait plus le système, mais instruisait le peuple sur la vie politique de Law. Cet aventurier, qui avait été condamné à mort en Angleterre, chassé d'Italie, renvoyé de Turin, était accouru à Paris pour verser dans la maison du duc d'Orléans des trésors immenses dont les grands biens datent de cette époque.

Qui pourrait peindre la consternation dont Paris fut frappé, lorsque parut, au moment où on s'y attendait le moins, un édit qui réduisait les actions à moitié. Cette opération était devenue nécessaire, parce que, se jouant de la crédulité publique, Law et le régent n'avaient pas craint de mettre sur la place infiniment plus de papier que l'argent, l'or, les bijoux, les diamans, les perles, et effets de toutes espèces réunies dans le royaume n'en pouvaient payer. Toutes les fortunes particulières furent bouleversées, et une infinité de familles ruinées sans ressources. L'habitude que les Français avaient prise d'obéir aux volontés de Louis XIV, fit la sûreté du régent, mais non la tranquillité publique; car l'on afficha des placards séditieux, et on les fit courir en billets jusque dans les maisons. Un d'eux était conçu en ces termes : « Monsieur et madame, on vous donne avis qu'on doit faire une Saint-Barthélemy samedi ou dimanche, si les affaires ne changent point de face. Ne sortez, ni vous ni vos domestiques. Dieu vous préserve du feu. Faites avertir vos voisins. Ce samedi 25 mai 1720. »

Et chacun de se cramponner après la régence.

Les agioteurs qui venaient d'être ruinés par la baisse subite des papiers dont ils étaient porteurs, ne craignaient pas d'égorger leurs amis en les engageant à les prendre avant qu'ils en connussent la défaveur. Il y eut des suicides,

des assassinats, et tout ce que la cupidité et le désespoir peuvent enfanter. Tel fut le sort de presque toute la France, où la contagion avait promptement gagné de proche en proche, au point que le régent lui-même fut contraint de reconnaître qu'il y avait des meurtriers dans sa famille. C'est ce que prouve évidemment la catastrophe du comte de Horn. Ce jeune seigneur voulut s'enrichir tout d'un coup par un assassinat. Il fit dire à un agioteur qu'il voulait acheter pour cent mille écus d'actions, et l'entraîna chez un marchand de vin de la rue de Venise. Poussé au crime par la cupidité, à peine le négociateur était-il entré, que le parent du duc d'Orléans, qui s'était fait accompagner de deux autres scélérats, frappa le porteur des actions de trois coups de poignard, s'empara de son portefeuille renfermant plus que la somme demandée, et chercha à prendre la fuite; mais, quelle surprise, la porte du cabinet était fermée à double tour!

Cette fois-ci, la *méchanceté* ne put se tromper; car on prit le prince sur le fait, et on apporta pour preuves de conviction un homme baigné dans son sang. Le marchand s'était fait suivre par un garçon qui ne put empêcher le crime, mais qui retira la clé de la serrure et alla chercher main-forte. Horn et Laurent de Mille furent arrêtés, mais leur complice, nommé Duterne, disparut dans la foule qui remplissait le cabaret en disant qu'il allait chercher le commissaire. L'assassin fut condamné à être roué vif en place de Grève, quoiqu'allié de plusieurs maisons souveraines et cousin-germain même du régent. Ce prince ne put se laisser émouvoir par cette considération; il répondit: *Quand j'ai du mauvais sang, je me le fais tirer.*

Enfin, pour arrêter ces désordres sans nombre, après avoir tenté toutes sortes de procédés de finances qu'on crut capables de ramener l'illusion, il fallut terminer par intercepter le cours des billets de banque et remettre l'argent dans le commerce. Ainsi s'évanouit le système du régento-Law, dont le résultat fut de doubler les dettes de l'Etat, au lieu de les diminuer, comme le régent l'avait d'abord assuré, puis ensuite prouvé par la force du sabre. Indépendamment des dettes du *grand règne* qui subsistaient, il restait encore à acquitter pour dix-neuf cent millions de papier créé pendant le *petit règne* du duc d'Orléans, sans compter les emprunts, espèce d'impôts déguisés, auxquels ce prince eut recours avant d'abandonner le pouvoir. Les liaisons trop intimes de la *petite régence* avec les événemens actuels nous obligent d'abréger.

Le duc d'Orléans mourut à propos, car le roi venait d'entrer dans sa majorité. Ce prince ne pouvait plus jouer dans le gouvernement que le rôle secondaire de premier ministre. On fit différentes versions sur son genre de mort. Il semblerait, d'après les bruits d'empoisonnement qu'on fit alors circuler, que le duc, voyant échapper le pouvoir de ses mains, résolut d'empoisonner le jeune roi devenu majeur, et qu'un domestique ayant changé de place les tasses du déjeûner, aurait fait retomber sur son auteur les effets du crime. Nous n'ajouterons aucune foi à ces bruits. Toutefois, nous devons dire que les Parisiens ne désignèrent plus le régent que sous le nom de *Brutus du Palais-Royal*. Sans doute, s'il eût été l'auteur du désastre de la famille royale, il aurait varié les supplices; marchant de crime en crime, il n'aurait pas eu horreur d'un régicide, le seul qui pût lui faire jouir de ce sceptre qui légitime tous les forfaits aux yeux du bon peuple.

D'ailleurs, un médecin a dit qu'il était mort d'une *apoplexie foudroyante*. Aussi les historiens qui attendirent de cette illustre branche quelque liberté nationale, broyèrent-ils du noir à-peu-près dans ces termes : « Ce généreux prince, mort d'une *apoplexie foudroyante*, avait tous les avantages de l'esprit et du corps; sa physionomie douce et vive réunissait l'enjouement et la bonté à la majesté et à la noblesse. Brave, sensible, compatissant, droit, vrai, c'était le père de l'Etat, et de tous les Bourbons celui qui... etc., etc. » C'est assez mentir.

Allons *charivariser* ce qui nous reste des Archives de la Bastille. Les petits Bulletins de la régence nous seront sans doute d'une grande utilité.

Seconde incarcération de Richelieu.

Le feu roi n'eut pas plus tôt fermé les yeux que la cour du régent qui jouissait scandaleusement de tous les plaisirs, donna le ton aux princes et à tous les rangs. Partout on voulait imiter, surpasser même, les orgies du Palais-Royal. Au commencement de l'année 1716, un souper licencieux eut lieu dans la petite maison du prince de Soubise. Pour provoquer des explosions amoureuses, le metteur en œuvres de ces sortes de saturnales devait faire une proposition bachique, et la première prêtresse dont l'esprit serait égaré, était tenue de se soumettre à une investigation générale, galante et commune; les plus jolies dames de la cour furent invitées à ce cercle. Ces beautés, comme toutes celles admises dans ces parties, connaissaient bien les mystères d'une orgie nocturne. Malgré cela les gentilshommes les instruisirent des particularités de celle-ci. En se mettant à table, Richelieu dit qu'il fallait griser les dames, afin de connaître leur pensée dans le vin. On apporta du vin de Champagne. Ce nectar pétillant égaya la société déjà bien disposée. La moitié du repas fut consacrée aux joyeux propos, aux saillies des hommes d'esprit. Les belles, que le régent avait familiarisées à ces fêtes de Bacchus, soutinrent long-temps la nouvelle expérience. Cependant Mme de Matignon se plaignit d'un violent mal de tête; cette comtesse supportait mal le nectar mousseux. Le reste de la partie féminine déclara que ce ne serait rien, et conclut de là qu'on devait continuer l'épreuve proposée par Richelieu. Madame de Nesle prétendit que les rieurs seraient de son côté, parce qu'elle voyait qu'un seigneur de ses amis allait devenir le Sylène de la fête.

Le repas fut long; la plus ample libation excita les débauchés à dire les choses les plus piquantes et les moins gazées; les maîtresses répondirent par des bons mots, des provocations amoureuses. Dans cette entrefaite, le mal de tête de la comtesse était dégénéré en migraine, et ne tarda pas à se changer en une ivresse complète. Le punch vint ensuite exhaler l'imagination libertine d'une compagnie réunie dans le but de passer de la contemplation à la possession; de sorte qu'à la fin du souper on ferma les portes et on éteignit les lustres. Les marquises, les duchesses, sans ordre ni cérémonial, se livrèrent aux tendres faiblesses de l'amour.

Une taille divine échoua en partage à Richelieu. « C'est la marquise de Nesle ! dit tout bas l'auteur de la proposition vineuse. — Non, polisson, c'est la comtesse de Matignon, » répondit une voix plus qu'envinée qui annonçait assez *épaissement* que c'était celle de la victime de l'épreuve. Le duc, soit distractions galantes, soit qu'il craignît que son salaire fût trop audessous du travail, ne fit qu'escarmoucher les terres du plaisir.

Jusque-là ces actions, dignes du temps d'Héliogabale, ne dépassaient pas de beaucoup la coutume des soupers modèles du nouveau maître de la monarchie; mais on ne s'en tint pas là. A un vêtement flottant près, l'amant perfide mit madame de Montignon dans la parure de Vénus sortant des eaux ; puis, épuisé par des préliminaires infructueux, il s'élança avec ardeur vers des objets nouveaux.

Que devint la nouvelle Erigone? Ennuyée d'attendre inutilement, elle demanda une transmutation, pour opérer complètement ce qu'elle appelait la suite de cette investigation promise.

Enfin la comtesse, animée d'un doux espoir, abandonna l'appartement, et courut dans l'antichambre, où des amateurs d'un autre rang, bien loin de s'imaginer que cette beauté fût pressée de hâter sa défaite, crurent avoir deviné ce qu'elle avait de plus pressé à leur demander, et la conduisirent au vestiaire. Les laquais s'informèrent avec le plus grand intérêt de ce qui la gênait, de ce qui la faisait souffrir ; ils la consolèrent, la rassurèrent et se crurent bientôt certains de pouvoir la guérir.

Cette belle, aussi passionnée que résolue, n'eut pas trop du reste de la nuit pour satisfaire au culte des amours, et livrer son délire, moitié bachique, moitié amoureux, à tous les valets qui voulurent en profiter. Il est bien difficile de refuser le plaisir à une comtesse qui s'ennuie ; les subordonnés n'en eurent pas le courage.

Les domestiques sont indiscrets. L'aventure du petit hôtel Soubise fit grand bruit dans le monde. Le mari sentit qu'il ne pouvait se dispenser de tirer vengeance de la hideuse souillure de sa femme. Quelques acteurs de cette scène scandaleuse furent questionnés. Gacé accusa Richelieu d'avoir porté le déshonneur dans sa famille, et lui prêta des propos qu'il n'avait pas tenus sur le compte de son épouse. Comme il voulait amener le duc à une querelle, il pria un auteur satyrique de lui faire une épigramme sanglante contre Richelieu. Ensuite il se rendit chez le duc d'Orléans avec des projets de délation, parla de ce qui lui était arrivé, et révéla au prince que sa propre fille, Mlle de Valois (depuis duchesse de Modène), avait un amant heureux. Le bon père, à ce rapport, entra dans une fureur épouvantable, non parce que cet amant était encore Richelieu, mais bien parce que sa fille avait disposé d'un trésor qu'il réservait pour... *lui-même!* comme c'était l'usage dans la famille; j'ai voulu dire dans cette branche.

Le maître de la France, pour se convaincre de la vérité du fait, fit appeler une vieille gouvernante, nommée Mme Desroches, lui dit qu'il avait trouvé plusieurs fois sa surveillance en défaut, qu'elle avait laissé entrer dans la chambre de Mlle de Valois une bohémienne, et que cette femme était Richelieu. — Je ne sais, assura la duègne, si c'est M. de Richelieu; mais ce personnage fait souvent les cartes à la princesse. — Et que lui dit-il? demanda le régent. — Je n'ai jamais entendu que des chuchottemens, répondit l'argus en défaut.

Sous l'accoutrement bohémien, le duc libertin avait obtenu de la troisième fille de Philippe ce qu'elle refusait obstinément depuis 20 mois à son père.

Après cette instruction, le régent courut à l'appartement de la princesse. « Je sais tout, mademoiselle, lui dit-il en entrant; votre conduite infâme est pleine d'ingratitude... Moi qui vous chéris plus que vos sœurs, vous me préférez un enfant qui, au premier jour, vous abandonnera; je ne vous le pardonnerai jamais, et je saurai bien punir l'audacieux duc. » Le prince se retira en menaçant sa fille de faire mourir celui qu'il appelait hautement son rival.

La première fois que Gacé rencontra Richelieu au bal de l'Opéra, il dit à l'oreille d'une femme que le duc courtisait : « Belle princesse, n'écoutez pas un masque aussi perfide en amour; il dévoilera tout. » Richelieu se leva, provoqua le comte qui lui dit de le suivre; ils sortirent, et un combat fort animé s'engagea sous un réverbère, au milieu de la rue Saint-Thomas-du-Louvre. Le duc blessa le comte plusieurs fois, mais légèrement. Gacé, supérieur en force à son adversaire, lui passa son épée au travers du corps, sans cependant offenser les parties nobles. On fit transporter les deux blessés à la Bastille; mais le duc d'Orléans n'y laissa que Richelieu.

Gori de Montgomery, mis à la Bastille sur un ordre du régent, du 7 décembre 1716.

Cet homme fut arrêté pour avoir blâmé la conduite du régent, et avoir fait imprimer des jérémiades jésuitiques, dont nous donnons un petit extrait.

La première impression que la nouvelle régence fit sur les esprits fut favorable au duc d'Orléans. Son Altesse Royale annula toutes les lettres de cachet lancées à l'occasion du jansénisme et des opposans à la bulle *Unigenitus*; mais cette protection accordée aux victimes des jésuites, parut dure à cette compagnie habituée comme elle l'était par le feu roi à proscrire tout ce qui lui déplaisait. Ces bons pères prêchèrent la *désolation des désolations*. Un d'eux, nommé

La Motte, exhala sa douleur par un sermon injurieux.

« Hélas! mes chers frères, notre roi, ce pieux monarque, est mort dans un moment où nous avions le plus besoin de lui pour la destruction de l'hérésie. Quinze jours après sa mort, on a vu avec surprise des gens que la *sagesse* du roi avait fait mettre dans les fers, dans les cachots, pour porter la peine de leurs *crimes,* sortir avec éclat, et, le croiriez-vous, être élevés aux grandes dignités. N'est-il pas surprenant que ceux qui sont à la tête des affaires, renversent ainsi tout ce que le zèle de Sa Majesté avait établi? N'est-il pas étonnant de voir un petit homme bouffi d'orgueil, sans science et sans mérite, gouverner la religion et l'Etat? »

Lorsque les dévôts entendirent ces jérémiades, ils crurent que la France était perdue, parce que le régent avait fait évacuer la Bastille. Ils s'irritèrent bien davantage lorsque ce prince exila l'ex-confesseur royal, le détestable Le Tellier.

Le chevalier de Rohan, mis à la Bastille le 7 février 1717.

Le régent le fit mettre à la Bastille comme soupçonné d'avoir calomnié la conduite des commissaires siégeant à la chambre de justice.

Un édit terrible parut le 5 mars 1716, pour l'établissement d'une chambre de justice, dans laquelle on devait examiner les gains immenses que les traitans avaient faits pendant la guerre sur les affaires extraordinaires et les malversations. L'établissement de cette cour pour la recherche et la punition de ceux qui avaient commis des abus dans les finances était une justice qu'on devait au peuple. La liste des gens d'affaires qui furent taxés, monta à plus de 160 millions. Cette somme, bien employée, aurait pu être d'une grande ressource pour la libération des dettes de l'Etat; mais on sut bientôt qu'il n'entrait qu'une bien petite partie de cet argent dans les coffres du roi mineur; que ces voleurs étaient rançonnés par les filous du roi dominateur; que les *roués* (favoris, expression du régent), les maîtresses qui avaient fait leurs *preuves* (ibid), enfin les *juges imposeurs* eux-mêmes, vendaient la réduction de ces taxes. On vit le marquis de La Fare, gendre de Paparel, trésorier, se faire adjuger les biens de son beau-père, les dissiper en prodigalités et en débauches, chez le régent, sans même adoucir le sort de son parent, réduit à la mendicité.

Tous les financiers poussaient des cris jusqu'aux nues; ils appelaient les taxes des exactions et des vols; la chambre de justice, *la chambre ardente*. Hénault alla trouver Mme de Parabère, maîtresse éprouvée du régent, lui promit 100,000 écus s'il obtenait du prince que sa taxe ne passât pas un million qu'il offrait de payer de suite, au lieu de quatre qu'il supposait que monterait son imposition. La favorite demanda cette grâce, et Son Altesse Royale l'accorda au financier. Voici en deux mots ce qu'avait pu dévoiler le chevalier de Rohan.

François-Marie Arouet, âgé de vingt-deux ans, originaire de Paris, fils du sieur Arouet, payeur de la chambre des comptes, mis à la Bastille le 17 mai 1717, pour avoir composé une épigramme contre le régent et la duchesse de Berry.

Le bruit se répandit que la duchesse de Berry était enceinte du duc d'Orléans son père. Lorsque cette princesse accoucha, chacun se disait à l'oreille que cet enfant offrait tout-à-la fois deux degrés de la descendance directe du régent.

Philippe nia l'accouchement de sa fille; mais des vers extrêmement satiriques sur les mœurs du duc d'Orléans, de ses filles, de la Fillon, pourvoyeuse de Son Altesse Royale et de ses roués, venaient de paraître; ils irritèrent le duc, qui voulut en connaître l'auteur. Le style, et surtout la malignité des pensées, firent soupçonner que ce ne pouvait être que le jeune Arouet. Le poète fut arrêté et conduit à la Bastille. On l'accusait aussi d'avoir dit devant plusieurs personnes que, puisqu'il ne pouvait se venger du duc d'Orléans d'une certaine façon, il ne l'épargnerait pas dans ses satires; sur quoi quelqu'un lui ayant demandé ce que le duc lui avait fait, il se leva comme un furieux, et répondit : Comment, vous ne savez pas ce que ce b..... m'a fait? Il m'a exilé parce que j'avais fait voir au public que sa messaline de fille était une p.....

Le jeune Arouet avait été exilé à Tulles le 5 mai 1716; le duc accorda au père du jeune homme, qu'au lieu de la ville de Tulles, où son fils était exilé, il le fût dans celle de Sully-sur-Loire, où il avait quelques parens dont on espérait que les instructions et les exemples pourraient corriger son imprudence et tempérer sa vivacité.

Il sortit de la Bastille le 11 avril 1718, et il y fut remis en 1719. M. de Voltaire avait été insulté par M. de Rohan-Chabot, et il fut arrêté et conduit à la Bastille pour avoir cherché l'occasion d'en tirer vengeance.

« Je remontre très-humblement (écrivait-il au ministre du département de Paris) que j'ai été assassiné par le brave chevalier de Rohan, assisté de six coupes-jarrets, derrière lesquels il était hardiment posté.

« J'ai toujours cherché depuis ce temps-là à réparer, non mon honneur, mais le sien, ce qui était trop difficile.

« Si je suis venu dans Versailles, il est très faux que j'aie fait demander le chevalier de Rohan-Chabot chez M. le cardinal de Rohan, etc. »

Aymard Pelissier, bourgeois de Paris, entra à la Bastille sur un ordre du régent du 13 août 1717, en sortit le 26 novembre de l'année 1723.

Ce bourgeois prouva juridiquement que les abus de la chambre de justice étaient tels qu'il ne rentra dans les coffres du roi que 45 millions, au lieu de 300 qui auraient dû y être versés sans appauvrir les traitans. « Un homme du commun, disait-il, a été taxé à cent mille écus (depuis 1715, l'écu était porté à cinq livres), Eh bien ! il n'a donné que cent mille livres ! C'est un véritable brigandage. Les commissaires prennent aussi de l'argent pour faire un extrait favorable au partisan.» Son crime fut d'avoir prouvé.

Une ordonnance de Louis XV, redigée par le duc d'Orléans ou un de ses roués, invitait les bons et fidèles sujets à dénoncer toutes les personnes soupçonnées d'avoir exercé l'usure à l'occasion et au détriment des finances; on donnait à ceux qui voudraient se rendre et déclarer dénonciateurs le cinquième des amendes ou une plus grande récompense, selon l'importance des confiscations. Les délateurs ne manquèrent pas. Heureux règne! Furent mis à la Bastille par suite de délations salariées:

Antoine de la Mothe-Cadillac, ci-devant gouverneur de la Louisiane à Mississipi;

Michel Dieu, dit Lacroix, laquais du baron de Vettes, Allemand;

Jean-François Obert de Chaulnes, chanoine de l'église collégiale de Lille en Flandres.

Et une foule d'autres dont les noms obscurs allongeraient inutilement cet ouvrage.

D'ailleurs, les registres de la Bastille contiennent un grand nombre de noms de prisonniers dont on n'a pu ou dont on n'a pas voulu spécifier le délit.

Jean-Baptiste Taphinon, conseiller au Parlement, mis à la Bastille par ordre du régent, le 25 août 1718.

Le régent avait ôté au duc du Maine la surintendance de l'éducation du jeune roi, et le soin de veiller à sa conservation, lequel lui était plus justement confié qu'à tout autre. Le Parlement, fier du droit de remontrance qui lui avait été rendu, se persuada que ses réclamations seraient efficaces, et il agit en conséquence. Il commença par rendre un arrêt contre la banque de Law, et défendit à cet étranger de s'immiscer en rien dans le maniement des deniers royaux. Son Altesse Royale, furieuse de la résistance d'un Parlement qui l'avait fait ce qu'elle était, un maître absolu, défendit de délibérer sur les affaires d'Etat. Taphinon ayant voulu ajouter quelques reflexions sur les dangers que courait la personne du roi depuis la disgrâce du duc du Maine, le duc s'écria : « Allez vous faire f..... » Le magistrat, sans se déconcerter, lui répliqua: « Votre Altesse ordonne-t-elle qu'on fasse registre de la réponse? » Le régent fit conduire le conseiller à la Bastille.

Nicolas Lenglet Dufresnoy, prêtre du diocèse de Paris, entré à la Bastille le 28 septembre 1718, sorti le 24 décembre 1719.

Ce prêtre avait rédigé et présenté un mémoire au nom du Parlement, pour exciter le prince de Condé à demander le commandement de la maison du roi; l'abbé Lenglet s'excusa en disant que ce mémoire lui avait été remis par la présidente Ferrand. Mais cette dernière nia le fait. Le mémoire est joint à cet article.

Il y a aussi une lettre écrite par ledit sieur abbé Lenglet, pour M. le duc, conçue en ces termes.

« Un inconnu, qui a cherché plus d'une fois à donner à V. A. S. des marques de son zèle, se trouve chargé depuis quelques jours de lui découvrir des choses d'une extrême importance pour la sûreté et la gloire de votre personne; mais je n'ose, monseigneur, me hasarder a me présenter devant V. A. S. sans en avoir auparavant obtenu la permission. Je suis connu du sieur Aymon, officier de la chambre de Sa Majesté; comme il est pénétré d'un zèle très-sincère et très-vif pour V. A. S., il rendrait témoignage jusqu'où je souhaiterais porter celui que j'ai toujours eu pour le plus respectable de nos princes.

Voici la copie du mémoire présenté à S. A. S. M. le duc.

« La conjoncture présente est très-heureuse pour monseigneur le duc, parce qu'elle peut lui être très-glorieuse; et que la gloire doit être le principal objet d'un prince de Condé. L'Etat est près de sa chute, par une déprédation des finances qui n'a point d'exemple; par un mépris des lois et des usages qui ont été respectés des rois les plus absolus (1). S'il se présentait un chef entreprenant, on ne doit pas douter, quand ses intentions ne seraient pas bonnes, qu'un grand nombre de mécontens ne se joignissent à lui.

« Que ne doit-on pas espérer de M. le duc, lorsqu'il voudra remettre tout en règle, et que soutenant l'autorité des lois du royaume, il soutiendra en même temps la puissance royale dont elles sont le plus ferme appui. On n'a jamais douté de la droiture de ses intentions. La démarche qu'il vient de faire en demandant l'é-

---

(1) Il paraît que c'était alors comme avant la révolution du 14 juillet 1789. Il était donc bien temps que cela finît. (*Note de l'auteur.*)

C'était encore comme avant la révolution de juillet 1830. C'est toujours de même. *Et sempre bene.*
(*Note de l'éditeur.*)

ducation du roi, en est une preuve : mais elle ne le mènera à rien de grand ni d'utile, s'il ne pense sérieusement à réunir à la surintendance le commandement de la maison du roi, qui en a été séparé contre le droit naturel, puisque celui qui est chargé de sa personne sacrée doit avoir les moyens de la défendre.

« Ce commandement devient aussi un moyen pour sauver l'Etat; parce que quand on prouvera qu'on donne de mauvais conseils à M. le régent, il sera obligé d'en suivre de bons; M. le duc est en état de les appuyer, M. le régent ne pouvant alors lui rien opposer qui fût capable d'arrêter ses bons desseins.

« M. le duc ne peut douter de la disposition du Parlement par l'attachement que cette compagnie a toujours eu pour la sérénissime maison des Condé. Tous les vœux sont pour lui, et tous les yeux sont tournés vers lui. S'il ne répond pas à l'idée qu'on en a conçue, s'il trompe nos espérances, il perdra un avantage qu'il ne recouvrera jamais; et il sera regardé comme complice d'un désordre qui parviendra aux plus grands excès, et qui détruiront un grand royaume, auquel sa naissance lui donne droit, et qu'il est engagé par elle d'aimer et de défendre.

« Nous pensons trop avantageusement d'un

prince qui voit tant de héros parmi ses aïeux, pour croire qu'il soit détourné d'une entreprise si juste et si glorieuse par l'amour des plaisirs. Il peut les accorder avec sa gloire; c'est ce qu'a su faire le grand Condé, quand à dix-neuf ans il gagnait des batailles.

« On ne soupçonne point non plus M. le duc de se laisser séduire par des artifices et par une facilité à lui fournir de quoi satisfaire ses goûts. Law s'est déjà vanté qu'on l'amusera agréablement avec de l'argent. Si monsieur le duc en voulait, il en aurait d'une manière qui serait plus digne de lui, en prenant dans le royaume l'autorité que lui donnent sa naissance et ses grandes charges. Il n'a pas même lieu de se flatter : s'il ne se fait craindre, il ne disposera de rien.

« Si le mémoire était plus étendu, on entrerait dans un détail qui prouverait tout ce qu'il contient : mais pour peu que l'on y réfléchisse, on y suppléera aisément : et plus M. le duc examinera la situation des affaires et la sienne propre, plus il se convaincra de la nécessité d'entrer dans la connaissance de toutes les affaires d'une manière convenable à son rang. A l'égard des moyens, il faut les concerter avec de bonnes têtes du Parlement ; et ce petit mémoire ne s'étendra point sur cet article. Mais on supplie S. A. S. de faire attention que ceux qui approchent le plus de M. le régent, sont plus hardis et moins habiles que n'était le cardinal Mazarin. Ils pourront bien se permettre ce qu'il n'a pas exécuté. Ainsi, il n'y a point de temps à perdre.

« On doit ajouter ici une réflexion ; c'est que le président de Novion très-habile et très-attaché à la maison de Condé, ne peut cependant donner le branle à cette affaire que sourdement. Le peu de contentement que sa compagnie paraît avoir de sa conduite le rend presque inutile; et il serait à craindre que le premier président ne se raccommodât avec la cour pour se mettre à couvert du crédit du président de Novion, auprès de M. le duc; peut-être aussi qu'il pourrait être gagné.

« Il faut surtout que M. le duc fasse attention que le secret est l'âme des grandes affaires. Un prince a plus de mesures à prendre qu'un autre pour garder le sien. Il a toujours dans sa maison des pensionnaires de la cour. Ceux que l'on voit inaccessibles à l'argent sont pris à des piéges moins grossiers. Ainsi, les princes ne doivent dans les affaires, mettre dans leur confiance que ceux dont ils ne peuvent se passer. Si M. le duc présente sa requête brusquement, et sans que son dessein soit connu, il sera exempt de tant de contraintes et à couvert des infidélités. C'est de quoi j'ose le supplier par un pur effet de zèle pour S. A. S. »

L'abbé Lenglet Dufresnoy fut enfermé dix ou douze fois à la Bastille; une fois entre autres à la réquisition de l'ambassadeur d'Angleterre. Son excellence trouvait mauvais que l'abbé eût fait paraître un almanach où il faisait l'éloge des Stuarts, et établissait que le prince Edouard était le légitime héritier de la couronne d'Angleterre, et le roi Georges un usurpateur. Tout le monde savait que le pauvre abbé était si bien accoutumé aux *promenades du faubourg Saint-Antoine,* comme il les appelait lui-même, que dès qu'il voyait paraître l'exempt Tapin, aussitôt, sans lui donner le temps de s'expliquer : « *Allons vite,* disait-il à sa gouvernante, *mon petit paquet, du linge, du tabac.* »

Une des maîtresses du duc d'Orléans, La Fillon, avait une maison de débauche bien montée. Les intrigues de ses prostituées se divisaient en deux branches : la galanterie et l'observation.

Dans cette seconde partie de leurs attributions, les agens en jupon découvraient les épigrammes, les pamphlets, la cause des murmures, et les conspirateurs.

Un des secrétaires du prince de Cellamare, ambassadeur d'Espagne, pour s'excuser d'un rendez-vous qu'il avait manqué avec une des filles de cette femme célèbre dans les annales du libertinage, allégua qu'il avait eu tant de dépêches de la plus haute importance à faire à cause du départ de l'abbé Porto-Carrero, qu'il s'était vu forcé de retarder son rendez-vous. La Fillon s'était ménagé des rapports directs avec le chef de l'Etat, et Son Altesse Royale lui avait confié une petite clé à l'aide de laquelle cette courtisane pouvait parvenir à toute heure jusqu'au cabinet du régent. Elle courut chez le prince, lui rapporta ce propos, qu'elle crut ne devoir pas lui être indifférent. Son Altesse était hors d'état de bien comprendre ce rapport; malgré cela elle donna l'ordre d'expédier un courrier avec des ordres pour faire arrêter des gens qui avaient mis tant de précipitation dans leur départ nocturne. Le courrier atteignit l'abbé Porto-Carrero à Poitiers, et rapporta au Palais-Royal tous les papiers de cet ecclésiastique. Philippe venait de se mettre à table, et rien ne passait avant les *orgies*. On ne put les lui communiquer; car, dit Saint-Simon, un des *roués* du régent, « du moment où l'heure du » souper venait, tout était tellement barricadé » au dehors, que, quelque affaire qui pût sur- » venir, il était impossible de parvenir au régent, » et non seulement pour les affaires inopinées, » mais pour celles même qui eussent le plus » dangereusement intéressé l'Etat. »

« A demain les affaires » avait dit le duc d'Orléans. Le prince de Cellamare eut donc le temps de faire disparaître les papiers les plus dangereux. Les dépêches saisies renfermaient les noms de soixante-sept personnes de haute distinction, inscrites par les conjurés eux-mêmes. Un d'eux informait Philippe V, roi d'Espagne, de l'urgente nécessité de ravir la régence au duc d'Orléans, et cette pièce était signée *Cellamare*. La conspiration était flagrante. L'ambassadeur Castillan fut transféré à Blois; la duchesse du Maine fut arrêtée à Paris; son mari à Sceaux. On mit à la Bastille beaucoup d'affidés. De ce nombre était Richelieu, soupçonné d'avoir voulu livrer Bayonne où était son régiment. Le régent disait de lui qu'il y avait sur son compte de quoi faire *tomber quatre têtes*, s'il les avait.

« Me voici maître, disait le duc après une laborieuse nuit, d'une grande conjuration où bien des gens sont compromis ; tâchons de justifier aux yeux de la nation ces coups d'autorité ; faisons imprimer les lettres qui se sont trouvées dans les papiers enlevés à Porto-Carrero. » Et que l'on devait remettre au roi d'Espagne. La première lettre du diplomate espagnol était une requête de la noblesse, ainsi conçue.

« L'unique compagnie du royaume (le Parlement) dans laquelle on a reconnu le pouvoir de décerner la régence, à qui on s'est adressé pour la recevoir, avec laquelle on a stipulé en la recevant de ses mains, à laquelle on a promis publiquement, et avec serment, que l'on ne voulait être maître que des seules grâces, et que la résolution des affaires serait prise à la pluralité des voix dans le conseil de régence, non-seulement on ne l'écoute plus dans ses remontrances, mais on exclut du conseil les sujets les plus dignes, d'abord qu'ils représentent la vérité. La pudeur empêche de répéter à Votre Majesté (Philippe V) les termes également honteux et injurieux dans lesquels on (le régent) a répondu aux gens du roi (Louis XV). Lorsqu'on eut réfléchi, on vit bien que cette pièce produisait un tout autre effet que celui qu'on en attendait. »

Une autre lettre rappelait encore les impostures du régent; le prétendu *bon ordre* dans les finances; les fallacieux desseins de *soulager* le peuple, de *retrancher* les dépenses superflues: « Le public, y disait-on, n'a ressenti aucun fruit de l'augmentation des monnaies, ni des taxes des gens d'affaires. On exige cependant les mêmes tributs que le feu roi a exigés pendant le fort des plus longues guerres. »

Le duc ne tarda pas à s'apercevoir qu'il avait donné trop à réfléchir, et voulut réparer son imprudence par de nouveaux avis. En conséquence, il fit afficher que « lorsque le service du bien-aimé roi et les précautions nécessaires pour la sûreté et le repos de l'État permettraient de rendre publics les autres projets des conjurés, on y verrait toutes les circonstances de cette *détestable conspiration*. Le bon public le crut comme de nos jours il a cru au *coup de pistolet*.

Pendant ce temps, le duc d'Orléans qui voulait faire bien du bruit pour peu de chose, envoya au plus vite des détachemens de cavalerie et d'infanterie de tous côtés, pour en imposer à tout le monde, comme s'il eût été question de la plus grande conjuration contre l'Etat. Cette démarche fit peur ; on crut que la moitié de la France avait conspiré. Mme de Staël, une des femmes de la duchesse du Maine, fut enfermée à la Bastille, à l'occasion des intrigues de cette princesse avec la cour d'Espagne, et parce qu'on la regardait comme sa confidente. Le comte de Laval, et une infinité d'autres personnes accusées ou simplement soupçonnées d'avoir des liaisons avec un prince étranger, furent aussi arrêtées et jetées dans ce château royal.

A tout instant on apprenait des détails nouveaux sur la conspiration. L'abbé Brigault, Malésieux, homme de lettres et membre de l'Académie, furent dénoncés par la Fillon. Ces personnes, disait-on, sont coupables de crimes d'Etat énormes ; elles avaient des projets de dévastation et d'assassinat. Quand on eut interrogé les prisonniers, au lieu de ces noirs complots, on n'entrevit que le dessein de faire assembler les états-généraux pour supplanter qui?... un d'Orléans qui aviat violé toutes les lois! Encore ce dessein se trouva dénué de preuves concluantes contre les personnes soupçonnées. A la vérité, les papiers enlevés au courrier inculpaient fortement le prince de Cellamare, et vainement se fût-il retranché derrière les droits et prérogatives attachés à son caractère d'ambassadeur. Mais ces papiers l'inculpaient seul ; car n'étant que des copies, les personnes nommées nièrent qu'elles y eussent pris aucune part.

Mme de Stael nous apprend que la haine du régent contre le duc du Maine allait jusqu'à pousser les magistrats à l'injustice : « Un des prisonniers, dit cette dame, ayant écrit dans sa déposition que, lorsqu'il traitait d'affaires avec madame la duchesse du Maine, elle rompait la conversation dès que le duc du Maine paraissait, le commissaire, blessé de ce qui tendait à justifier ce prince, lui dit : « Ce n'est pas l'apologie du duc du Maine que je suis chargé de vous demander ; rayez cet article. » Laval le raya, et ne fit pas sentir au juge que c'était prévariquer dans son ministère, de ne pas recevoir également ce qui était à charge et à décharge. »

Cette dame avait fait la même déposition ; mais elle ne voulut pas rayer la phrase ; elle la changea et dit : « J'ai seulement remarqué l'extrême frayeur où était la duchesse du Maine que son mari en eût la moindre connaissance. »

Après avoir fait fulminer tous les parlemens du royaume, et avoir promis au public des preuves d'une *abominable conspiration*, le duc d'Orléans était encore à chercher où était cet horrible complot. Son Altesse Royale imagina, pour terminer cette affaire et donner un air de grâce à la liberté que la justice rendait malgré elle, d'exiger un billet de confession de chacun des ci-devant accusés.

Dans l'écrit de confession qu'on exigea de Mme de Stael, comme condition *nécessaire* de sa liberté, le régent lui imposa l'obligation d'y consigner ces mots : « J'ai entrevu que Mme la duchesse du Maine se donnait beaucoup de mouvemens, et qu'elle était embarrassée dans quelques affaires, » et elle ajouta : « dont je n'ai point su le détail. »

Honteux d'avoir qualifié de séditieux des accusés dont tout le monde préconisait l'innocence, et que le tribunal avait absous, le régent jura de ne relâcher ni les chefs ni leurs adhérens, sans un aveu de leur part qui servît *d'apologie* à sa conduite. Ainsi la duchesse du Maine en fit un et les prisonniers à son exemple. C'était une espèce de justification de l'éclat que ce prince avait donné à cette affaire.

Le lieutenant de roi était devenu amoureux de Mme de Stael ; et cet attachement apportait beaucoup d'adoucissement à son sort, quoiqu'elle fût d'ailleurs observée avec beaucoup de soin. Ce qui lui arriva, à l'occasion d'une petite incommodité, mérite d'être raconté; on y verra la circonspection d'un médecin de Bastille. « J'eus quelque indisposition, dit Mme de Staël, pour laquelle on fit venir M. Herment, médecin ordinaire de la Bastille. Le lieutenant de roi me le présenta dans le jardin où nous nous promenions alors. Quoique je fusse sous la plus étroite garde, comme notre lieutenant se relâchait volontiers en ma faveur au moindre prétexte, il s'éloigna de nous en me disant qu'il ne fallait point de tiers dans les entretiens qu'on a avec son médecin : nous continuâmes donc à nous promener, et quand M. Herment vit qu'on ne pouvait plus nous entendre, il me prit la main, et baissant la voix : Vous avez, me dit-il, des amis et de très-bons amis, des amis capables de tout pour vous; j'en ai vu un qui s'intéresse bien particulièrement à ce qui vous regarde. — Ah! monsieur, lui dis-je avec émotion, vous aurait-il chargé de quelque chose pour moi? — Oui, reprit-il, il connaît ma discrétion, je sais la vôtre : il m'a dit de vous demander ce qui pourrait vous être utile, si vous n'auriez pas besoin *d'un couvre-pied?* — Eh! bon Dieu, lui dis-je, quel est cet ami si en peine de savoir si on a les pieds chauds? — C'est, me répondit-il, M. Bignon, conseiller d'Etat.—Rendez-lui grâce de ma part, repris-je en colère, et dites-lui que ce qui l'inquiète est assurément la moindre des choses que je voudrais demander à un ami.

Détail sommaire trouvé à la Bastille, concernant l'affaire de Bretagne, arrivée sous la minorité du roi, durant la régence du duc d'Orléans.

Louis Brigault, prêtre du diocèse de Lyon, originaire de la même ville, mis à la Bastille en vertu d'un ordre du régent du 9 décembre 1718.

Il fut arrêté pour l'affaire de M. le duc et de madame la duchesse du Maine, dont le fond était :

1°. De prendre la défense des princes légitimés contre les princes du sang ;

2°. De diminuer l'autorité du régent, et de favoriser le roi d'Espagne, pour qu'il pût influer dans le gouvernement du royaume ;

3°. De rétablir le duc du Maine dans le pouvoir que le feu roi lui avait donné par son testament.

Toutes ces intrigues et ces manœuvres occasionèrent, l'année suivante, 1719, la guerre d'Espagne et la conspiration de Bretagne.

Cette conspiration avait pour but de transporter la régence au roi Philippe V; de faire assembler les états généraux du royaume, de les rétablir dans leurs anciens droits; de rendre aux Parlemens leur liberté, et de faire entrer la nation entière dans les vues du ministère d'Espagne.

Une partie de la noblesse de Bretagne se souleva contre le roi, et s'opposa à main armée à la levée des deniers.

Tous ceux qui furent arrêtés pour cette révolte, furent détenus au château de Nantes : on instruisit leur procès, en vertu d'une commission établie à Nantes par lettres patentes du 3 octobre 1719.

Il y eut 148 accusés dans cette affaire, dont 4 ont été exécutés, et 16 condamnés par contumace et exécutés en effigie.

Noms et qualités de ceux qui ont été condamnés à mort et exécutés.

Crispgon-Clément de Guer, marquis de Pontcallec.

Thomas-Siméon de Montlouis, écuyer.

Laurent le Moyne, appelé ordinairement le chevalier de Thalouet.

François du Coedic, écuyer.

Tous les quatre ont eu la tête tranchée le 26 mars 1720, par arrêt de la chambre dudit jour, dans la place du Bouffay de la ville de Nantes, le marché y tenant.

Par le jugement du 26 mars 1720, il a été ordonné que les marques de seigneuries et d'honneur qui étaient dans les maisons des quatre condamnés à mort, seraient abattues et effacées, les fossés comblés, les bois de hautes futaies, comme avenues et autres servant à décoration, seraient coupés à la hauteur de 9 pieds, et que les murailles nouvellement construites et fortifications faites à la maison du château de Lourmoy, appartenant au sieur de Bonnamour, condamné par contumace, seraient démolies et abattues, et leurs biens réunis au domaine et confisqués au profit du roi.

Un ouvrage satyrique, intitulé les *Philippiques*, courait depuis long-temps la capitale et la province. Le régent ne le connaissait pas; mais ses roués l'avaient déjà découvert. Ce libelle n'a point été imprimé parce que personne n'eût osé se charger de l'impression. Pas d'imprimeur à mettre à la Bastille! Cherchons le coupable. L'auteur? c'est ce fameux Lagrange-Chancel; je le connais, dit d'Argenson. La capitale est inondée de cette infâme composition. Cinq cents plumes mercenaires ont travaillé à cette hideuse peinture, ajouta Saint-Simon. Tous ces gens-là sont répréhensibles. Voilà du gibier de prison.

Le duc fit appeler ce satirique : « Crois-tu réellement, lui dit-il, tout le mal que tu as écrit de moi?— Oui, monseigneur, répondit le poète sans hésiter un seul instant.— Tu as bien fait de répondre ainsi, reprit le régent, car si tu m'eusses dit que tu avais écrit contre ta conviction, je t'aurais fait pendre, gueux. Je connais le misérable sentiment qui t'a mis la plume à la main; j'en ai pitié..... Tu iras seulement mûrir ton goût pour l'ancienne cour aux îles Sainte-Marguerite. » Quelle générosité !

Après de très minutieuses perquisitions, on arrêta toutes les personnes soupçonnées d'en avoir des exemplaires; on en put mettre dans toutes les Bastilles : voici le contingent du château royal déjà bien garni.

Claude Janin, doyen des conseillers du parlement de Dombes, entra à la Bastille le premier février 1719, et en sortit le 9 juillet suivant.

Pierre-Joseph de Noiel de la Jonquière, gentilhomme du pays d'Artois, fut mis à la Bastille au mois d'avril 1719. Il y mourut le premier octobre 1723.

Claude Jouron de Malincourt, marchand, demeurant à Sainte-Ménehould, entra à la Bastille le 9 juillet 1719, et en sortit le 1re juillet 1721.

Charles de Mouhi, fils d'un lieutenant-colonel de dragons, conduit à la Bastille le 26 septembre 1720. Il n'obtint sa liberté que le 21 février 1724.

Raimond Fournier, apothicaire du château de la Bastille, âgé de trente-six ans, natif de Montpellier, détenu et interrogé à la Bastille le 27 mars 1721.

Ce chirurgien était accusé d'apporter beaucoup d'adoucissement au sort des prisonniers, et d'abuser de sa place, en les favorisant, par humanité, au préjudice de son devoir et du service du roi. Le service du roi! L'autorité du roi! La gloire du roi! Toujours le roi : c'était avec ces grands mots que le régent étouffait les droits de la nation, ceux de l'humanité, de la justice, et tous les principes enfin qui tendaient à la raison et à la liberté!

Sa manœuvre ayant été découverte, il fut enfermé par correction, et sous un ordre du roi *ad huc*, un an entier dans une chambre de prisonnier, après quoi il fut chassé.

Son plus grand crime était d'avoir fourni une grande quantité de lavemens aux prisonniers de la Bastille.

Le comte de Laval, seigneur plein d'honneur, de probité, de politesse, et personnellement ennemi du duc d'Orléans, était enfermé à la Bastille pour la même affaire que Mme de Stael. Secrètement attaché à la duchesse du Maine, le comte faisait tous ses efforts pour intriguer au dehors, et ayant gagné l'apothicaire de ce château royal, il prétexta une maladie pour laquelle il se fit ordonner deux clystères par jour. Le régent qui entrait dans les moindres détails sur ce qui concernait les prisonniers, examinant les mémoires du chirurgien de la Bastille, l'abbé Dubois, qui était présent, se récria sur cette quantité de lavemens; le régent lui dit en souriant : « Va, mon cher abbé, puisqu'ils n'ont que cet amusement-là, ne le leur ôtons pas. »

N'oublions pas que nous avons un libertin à la Bastille. Une vertu d'antichambre, nommée Angélique, qui a vendu ses bonnes grâces au chef de l'Etat, est le principal auteur des maux qu'endure le duc de Richelieu dans le plus noir, le plus infect et le plus humide cachot de ce gothique édifice.

L'ingrate troisième fille du régent s'était permise de disposer, en faveur du jeune duc, d'un trésor qui ne devait appartenir qu'à son futur mari, qu'on présumait être alors le roi de Sardaigne, et que le chef provisoire de la monarchie française se réservait pour lui-même. Le prince était furieux; son esprit enflammé cherchait à se venger, sur l'audacieux séducteur, du moindre abandon que lui avait obstinément refusé Charlotte Aglaé de Valois, depuis des années : d'abord sous prétexte qu'elle était encore trop jeune, ensuite parce que son devoir lui imposait l'obligation de n'aimer que le monarque sarde.

Il n'est pas inutile de dire que le régent savait que sa fille préférait Richelieu à tous les potentats de la terre ; il n'ignorait pas qu'elle avait avec lui les plus secrètes liaisons; mais, pour tirer de la preuve flagrante un témoignage contradictoire aux allégations de la princesse, et se faire par là un nouveau droit à ses faveurs, son Altesse Royale avait jeté des regards de convoitise sur Angelique, sous-gouvernante de sa fille, qui avait toute la confiance de sa maîtresse, et dont l'ardeur et la discrétion éprouvée dataient depuis qu'elle avait prêté ses habits à un enfant qu'on appelait alors le jeune Fronsac. Le régent lui avait parlé d'amour; l'indulgente beauté avait consenti à se laisser aimer, et lui avait révélé toute l'intrigue des amoureux, sans cependant pouvoir préciser, comme le désirait le prince, le jour où mademoiselle d'Orléans n'avait plus eu de charmes secrets pour son amant.

Richelieu ne connaissait pas de rang que son mérite n'égalât, pas d'obstacles que son adresse ne sût vaincre. Dès son entrée dans le monde, Mlle de Valois avait ébloui les seigneurs de la cour; mais le duc en tomba subitement amoureux : fier de sa bonne mine, il forma le hardi projet de lui faire partager sa flamme et abandonna Mlle de Charolais pour obtenir cette princesse, à peine sortie de l'enfance. Sa vanité ne l'abusait pas; à la troisième entrevue il fut convaincu que la princesse partageait son amour. Des soupirs bien significatifs tinrent lieu de réponse à sa déclaration. Il n'y eut pas, après cela, de ruses, de stratagèmes, dont il n'ait usé pour satisfaire la passion de la fille du maître actuel de la France ; elle habitait le château ; mais son imagination travaillait avec assez d'ardeur pour aider son amant à surmonter les difficultés : aujourd'hui c'étaient les habits de sa sous-gouvernante, demain les vêtemens d'un marchand ; une autre fois les haillons d'un mendiant ou l'accoutrement si varié de ces charlatans connus sous les noms de bohémiens, d'astrologues, de magiciens ou de devins, qui exploitaient alors la crédulité des grands pour gagner de l'argent.

Malgré ses soins, le régent, déjà abandonné aux excès d'une luxure incestueuse, ne put jamais empêcher Richelieu de voir Mlle de Valois qu'il aurait préférée à ses sœurs. Son Altesse Royale pensa avec raison que la princesse ne consentirait jamais à lui céder tant qu'elle verrait un amant qu'elle idolâtrait.

« Un emprisonnement, se disait le duc d'Orléans à lui-même, peut seul éloigner sûrement un rival. Le duc doit être dans la conspiration d'Espagne. J'ai sur ma table, ajoutait-il la veille de l'arrestation de Richelieu, de quoi lui faire couper quatre têtes s'il les avait. Ce sont quatre copies de lettres qui promettent de livrer les villes frontières aux ennemis. Or, il n'y a à Bayonne que deux régimens : celui de M. de Saillans et le sien. L'Espagne et son ambassadeur à Paris ont exercé de puissantes séductions; des princes, des évêques, des officiers ont accédé à la conspiration; les dépêches saisies sur l'abbé Porto-Carrero; le prince de Cellamare qui n'attendait plus, comme il le dit lui-même dans sa correspondance avec Alberoni, que l'ordre de *mettre le feu aux mines*. Je le vois, tout était prêt ! et Bayonne devait ouvrir ses portes aux Espagnols; les preuves ne manquent pas; le duc a trahi, c'est un félon! D'ailleurs, j'userai d'artifice aussi, moi, continuait le régent en saisissant le paquet des dépêches... Faisons servir une de ces pièces... Supposons que cette lettre, enlevée à Porto-Carrero, était adressée à ce traître. »

Les quatre lettres, principales pièces du procès, n'étaient pas suffisamment claires pour baser une accusation formelle; le régent consentit à ce que d'Argenson, homme habile dans les artifices, les falsifiât; et, pour éloigner Richelieu de sa fille, il eut encore la coupable faiblesse de souffrir qu'on provoquât ce jeune seigneur à la séduction.

Le félon rêvait à ses bonnes fortunes lorsque

Rofé, son valet de chambre, vint lui annoncer qu'un étranger, nommé Marin, qui se disait envoyé d'Espagne, désirait l'entretenir. Cet homme parlait bien castillan; il fit au duc des propositions trompeuses de la part de la cour de Madrid, et le conjura, au nom de Sa Majesté Catholique, de favoriser l'entrée des troupes étrangères à Bayonne, où il prétendit avoir vu son régiment animé du meilleur esprit. Il ajouta que, pour prix de sa condescendance aux vues de Philippe V, on lui donnerait le régiment des gardes Françaises qu'avait Grammont. Richelieu ne voulut point accepter ces prétendues offres du cabinet espagnol, disant que sa conduite était observée de trop près, et assura qu'on ne pouvait compter sur son régiment.

Marin renouvela ses insidieuses propositions par la promesse déjà faite d'un prochain avancement, la protection du roi et de la reine d'Espagne, et partit en laissant sur la table la lettre suivante, que nous insérons ici comme un monument de la perfidie du duc d'Orléans : c'est une invitation pour assembler les états-généraux : elle n'était adressée à personne. Dubois, d'Argenson et le régent résolurent d'y mettre une suscription et de l'envoyer chez Richelieu qu'ils voulaient perdre. Voici la lettre :

« Alberoni au duc de Richelieu,
« Vous serez le bienfaiteur de votre patrie en donnant vos soins à cette grande révolution. Vous la rendrez dans son état de gloire, et dans toute sa splendeur. Ecrasée d'impôts, surchargée d'une dette énorme, elle ne peut que succomber sous un tel fardeau; la nation assemblée peut seule délibérer et choisir les moyens de payer sa dette. »

Cette lettre, trouvée dans les papiers enlevés au courrier espagnol, et destinée à être refaite, signée et renvoyée en France par le roi d'Espagne ou par son ministre Alberoni, aurait pu être, mais n'était pas adressée à Richelieu. L'infâme Dubois, pour satisfaire la coupable passion de Philippe qui voulait éloigner l'amant de sa fille, et donner à cette pièce un caractère de félonie, avait eu le soin d'y ajouter ces mots : *Alberoni au duc de Richelieu.*

Deux heures après le départ de Marin, Duchevron, lieutenant de la prévôté, suivi de douze archers, entra précipitamment chez Richelieu, saisit tous ses papiers et dit : « M. le duc sait sans doute le motif qui nous amène? — Je m'en doute, répondit le gentilhomme; M. le régent, dans tout ce qui vient de se passer, aurait eu bien du malheur s'il n'avait pas trouvé l'occasion de me punir de l'amour que sa fille a pour moi. Je vois qu'il s'agit de vous suivre au faubourg Saint-Antoine; partons. »

Cette prison était encombrée de prisonniers soupçonnés conspirateurs. L'amant heureux fut jeté dans un cachot qui ne recevait le jour que par un trou étroit; il n'y trouva en y entrant ni lit, ni chaise, ni table, et quand il demanda ces objets de première nécessité, on lui répondit que tous les meubles étaient pris.

Lorsque Mlles de Charolais et de Valois apprirent ce traitement cruel, elles se désolèrent chacune de leur côté. Malgré les innombrables infidélités du beau prisonnier, ces deux rivales, jusqu'alors jalouses et même ennemies l'une de l'autre, se réunirent pour sauver de concert l'objet de leur amour; toutes deux éprouvaient la plus vive douleur d'être séparées du mortel léger qui leur avait fait perdre ces prémices qui privent les demoiselles du droit de porter une couronne blanche le jour de leur noce. Plus résolu que jamais de profiter des circonstances, le régent déclara à Mlle de Valois qu'il voulait seul obtenir ses faveurs ou faire périr le duc, affectant de dire qu'il avait des lettres d'Alberoni adressées au coupable. Combien cette princesse dût se féliciter de n'avoir point encore cédé à son père.

Comme il ne pouvait venir à l'idée de Mlle de Charolais que Philippe eût supposé l'existence des lettres mentionnées, cette belle personne tomba dangereusement malade. Sa mère, dans l'espoir de diminuer la sensibilité d'un enfant que la fièvre dévorait, lui disait : « Ma fille, consolez-vous : déjà le volage vous doit sa dernière sortie de la Bastille ; vous lui avez accordé des faveurs qui auraient dû vous l'attacher pour la vie. Eh bien ! ses entrevues avec votre cousine (Mlle de Valois) n'ont pas discontinué un seul jour. Il y a six mois, continuait la mère qui s'efforçait de consoler la désolée, je vous disais calmez-vos transports jaloux, c'est un ingrat. Aujourd'hui je me contenterai de vous dire : c'est à Mlle de Valois à s'affliger, et non à vous. — Hélas ! répondit en soupirant la malade résignée : que cette belle princesse le sauve, et je consentirai à ne plus le revoir. »

Mlle de Valois n'ignorait pas que Mlle de Charolais avait gagné les officiers de la Bastille pendant la détention du libertin, et qu'elle était parvenue à l'en tirer. Afin de corrompre les gardes, comme sa cousine, la fille du régent sacrifia 200,000 livres, et s'associa Mlle de Charolais, qui, pour faire perdre à M{{lle}} de Valois le droit de lui reprocher ses expansives complaisances pour son père, conseilla à l'entreprenante maîtresse de tout promettre, de tout sacrifier au régent, s'il voulait rendre la liberté au charmant prisonnier.

Grâces aux sollicitations de M{{lle}} de Valois, le régent ordonna au gouverneur de faire sortir le joli captif de son sinistre cachot, et de le transférer dans une autre chambre mieux aérée. Dans cette nouvelle demeure, Richelieu pouvait se concerter avec ses maîtresses sur les réponses qu'il devait faire le lendemain aux interrogatoires insidieux du garde-des-sceaux d'Argenson. L'amour, ingénieux dans ses conseils, fut pour lui d'une grande ressource. Ce d'Argenson employait la terreur à sa manière accoutumée, et quoique le duc de Richelieu père lui eût rendu de grands services, il prenait plaisir à épouvanter son fils et à lui dire qu'il paierait de sa tête sa haute trahison. Il parlait de Biron qui avait été décapité dans ce château-fort, et montrait avec le doigt la place de cette exécution. Cependant le jeune duc de Richelieu lui avait toute sa vie témoigné de l'amitié, et, contre son naturel, il avait été long-temps amoureux de l'abbesse sa sœur; mais de quels sentimens et de quelle reconnaissance des magistrats de ce caractère pouvaient-ils être capables? — Un garde-des-sceaux surtout, qui s'était avili au point de venir à la Bastille faire les fonctions de commissaire de police, et de les faire tantôt avec Leblanc, homme perdu dans l'esprit public, par les rapines et les bassesses qu'on lui imputait, et tantôt avec Dubois, l'objet du mépris de toute la France! Le joli prisonnier tremblait de voir sa tête entre les mains de ces ministres, qu'on appelait alors à Paris les trois juges infernaux, *Eaque, Minos* et *Radamanthe*.

Il y avait auprès de la nouvelle demeure de Richelieu des complices renfermés, pour la même affaire, qui s'étourdissaient dans leur malheur en chantant, et auxquels il répondait de son mieux. Ce divertissement était d'autant plus agréable que Mlle Delaunay (depuis Mme de Stael) confidente de la duchesse du Maine, et sa voisine, l'accompagnait; ce concert, exécuté par des invisibles, formait une espèce d'opéra qu'un amour réel et des désirs de se voir rendaient encore plus intéressant.

Mlle Delaunay avait, comme nous l'avons déjà dit, rendu amoureux d'elle Maison-Rouge, lieutenant de roi dans le château, et le chevalier

Dumesnil, qui était avec elle prisonnier de la Bastille. Ce que l'argent avait produit sur le gouverneur du gothique édifice de la tyrannie, l'amour le produisit sur ce lieutenant de roi qui était de son naturel inflexible, brusque, et qui, peut-être pour la première fois de sa vie, sentait battre un sentiment d'amour dans son cœur. L'adroite confidente s'en aperçut; elle en profita pour améliorer le sort des prisonniers, concerter avec eux ses réponses, et surtout avec le chevalier Dumesnil qu'elle aimait passionnément.

La similitude des souffrances augmenta leur attachement; et comme on voulait à la cour les faire passer par degrés insensibles du cachot à la liberté, on résolut de les mettre en société chez le gouverneur. Ce traitement présageait une délivrance prochaine. Mais, indépendamment du régent, Richelieu avait un très grand nombre d'ennemis à cause des femmes dont il était parvenu à obtenir les bonnes grâces. La duchesse de Berry, à laquelle il avait été infidèle, était à la fois la fille et la maîtresse du chef de l'Etat. Cette vindicative princesse paralysait tous les efforts de sa sœur, Mlle de Valois, pour dissiper l'orage formé sur la tête de Richelieu. Furieuse de n'avoir possédé le volage qu'un instant, la duchesse de Berry ne pouvait pardonner à Mlle de Valois de le conserver des années.

Pour la deuxième fois, la jalouse princesse portait dans son sein les fruits d'un commerce honteux avec son père. Or, exerçant sur le régent la double influence de fille et d'amante, elle éloignait de l'esprit du prince tout projet de clémence.

Quelle fut la surprise du public lorsqu'il apprit que la féconde princesse poussait, dans les promenades les plus fréquentées, le délire jusqu'à tirer vanité de ses cyniques voluptés, et exposait aux yeux de la foule étonnée une grossesse dont le moraliste, doué de la meilleure volonté, n'aurait pu indiquer le chef légitime. Ce hideux présent d'un amour criminel plaisait à l'incestueuse altesse. Dans ces circonstances, faisant, autant qu'il était en elle, ressortir sa position, elle se plaisait à narguer sa rivale, à publier sa coupable impudicité, et se croyait vengée d'un amant inconstant. Cependant la souveraine pour rire ne recueillit que de l'humiliation d'une effronterie inouïe de sa vanité.

Voltaire avait déjà été mis à la Bastille pour avoir fait une épigramme sur la même princesse, accusée publiquement d'avoir eu la même *fai-*

blesse avec son père. La première fois, le régent avait nié l'accouchement de sa fille ; mais la seconde fois on ne put douter du fait, la princesse s'étant plu à montrer sa situation avancée, affectant de la faire remarquer par différens moyens et par des promenades en voiture découverte, d'une promenade à l'autre. Le peuple, d'abord honteux, ria, puis chansonna la déhontée. Voici un couplet qui courut les rues; il est sur l'air de Joconde, alors fort à la mode :

> Enfin votre esprit est guéri
> Des craintes du vulgaire ;
> Belle duchesse de Berry,
> Achevez le mystère.
> Un nouveau Loth vous sert, mère des Moabites,
> Donnez-nous promptement un peuple d'Ammonites.

L'histoire sainte a pris soin de nous apprendre l'inceste de Loth avec ses deux filles, l'une appelée Moas, l'autre Ammon; de ces noms sont dérivés ceux de Moabites et d'Ammonites.

La seconde fois, le régent voulut encore cacher la fécondité de sa fille amante. Très irrité des plaisanteries publiques, il fit chercher l'auteur de ces vers. Mais déjà Arouet était au château Saint-Antoine; il travaillait à désarmer le couroux d'un père plus que luxurieux, et eut le bonheur de se tirer d'affaire par le moyen de ses amis et d'une autre épigramme dans laquelle il prouvait que les Moabites et les Ammonites lui étaient totalement inconnus, parce que, disait-il :

> Non, monseigneur, en vérité,
> Ma muse n'a jamais chanté
> Ammonites ni Moabites.
> Brancas vous répondra de moi :
> Un homme instruit chez les Jésuites,
> Des peuples de l'ancienne loi,
> Ne connaît que les Sodomites.

« Allons, dit le régent à M. de Brancas qui lui avait présenté ces vers, j'ai ri, je ne punirai point Arouet; cependant, recommandez-lui de modérer sa malice, car ses sottises sur mes filles ne me trouveraient pas toujours disposé à rire. Du reste, le couplet qu'il désavoue est une critique en l'air; Mme de Berry n'a pas eu d'enfant... On tient à cet égard des propos que je veux laisser tomber; mais, je vous le répète, dites au petit poète qu'il soit prudent. »

Voulant connaître d'avance les décrets du destin, la mère des Moabites, travestie en religieuse ursuline, se fit tirer son horoscope; mais la devineresse, s'étant aperçu d'une prépondérance qui annonçait des goûts plus que mondains, lui dit : « Vous êtes la veuve de votre cousin et l'épouse de votre père, dont vous êtes amoureuse et grosse. Votre accouchement sera périlleux ; mais si vous en réchappez, vous vivrez long-temps. » La duchesse mourut en couche, et Richelieu espéra. Mais il restait encore beaucoup à faire. Mlle de Valois se consumait en sollicitations infructueuses. Cette jeune et belle personne, encore vierge d'inceste, était condamnée à céder à la luxure effrénée du maître de la monarchie, ou à renoncer à l'espoir de rendre son amant à la liberté. Elle n'avait presque plus de charmes secrets pour son père ; mais ces sacrifices, grands pour une femme qui ne voulait rien accorder qu'à celui qui possédait déjà tout, qu'à celui qui pouvait seul, le jour du mariage, lui permettre la couronne virginale, n'étaient pas suffisans ; le dispensateur des grâces exigeait, les yeux pleins de rage, de luxure et de fureur, que sa fille satisfît sa coupable flamme, non qu'elle lui cédât, mais qu'elle lui offrît et livrât complaisamment des faveurs jusque-là stériles. Charlotte-Aglaé, depuis duchesse de Modène, obtint la liberté de Richelieu. Ce dernier fut heureux jusque sur les marches du trône italien.

Le 25 août 1786, le duc est venu revoir le château de la Bastille; il est monté sur les tours, quoique âgé de quatre vingt-dix ans, cinq mois douze jours.

Jean Lacour, chanoine de Reims, fut mis à la Bastille le 22 janvier 1722, et en sortit le 20 août suivant.

Ce chanoine, ayant pour toute ressource une somme de dix mille livres en billets d'Etat, les employa en actions de la première main. Il les fit travailler avec tant de succès, qu'en moins de trois mois sa fortune fut plus que quatruplée.

Quatorze employés de la banque, accusés de malversations et d'abus relatifs à la liquidation des effets présentés au *visa*, ont été mis à la Bastille en 1723.

Jean-Baptiste Abacy, mis à la Bastille le 2 avril 1721,

Cet homme était coureur de Mme la duchesse de Hanovre. Il avait fait fortune chez Messire Quincampoix, c'est-à-dire à la banque régento-Law; ce commerce se faisait dans la rue Quincampoix, ou simplement *dans la rue*, car on lui avait donné ce nom par excellence, à l'imitation des Latins qui appelaient de même Rome simplement *Urbs*, la ville. C'est là que la fortune semblait se divertir à combler de grâces ceux qui s'y étaient attendus le moins, et à les rendre inutiles par les richesses, c'est encore à dire par ce qui empêche les sots mêmes d'être ridicules. Plusieurs exemples, qu'on sera peut-être bien aise de trouver ici, ont été la cause de divers embastillemens.

Abacy eut tant de bonheur qu'il fut en état d'avoir une maison montée. D'abord, il alla chez un fameux carrossier commander une voiture. Le maître à qui il s'adressa, lui demanda quelle sorte d'équipage il souhaitait avoir.—Une berline des plus belles, lui dit le nouvel enrichi.—Mais encore, dans quel goût voulez-vous que soit votre berline? La doublera-t-on de velours cramoisi? y mettra-t-on des crépines d'or ou d'argent?— Oui, de l'or, de l'argent, du velours cramoisi, tout ce qu'il faut. Vous ne sauriez la faire trop belle, reprit l'enfant de la fortune; et tirant de sa poche quatre mille livres en billets de banque : Tenez, mon maître, ajouta-t-il, voilà des arrhes; je m'appelle Jean Baptiste Abacy, et je demeure rue des Saints-Innocents. Je vous recommande de me la faire livrer promptement. Adieu, la rue Quimcampoix m'appelle. Il partit en même temps. Le carrossier, courant après lui, cria : Monsieur ! monsieur ! quelles armes voulez-vous ? — Toutes les plus belles, toutes les plus belles, mon ami. » Ce furent ces maudites armes qui servirent de prétexte à son incarcération.

L'abbé Bremmer, Hongrois, agent des affaires du prince de Ragosky, et résident en France, entré à la Bastille sur un ordre du régent, du 18 août 1721.

Bremmer avait fait imprimer et distribuer des écrits satiriques, dont nous donnons ici quelques extraits :

« Long-temps avant la mort du feu roi, il se tenait des assemblées très secrètes au château de Madrid, chez Mlle de Chausseraie, chargée de correspondre avec le Palais-Royal. Là se trouvaient le cardinal de Noailles, le duc de Saint-Simon, le duc de Noailles, les d'Alègre, de Maisons, le maréchal d'Harcourt, d'Aguesseau, l'évêque de Montpellier et le père Bernard de l'Oratoire. Ce conseil traitait des plus importans projets, et quelquefois il se renforçait de quelques initiés qui se répandaient dans la capitale pour sonder les esprits, pour répandre des nouvelles, parler de Louis XIV qui se plaisait à étouffer tous les sentimens de notre ancienne liberté, pour parler du duc d'Orléans comme le seul prince capable de nous rendre nos vieux priviléges, et enfin pour préparer de loin la révolution !...

Noailles traitait avec les présidens du Parlement, et promettait, au nom de Philippe d'Orléans, de rendre à ces magistrats le *droit de remontrances*. Dubois traitait avec des conseillers, à qui il disait : « Messieurs, qui oserait « vous contester la voix de la doléance ? qui « oserait dire que les parties intégrantes du « contrat social, quand elles se trouvent lésées, « n'aient pas le droit d'exposer leurs griefs et « d'en demander le redressement ? Un prince, « franc et ouvert de son naturel, le duc d'Or« léans, m'a chargé de vous assurer qu'il n'ac« ceptera la régence qu'à condition que le Par« lement s'associerait en quelque sorte au « pouvoir dont le duc veut le revêtir. »

Le duc de Saint-Simon, qui était l'ennemi déclaré des princes légitimés et de tout ce qui était attaché aux maximes de la cour de Louis XIV, s'unit étroitement au duc d'Orléans, lui prépara les voies par des intrigues avec de grands seigneurs et avec quelques présidens du Parlement, aujourd'hui bien repentant; il est trop tard. Ce Saint-Simon, actif, entreprenant, frondeur, plein de génie et de courage, avait toutes les qualités d'un chef de faction, pour préparer et pour exécuter une grande entreprise, une révolution que son maître n'a su que sourdement fomenter. Les dernières précautions prises par ce factieux pour rendre formidable le parti du tremblant, du pâle, du défiguré duc d'Orléans, assis sur la glissante selle d'un vigoureux cheval dont la cadence précipitée ne pouvait être modérée par la débile main de l'homme qui allait asseoir le despotisme au nom de la liberté, ne servirent pas peu à glacer le courage du Parlement. Cette compagnie savait que son palais était investi de troupes, et que la grande salle était remplie de gens armés.

» Les roués du duc d'Orléans, qui se disaient capables d'un grand coup, assommaient dans les rues, ou faisaient voltiger par dessus les parapets ceux qui ne paraissaient pas disposés à crier *vive le régent!*

» Après la ruine de la brillante famille de Louis XIV, continuait Bremmer, les causes ont pu nous paraître un problème; mais aujourd'hui.... S'il y eut des gens qui regardèrent toutes ces morts comme naturelles, il y en eut aussi, de la plus grande probité et incapables de calomnies, qui assurèrent (quatorze médecins entre autres, qui n'avaient rien à espérer d'un vieux roi qui allait mourir, et tout à craindre du chimiste qui se préparait silencieusement à lui succéder), qui assurèrent alors, dis-je, et qui ont dit à leurs enfans que ces princes étaient morts empoisonnés. Dangeau, le plus timide, le plus politique, le plus adroit et le plus flatteur des courtisans philippotins, inséra le 9 septembre 1719, un an avant sa mort, en ces termes, l'article de la mort du premier dauphin, dans ses volumineux mémoires encore manuscrits :

« Le feu roi apprit le 9 avril 1711, à son lever, par M. d'Antin, que monseigneur en se levant avait eu une grande faiblesse et s'était trouvé mal. Les médecins déclarèrent qu'il y avait du *venin* dans la maladie, et le roi ne voulut pas que les princes et princesses entrassent dans son appartement. »

« Le 10 le mal fut tel qu'on désespéra de le sauver. Depuis le commencement jusqu'à la fin de la maladie, on ne manqua pas de dire « que monseigneur se portait aussi bien qu'il se pouvait porter dans l'état où il était. » Réponse insignifiante qui élude l'état de la question. « Le dauphin, dans toute sa maladie, dit la *Gazette de France*, éprouva des assoupissemens. Le 13 le *venin* de la maladie se porta à la tête et à la gorge, et il mourut le 14 avril 1711. On ne l'ouvrit pas à cause du *venin* de la maladie. »

« La mort d'une princesse est rapportée par Dangeau dans les termes suivans : « Le 7 février à sept heures du soir, 1713, la dauphine sentit de violentes douleurs au-dessous de la tempe. Elle fit prier le roi de ne pas venir chez elle à cause de ses souffrances. »

« Le lendemain, les douleurs furent extrêmes, jusqu'à quatre heures, malgré l'opium qu'on lui donna et le tabac qu'elle fuma, sentit et mâcha. Ses douleurs furent si violentes, qu'elle dit avoir moins souffert en accouchant. « Il faut que les humeurs soient bien malignes, ajoute Dangeau, pour avoir causé de si violentes douleurs. »

« Le médecin dit au roi qu'il ne doutait pas que ce ne fût la rougeole, et le soir on vit que ce n'était plus la rougeole. Le 10 on disputa encore si c'était la rougeole. « Si ce l'est, dit Dangeau, c'est une rougeole *d'une bien mauvaise nature.* » Le 12 février elle expira.

Continuons. « Enfin je rapporte, ajoutait

Bremmer, les sentimens du comte de Maurepas. C'était le tome second du jeune Fronsac; comme lui une espèce d'espiégle qui allait partout, et que les dames se plaisaient à initier dans leurs secrets de toilette; qui divertissait par des saillies et des petits *riens* qui amusaient toutes les belles; sa frivolité et son étourderie étaient telles, que presque toutes les dames en faisaient comme un jeu, et ne s'en défendaient pas; il parle en ces termes, dans ses mémoires manuscrits.

« On voulait, dit-il, que Mme de Bourgogne fût morte pour avoir pris du tabac dans une tabatière qu'elle avait perdue, et qu'on ne retrouva que trois semaines après sur sa toilette. M. de Gondrin en prit aussi et mourut six semaines auparavant elle, d'une maladie qu'on regardait encore comme la petite-vérole. On prétend aussi que monsieur le dauphin gagna la même maladie en lisant une lettre qui n'était point signée. Il l'a dit lui-même avant sa mort, ajoutant que les auteurs de la mort de sa femme ne l'avait point épargné. On attribua aussi à une collation que le duc de Bretagne et son frère (depuis Louis XV) firent chez le duc de Chartres, la mort du premier et la maladie du second, que la vigilance de Mme de Vantadour sauva en le remettant au lait de femme, quoiqu'il eut quatre ans. Toutes ces maladies eurent les mêmes symptômes. Pendant ces différens accidens, madame la dauphine avait des maux de tête insupportables; monsieur le dauphin un feu dans les entrailles qui le consumait, et monsieur le duc de Bretagne un vomissement continuel. »

« Depuis le jour fatal, où, conformément à l'arrêt du Parlement du 2 septembre 1715, la régence fut dévolue au duc d'Orléans, qu'a donc gagné cette compagnie? Une entière humiliation; la haine des Français; le mépris des gens modérés; ses membres non vendus sont emprisonnés ou exilés. D'Argenson, par un arrêt du conseil des roués, casse leurs arrêtés. Le Parlement fait des remontrances, et le régent appelle des troupes à son secours. C'est bien en vain que le premier président, à la tête d'une députation, parle de retirer l'édit des monnaies, comme bouleversant toutes les fortunes.

« La chambre des comptes vient renforcer le Parlement avec la cour des aides, c'est-à-dire que toute la magistrature se ligue contre la banque régento-Law, et contre d'Argenson, déjà si haï du peuple, à qui il prétend faire oublier les propres paroles du régent : « *Que tout homme arrivé au pouvoir par la volonté nationale, est responsable.* » Le garde-des-sceaux reconnut qu'il fallait employer contre les mécontens la raison des rois dans un lit de justice : des lettres de cachet l'annoncèrent au parlement ; on déploya l'appareil de la splendeur du trône, et tout ce que présentait de formidable aux yeux de la magistrature, l'aspect militaire de la maison du roi.

Le régiment des gardes, sous les armes, vint envelopper ce lit de justice qui fut tenu aux Tuileries. On le vit se répandre dans la rue de Richelieu, sur le quai et dans le jardin du château ; les gendarmes, les chevau-légers, les mousquetaires, les dragons avaient ordre de se tenir prêts à démontrer que c'était bien l'homme de la volonté générale qui agissait ainsi pour le bonheur de tous, conformément à ses sermens. Ainsi le despotisme avait concentré toutes ses forces, et combiné le pouvoir militaire qui exécute avec le pouvoir tyrannique qui commande les lettres-de-cachet. Ses baïonnettes étaient toutes prêtes pour repousser les raisons et les remontrances du Parlement.

« L'appareil fut imaginé par d'Argenson, ennemi déclaré de toutes sortes de représentations contraires à la volonté de son maître. Cet appareil militaire, que Louis XIV lui-même avait toujours évité, était tel, qu'il saisit d'épouvante tous les esprits. Dans un instant toute la capitale, accoutumée à l'obéissance, fut consternée de cet attirail de guerre et de ces troupes en armes.

« Dans ce lit de justice, il fut déclaré qu'il était défendu au Parlement de prendre connaissance des affaires d'Etat; les prérogatives des princes légitimés furent abolies; le premier président demandait la permission au régent de parler en présence du jeune roi; le fougueux d'Argenson s'étant approché de l'enfant comme pour prendre ses ordres, prononça que le roi voulait être obéi sans aucune observation; mais le jeune prince s'écria : Moi, je n'ai pas dit cela. Le Parlement s'en retourna consterné, et les huées du peuple l'accompagnèrent chemin faisant. Le lendemain, le Parlement, plein de courroux, publia des horreurs du prince régent, et tint des propos sur la disgrâce du duc du Maine, publiés au lit de justice, et sur le danger où était la personne du roi entre les mains du duc d'Orléans. Ces propos obligèrent Philippe à faire enlever de nuit le président de Blamont, et les conseillers Feydeau et Saint-

Martin. Vainement les membres de cette compagnie firent-ils des remontrances sur cet acte de rigueur et de violence militaire, se plaignant amèrement qu'on avait enfoncé la porte de l'un d'eux, comme celle d'un scélérat atteint des crimes les plus dangereux à la tranquillité publique; plus vainement encore demandèrent-ils que le procès fût fait à tous trois. Le régent répondit que les magistrats avaient été enlevés pour des affaires secrètes, qu'il fallait respecter l'autorité du roi, et il leur conseilla d'obtempérer s'ils ne voulaient partager le sort de leurs confrères exilés.

« Voilà ce qu'a gagné cette compagnie en confirmant l'autorité la plus absolue au duc d'Orléans. Il va encore marcher, cet intérimiste qui s'est proclamé le vœu de la nation. Il marche à travers la misère qu'enfante un système qui croule, mais qu'il relève à coups de sabre, après avoir lui-même vociféré contre les dragonnades du fatigant *grand-règne*. France! si jamais tu es appelée à refaire tes libertés, ne te fies plus à d'artificieuses promesses. Louis XIV n'avait permis au Parlement de faire des remontrances qu'après l'enregistrement pur et simple de ses lettres, édits ou déclarations : le régent en use autrement : il faut se taire et prendre l'or que le peuple transmet par les mains de celui qui a su chatouiller l'amour-propre blessé des magistrats, en insinuant vouloir leur rendre le droit de remontrances, sinon l'exil, la destitution..... L'abbé se coupa la gorge à la Bastille, le 25 décembre 1721.

Détails sur M. de Talhouet, mis à la Bastille le 28 mai 1723, et jugemens qui ont été rendus par les commissaires contre les accusés dans cette affaire.

M. d'Argenson s'est transporté à la Bastille le 11 juillet 1723, pour y procéder aux interrogatoires de M. de Talhouet, qui a refusé de répondre et de reconnaître lesdits commissaires, se fondant sur les priviléges attribués à sa charge de maître des requêtes, suivant lesquels il ne pouvait être jugé que par le Parlement.

Sur ce refus, M. d'Argenson a rendu une ordonnance portant que M. de Talhouet serait tenu de répondre le lendemain, autrement que son procès lui serait fait comme à un muet volontaire.

Le lendemain 12 juillet, M. d'Argenson s'est transporté à la Bastille pour interroger ce prisonnier, qui témoigna le même refus de répondre.

Le 26 août suivant, ledit Talhouet a subi un autre interrogatoire pardevant toute la chambre assemblée; il a refusé de s'asseoir sur la sellette, de lever la main, dire son nom, âge, qualité et demeure, et de répondre à toutes les demandes qui lui ont été faites par la chambre, invoquant toujours les mêmes motifs de refus.

La chambre a déclaré M. de Talhouet, l'abbé Clément, Gally et Daudé, atteints et convaincus d'avoir prévariqué dans les fonctions de leurs commissions et emplois; ensemble d'avoir mal, faussement et frauduleusement fabriqué divers supplémens de liquidation d'actions, et d'en avoir partagé le produit entre eux.

Pour réparation de quoi, ils ont été condamnés par arrêt de la chambre du 27 août 1723, svoir : les sieurs de Talhouet et Clément à avoir la tête tranchée sur un échafaud, qui, pour cet effet, devait être dressé en la place de la Bastille.

Et lesdits Gally et Daudé, à être pendus et étranglés à des potences qui devaient être plantées pour cet effet sur ladite place de la Bastille.

La charge de maître des requêtes dont était pourvu le sieur de Talhouet, vacante au profit du roi et tous ses autres biens, ensemble ceux desdits Clément, Daudé et Gally, tant meubles qu'immeubles, acquis et confisqués au roi; sur iceux préalablement pris la somme de 50,000 livres d'amende envers Sa Majesté.

Le samedi 28 août 1723, cet arrêt a été prononcé par le greffier de la chambre aux sieurs de Talhouet et Clément, chacun en particulier, nu-tête et à genoux, dans l'une des chambres de la Bastille, où ils ont été amenés l'un après l'autre.

Pareille lecture a été faite le mardi 25 avril 1724, sur les 11 heures du matin, aux sieurs Daudé et Gally.

Leur peine fut commuée plus tard en un bannissement perpétuel. Les autres accusés furent condamnés à des peines plus légères ou déchargés des accusations intentées contre eux.

Notes historiques sur le système de Law, publiées par un philippotin.

Lorsque le duc d'Orléans prit les rênes du gouvernement au mois de septembre 1715, le désordre des affaires était à son comble.

Law, Ecossais, grand calculateur, et doué en même temps d'une imagination vive et ardente, offrit au régent des moyens pour rétablir les finances, et proposa d'abord, pour les tirer du désordre où elles étaient tombées, d'établir à Paris une banque.

Le projet de Law plut à ce prince, et l'établissement proposé prit naissance dans le cours de mai 1716 : le fonds, qui était de six millions, fut formé par 1200 actions de mille écus chacune.

Ce nouvel établissement eut le plus grand succès, et alla même au-delà des espérances de son fondateur. Son influence se fit sentir dès les premiers jours; une circulation rapide de l'argent, qu'une défiance universelle retenait dans l'inaction, redonna du mouvement à tout. Lorsque la banque générale fut établie, Law loua, pour la loger, l'hôtel de Mesme, rue Sainte-Avoye; mais Law ayant acheté au commencement de l'année 1719 l'hôtel de Nevers, rue de Richelieu, il y fit transporter cette banque. On fit accommoder les écuries qui étaient sous le grand appartement et sous la galerie, pour y mettre toutes les caisses et le trésor de la banque. Law passa le contrat d'acquisition de cet hôtel, devant Balin, son notaire, et en même temps il fit déclaration que c'était des deniers de la banque, et c'est en vertu de cette pièce que cette maison appartient à la nation, et qu'on y a placé la bibliothèque royale.

On lisait dans la texture de chaque billet ces mots : *Banque générale*, ce qui se faisait lors de la fabrication du papier, et il était frappé au bas de chaque billet un sceau où était gravée une femme, le bras gauche appuyé sur un piédestal au bas duquel était une corne d'abondance renversée, et qui tenait de la main droite un compas ouvert.

Il y avait autour de ce sceau pour légende : *Rétablissement du crédit*, et pour l'exergue : *Premier mai* 1716.

Le 4 décembre 1718, Law voulut que la banque qu'il avait établie deux ans auparavant, et qui avait été d'une si grande utilité jusqu'alors, fut convertie en banque royale. Elle le fut au moyen de l'acquisition faite par le roi de toutes les actions que les particuliers y avaient. Les billets de cette banque tinrent lieu de monnaie, et on les reçut en paiement dans toutes les caisses royales. Il prirent une si grande faveur dans le public, que chacun recherchait avec empressement cette nouvelle monnaie, et l'estimait autant que de l'argent.

Au mois d'août 1719, la compagnie des Indes fit des propositions très avantageuses au roi : elle lui offrit de lui prêter 1200 millions de livres à 3 pour cent par an, pour servir au remboursement des rentes sur la ville, sur les tailles, sur les recettes générales, sur le contrôle des actes des notaires, sur celui des exploits et sur les postes; ensemble pour le remboursement des actions sur les fermes, des billets de l'Etat, des billets de la caisse commune et de la finance, des charges supprimées ou à supprimer qui n'avaient point d'assignement particulier, suppliant Sa Majesté d'autoriser la compagnie à emprunter ces 1200 millions de livres, dont elle fournirait sur elle des actions rentières au porteur, ou des contrats de constitution de rente à 3 pour cent.

Elle suppliait en même temps le roi de lui accorder le bail des fermes générales pour neuf ans, en augmentant le prix de celui fait à Aimard Lambert de trois millions cinq cent mille livres par chaque année; en sorte qu'elle paierait par an cinquante-deux millions.

Le tout fut accepté et accordé à la compagnie par arrêt du 27 août 1719; et le remboursement des rentes sur la ville, des billets sur l'Etat, de ceux de la caisse commune, des actions sur les fermes générales, des récépissés du sieur Hallé, et de toutes les charges supprimées, fut ordonné par arrêt du 31 du même mois.

Le public ne goûta point les actions rentières

ni les contrats sur la compagnie, et personne ne se présenta pour en prendre. Il fallut, pour faire le prêt de 1200 millions, recourir à d'autres expédiens : celui de la création de nouvelles actions parut le plus certain, et Law crut qu'il pouvait le mettre en usage sans faire tomber les anciennes qui étaient montées jusqu'à mille pour un.

C'est sur ce pied qu'il fut permis à la compagnie d'en faire pour 50 millions, par arrêt du 13 septembre suivant. Le public s'y porta avec fureur; et par autre arrêt du 28 du même mois de septembre, il fut permis à la compagnie d'en faire encore pour 50 autres millions. (Comme ce pauvre peuple français était aisé à leurrer!)

Le nombre de ces actions fut encore augmenté, et la compagnie eut permission, par arrêt du 2 octobre suivant, d'en faire pour une troisième somme de 50 millions, qui ne furent acquises qu'en récépissés pour remboursement de rentes, ce qui fit gagner à ce papier 2, 3, et même jusqu'à 5 pour cent sur l'argent comptant et sur les billets de banque.

Ces trois créations d'actions faisaient le nombre de 150 mille actions, qui devaient produire à la compagnie, de la part du public, un paiement de 1500 millions; et comme il était plus fort de 300 millions que le prêt qu'elle devait faire au roi, elle lui offrit de lui donner encore cette somme à 3 pour cent, ce qui fut accepté par arrêt du 12 du même mois d'octobre.

La compagnie n'avait cependant reçu en ce temps que 75 millions sur les 1500 millions qu'elle devait prêter au roi.

Ces nouvelles actions augmentaient tous les jours de prix dans le public; elles étaient presque les seules dans le commerce, sous le nom *de souscriptions;* c'était un billet par lequel il était permis au porteur de lui remettre une action de la compagnie, en payant 4500 livres. On n'achetait presque plus des anciennes, parce qu'il fallait plus d'argent pour cela.

Ces anciennes et nouvelles actions formaient le nombre de 300 mille, et il fallait que la compagnie fît des profits bien considérables pour en payer le revenu : à cet effet, il lui avait été remis et donné presque toutes les affaires qui produisaient des bénéfices, et qui avaient été jusqu'alors entre les mains des particuliers. On agit dans le même esprit, en lui confiant, par arrêt du 12 du même mois d'octobre 1719, l'exercice de recette générale, avec les droits et émolumens y attribués, lequel fut ôté aux receveurs-généraux, qui furent supprimés par ce même arrêt.

Par ce moyen, la compagnie se trouva avoir toute l'administration de la finance, et Law, qui la gouvernait, et en même temps la banque, devint contrôleur-général des finances le 5 janvier 1720 (1).

Ce n'avait pas été son premier projet; il consistait à faire des actions sur différentes affaires, afin d'établir par là un jeu de papier qui pût le faire soutenir l'un par l'autre, et empêchât le public de réaliser.

C'est ce qui se pratiquait en Angleterre, où il y avait des actions sur la banque, sur la compagnie des Indes, sur la mer du Sud, et des billets qui s'appellaient *admitez*. Tous ces différens papiers rapportent du revenu; et tel qui n'a plus de confiance à l'un de ces papiers, se rejette sur l'autre, et ne pense pas à en garder l'argent, parce qu'il ne lui rapporterait aucun intérêt.

Il y a lieu de croire que Law ne changea ce projet que parce que l'on s'était passé de lui

---

(1) Law avait pensé à cette place, selon toutes les apparences, dès l'année 1719, puisqu'en ce temps il changea de religion, et fit abjuration entre les mains de l'abbé Tencin.

pour former les actions des fermes dont MM. Pâris avaient été les inventeurs, et qui avaient été approuvées par M. d'Argenson, garde-des-sceaux, qui était en ce temps chef du conseil des finances. Law voulut les anéantir, ôter à MM. Pâris la conduite des recettes générales dont ils se mêlaient depuis très long-temps, et à M. d'Argenson toute connaissance de la finance, ce à quoi il réussit.

Le second paiement des nouvelles actions, qui devait se faire dans le mois d'octobre, fut remis au mois de décembre suivant, et il devait être fait tout d'un coup un paiement de trois mois, qui était de 1500 liv. par action; ce qui donna lieu à ces nouvelles actions de monter à mille, en sorte que pour 500 livres qu'on avait donné, il se trouvait des gens qui donnaient 5000 livres.

Le commerce de ce papier se faisait dans la rue Quincampoix, et toutes les maisons étaient remplies de gens qui tenaient des bureaux d'achat et de vente d'actions : il y en avait même où on les payait tout en or. L'affluence du monde y était si grande, qu'on fut obligé d'y établir une garde, et il y avait une cloche que l'on y sonnait pour faire retirer tout le monde.

Tous ceux qui prirent de ce papier devinrent

riches en peu de temps : on venait des provinces et des pays étrangers pour faire fortune à Paris, et il fut mis sur pied une si grande quantité de nouveaux équipages, qu'on ne pouvait presque plus passer dans les rues ; et lorsque par malheur on se trouvait dans un embarras, on y restait cinq ou six heures avant que de pouvoir s'en tirer.

Il semblait que tous les hommes eussent changé d'état ; on ne se reconnaissait plus ; et on voyait des personnes ayant carrosse, qui six mois avant étaient sans aucun bien.

Les mois d'octobre et de novembre 1719 furent le temps du triomphe des actions. Law fut un jour dans une maison qui donnait dans la rue Quincampoix, pour voir la manière dont tout s'y passait, et il jeta de l'argent au peuple, ce qui fut trouvé très mauvais, n'y ayant que le roi ou le gouverneur d'une ville, au nom du roi, le jour d'une cérémonie, qui pût le faire.

Le commerce des actions se ralentit dans le mois de décembre, par rapport au paiement qu'il fallut faire, et il y eut plusieurs personnes à qui Law fut obligé de faire un prêt pour satisfaire à ce paiement. Plusieurs personnes commencèrent aussi, pendant ce mois, à tirer de l'argent de la banque, et il y en avait d'autres, dans la rue Quincampoix, qui offraient publiquement des billets de banque pour de l'argent.

Tout cela pouvait faire prévoir une chute de ces deux différens papiers; cependant ils trouvaient toujours grand nombre de préconiseurs, et on disait publiquement qu'un homme qui possédait une action, aurait suffisamment de quoi vivre du revenu qu'elle produirait par la suite, ce revenu devant augmenter beaucoup par les bénéfices que ferait la compagnie : cette action ne produisait cependant alors que 360 livres de revenu.

En juin 1720, les actions qui étaient portées à la compagnie des Indes pour y être vendues, épuisèrent bientôt tous les billets de banque, et si cet achat avait été discontinué, il était hors de doute que ces actions ne fussent tombées sur-le-champ en non valeur. Il en serait arrivé de même si l'on avait ordonné, par des arrêts du conseil, la fabrication de nouveaux billets de banque, parce que le public aurait connu par là que ce n'était qu'un jeu de papier qu'il faisait par cette vente, et que les billets de vente qui seraient donnés n'auraient aucuns fonds ni en argent ni en billets sur l'Etat, pour qu'on pût espérer qu'ils fussent payés.

On crut prévenir ces inconvéniens en faisant faire des billets de banque sans qu'ils fussent autorisés par des arrêts, et il en fut fabriqué de cette manière pour plus d'un milliard, dont les arrêts furent signés par M. d'Argenson, garde-des-sceaux, et M. de la Vrillière, secrétaire d'Etat, après que l'arrêt du 21 mai 1720, qui avait diminué les billets de banque, eût été rendu, parce qu'il fallait nécessairement mettre les choses en règle, et procurer une sûreté à ceux qui avaient fabriqué et fait fabriquer une pareille monnaie sans aucun titre valable.

On peut bien dire que tous les Français étaient aveugles une partie de l'année 1718, l'année 1719, et jusqu'au 21 mai 1720, temps où l'arrêt qui diminuait les billets de banque parut.

On estimait en ce temps une action au-dessus de tout; on préférait les billets de banque à l'argent; on ne pouvait même en avoir qu'en donnant 5 pour cent de bénéfice. Ces richesses imaginaires changèrent bien à la fin de 1720 : on avait pour 50 livres d'argent (la monnaie sur le pied de 50 livres le marc) un billet de banque de 1000 livres.

Il était temps d'en finir avec un système qui produisait dans les affaires un discrédit aussi grand que la confiance avait été aveugle d'abord. On procéda à la liquidation de tout ce papier.

On reconnut, par cet examen, qu'il avait été livré à la circulation pour deux milliards 696,400,000 livres de billets de banque (1).

Il en fut brûlé pour 707,327,460 livres qui ne furent pas admis à la liquidation. Les agioteurs furent condamnés à une restitution de 187,893,661 livres.

Assemblée de la compagnie des Indes, pour en disjoindre les affaires de finances, données à cette compagnie.

Le duc d'Orléans voulait ôter à la compagnie les affaires de finances qui y étaient jointes, excepté la ferme du tabac, et il souhaitait en même-temps qu'il parût que c'était de son consentement.

La disjonction fut donc résolue, et il fut rendu des arrêts en conséquence : celui du 5 janvier 1721 désunit toutes les fermes de la compagnie des Indes, excepté la ferme du tabac, et lui ôta le bénéfice de la fabrication des monnaies qui lui avait été accordé pour le terme de neuf ans;

---

(1) Quelle friponnerie! mais aussi quelle leçon pour nous aujourd'hui, que nous pouvons apprécier ces vils tripoteurs!

et un autre arrêt du 8 du même mois mit les receveurs-généraux des finances en possession de leurs charges.

La compagnie des Indes fit des représentations sur l'arrêt qui ordonnait qu'elle rendrait compte de la banque : elle présenta sa requête en opposition, et nomma neuf syndics, auxquels elle donna pouvoir de signer les requêtes et procédures, et défendre les droits de la compagnie.

Le roi nomma, le 6 mars, quatre commissaires pour examiner les mémoires qui leur seraient fournis par les neuf syndics. Ces commissaires étaient MM. Darmenonville, Bignon de Blangi, de Vaubour et de la Bourdonnaie.

Les Syndics de la compagnie des Indes s'assemblaient souvent, et ils traitaient, selon les apparences, entre eux d'affaires qui ne plurent pas au gouvernement; en sorte que M. de Carligny, l'un d'eux, qui était intendant des armées navales, et qui avait accepté une place de syndic, fut mis à la Bastille, où il resta huit jours.

Staran et Fournel.

Pendant que M. Dombreval était à la Bastille, ces deux prisonniers ont fait des efforts pour se sauver.

Ils avaient fait une échelle avec le bois de leurs lits et des cordes avec leurs draps.

On les a attrapés sur la galerie du côté du magasin des armes de l'arsenal : des crevasses qui étaient au mur de clôture du fossé avaient favorisé leur *évasion*.

Le sieur comte de Turbilly fut mis au château de la Bastille le 23 janvier 1724, et en sortit le 15 juin suivant.

Antoine-François d'Antoine, conseiller au parlement d'Aix, entra à la Bastille en vertu d'un ordre du roi du 11 février 1724; il obtint sa liberté le 22 mars suivant.

Antoine Desvoyes, marchand de vin, originaire de Bourg, mis à la Bastille le 10 juin 1714; sa liberté lui fut rendue le 24 juillet de la même année.

Le sieur Leroi, poète, fut conduit à la Bastille au mois de décembre 1724, et y resta jusqu'au 22 mars 1725.

Les motifs de la détention de ces quatre personnes, étaient d'avoir publié et distribué un écrit intitulé : *l'Ingratitude des Grands*.

Pierre de La Porte, d'abord porte-manteau de la reine Anne d'Autriche, femme de Louis XIII, puis maître-d'hôtel et premier valet-de-chambre de Louis XIV, fut renfermé à la Bastille par le cardinal de Richelieu, et n'en sortit qu'après avoir beaucoup souffert. Il s'était attaché inviolablement à la reine, et fut le seul ministre des intrigues et des correspondances qu'elle entretenait secrètement en Angleterre et en Espagne, alors ennemies de la France; il connaissait parfaitement combien le métier qu'il faisait pouvait devenir dangereux pour lui; mais son attachement pour la reine le fit passer par-dessus toute considération particulière; il ne sortit de la Bastille que lorsque Louis XIII se fut réconcilié avec la reine et qu'elle fut devenue enceinte. De là, il fut envoyé en exil à Saumur, où il resta jusqu'en 1643, temps auquel le roi étant mort, la reine le rappela à la cour, lui fit quelque bien, et le disgrâcia ensuite sans le moindre fondement, excitée par le cardinal Mazarin. Si jamais personne éprouva la vérité de cet axiôme, *qu'il n'y a qu'ingratitude à attendre des grands*, c'est assurément M. de La Porte: il avait risqué sa fortune et sa vie pour les intérêts de la reine; et au moment où il devait naturellement espérer des grâces et des récompenses, il se vit obligé de vendre sa charge et de se retirer.

Le cardinal de Richelieu, qui se connaissait en hommes, et qui savait parfaitement distinguer ceux dont les lumières et le courage étaient capables de vaincre certaines difficultés, eut grande envie d'attacher M. de La Porte à son service; il était bien sûr qu'il était le ministre affidé de la reine; il fit tous ses efforts pour le gagner; il chercha à l'épouvanter et à le convaincre; enfin, n'ayant pu lui rien faire avouer, il ne put s'empêcher d'admirer la constance et la fermeté de ce serviteur fidèle; et l'on voit, par ce qui est rapporté dans les mémoires du temps, qu'il ne croyait pas en avoir un seul de cette trempe.

Le récit de M. de La Porte lui-même est trop intéressant pour ne pas trouver place ici.

» Après bien des soupçons sur les intelligences de la reine en Espagne, et sur la part que j'y avais, le roi eut enfin quelques avis plus certains qui causèrent ma disgrâce et ma prison.

« Sa Majesté, qui était à Saint-Germain, manda à la reine, qui était à Paris depuis quelques jours, de se rendre à Chantilly. Elle partit sur-le-champ, en m'ordonnant de rester à Paris jusqu'à l'arrivée de quelques lettres qu'elle attendait, et m'en donna une pour M. de La Thibaudière, qui devait la porter à Mme de Chevreuse à Tours.

« Après le départ de la reine, je trouvai La Thibaudière dans la cour du Louvre, à qui je voulus remettre la lettre que j'avais en poche: mais il me pria de la garder jusqu'au lendemain; ce qui m'a fait soupçonner depuis qu'il avait eu vent que je serais arrêté ce jour-là.

« En sortant de la cour du Louvre, j'allai voir M. de Guitaut, capitaine aux gardes, où je restai jusqu'à six heures du soir. En m'en allant, je vis un carrosse à deux chevaux, dont le cocher était habillé de gris, arrêté au tournant de la rue des Vieux-Augustins et de la rue Coquillière; et, comme je passais entre le coin de la rue et le carrosse, un homme, que je ne pus voir parce qu'il me prit par derrière, me mettant les mains sur les yeux, me poussa vers le carrosse, et en même temps je me sentis enlevé par plusieurs mains, qui après rabattirent les portières, en sorte que je ne pus voir qui m'arrêtait, ni où l'on me menait. Enfin le carrosse s'arrêta, et je reconnus la Bastille ainsi que celui qui m'y conduisait, lequel était *Goular*, lieutenant des mousquetaires, accompagné d'une douzaine de satellites.

« A la descente du carrosse on me fouilla, et l'on trouva cette lettre de la reine que La Thibaudière n'avait pas voulu recevoir: on me demanda de qui elle était; je dis à *Goular* qu'il connaissait bien le cachet des armes de la reine, et que c'était pour madame de Chevreuse, à qui la reine ne faisait aucun mystère d'écrire. On me fit ensuite passer le pont et entrer dans le corps-de garde, entre deux haies de soldats de la garnison qui avaient la mèche allumée et se tenaient sous les armes, comme si j'eusse été un criminel de lèze-majesté.

« Je fus une demi-heure dans ce corps-de-garde pendant qu'on me préparait un cachot, qui fut celui d'un nommé Dubois, qui en avait été tiré depuis peu pour aller au supplice, parce qu'il avait trompé le cardinal, à qui il avait promis de faire de l'or. Arrivé au cachot, on me déshabilla pour me fouiller une seconde fois; ensuite on apporta un lit de sangle pour moi, et une paillasse pour un soldat qu'on enferma aussi dans le même lieu, une terrine pour nos nécessités naturelles, et l'on ferma sur nous les portes.

« Pendant ce temps le cardinal, qui voulait faire bien du bruit pour peu de choses, envoya au plus vite un détachement de cavalerie vers

Orléans, pour en imposer à tout le monde, comme s'il eût été question d'une grande conspiration contre l'Etat. Cette démarche fit peur à madame de Chevreuse, qui se retira en Espagne, sans songer combien cette fuite faisait tort à la reine.

« Je subis plusieurs interrogatoires où je tins ferme, résolu de ne jamais compromettre la reine, quelque chose qui en pût arriver. Le cardinal, voyant qu'on ne pouvait rien me faire avouer, prit le parti de m'interroger lui-même. D'abord il me dit qu'il n'y avait plus lieu pour lui de nier une chose dont il était bien instruit, puisque la reine l'avait avouée au roi et à lui; mais qu'il voulait avoir aussi mon aveu. Sur ma réponse que je dirais tout ce que je savais, il m'interrogea sur toutes les correspondances de la reine : je niai tout fermement; il se mit en colère, me menaça, se radoucit, promit de faire ma fortune, enfin n'épargna rien pour me faire parler; mais, n'aboutissant à rien de ce qu'il avait en vue, il me renvoya dans mon cachot.

« Au bout de six semaines je fus tiré du cachot et mis dans une chambre ordinaire. J'appris, par les soins de mademoiselle de Haute-Fort, que le roi et la reine s'étaient réconciliés, et même que Leurs Majestés, revenues à Paris, avaient couché ensemble. Comme c'est de cette fois-là que la reine devint grosse de Louis XIV, on pouvait l'appeler le fils de mon silence, aussi-bien que des prières de la reine et des vœux de toute la France.

« On m'accorda ensuite la liberté de la promenade sur les tours, et la conversation avec quelques prisonniers. Ce petit bien-être raccommoda un peu ma santé.

« Enfin arriva le jour de ma sortie de la Bastille, où je demeurai neuf mois, jour pour jour, comme dans le sein de ma mère, avec cette différence qu'elle ne fut point incommodée de cette grossesse, dont j'eus seul toutes les douleurs. La reine étant à mi-terme, et ayant senti remuer son enfant, elle demanda ma liberté, et l'obtint, à condition que j'irais en exil à Saumur, et que je n'en sortirais point sans un ordre du roi.

« Le 12 mai de l'an 1638, M. le Gras, secrétaire des commandemens de la reine, avec un commis de Chavigni, vint me faire signer la promesse que je faisais au roi d'aller à Saumur à cette condition; je signai, et le lendemain je sortis de la Bastille.

« Ainsi le premier coup de pied du roi me fit

ouvrir toutes les portes de ce château royal, et m'envoya à plus de quatre-vingts lieues au-delà. Je restai huit jours à Paris pour mes affaires. Avant de partir pour Saumur, M. le cardinal me fit demander si je voulais me donner à lui, me promettant plus que je ne pouvais espérer; mais je ne jugeai pas à propos d'accepter ses offres. Je me rendis donc à mon exil, où je ne m'établis pas d'abord pour un long séjour : car on m'avait toujours fait espérer que je retournerais à la cour aussitôt que la reine serait accouchée; mais les affaires changèrent de face, et la reine eut assez de peine à se conserver elle-même contre ses ennemis, qui n'étaient pas moins puissans qu'avant sa grossesse.

« Enfin le cardinal étant mort et le roi aussi quelques temps après, je revins auprès de la reine. »

Jacques Prades, natif de Bedarieux en Languedoc, diocèse de Béziers, mis à la Bastille le 20 janvier 1726.

Il était accusé d'avoir fabriqué une lettre contre M. le duc et madame la marquise de Prie, sa maîtresse, où il se plaignait de la manière dont le gouvernement était dirigé. Il projetait de faire enlever S. A. et de la conduire sur les frontières ; il exposait que la chose était facile ; que sa disgrâce serait certaine et que le duc d'Orléans prendrait le dessus ; que sa maîtresse serait la première qui le trahirait pour éviter son exil, et se mettre à couvert des concussions qu'elle avait faites.

Le sieur abbé Margon, gentilhomme, fils d'un colonel de dragons, brigadier des armées du roi.

L'abbé Margon fut mis à la Bastille le 18 février 1726, et en sortit le 9 avril de la même année pour être transféré à l'abbaye de Pontigny, ensuite à l'abbaye de Loc-Dieu, et enfin retiré de cette abbaye pour être conduit et enfermé aux îles Sainte-Marguerite.

C'était un roué s'il en fût jamais. C'était enfin un homme du temps de la régence de hideuse mémoire. Il servit dans trois polices différentes à-la-fois : celle de la cour et celles de ministre à ministre. Ces derniers crurent devoir sacrifier un homme qui possédait tous leurs secrets ; or, leur intérêt commun exigeant que ces secrets ne fussent pas divulgués, on ne trouva pas de meilleur moyen que de les ensevelir à la Bastille.

François-Louis Duchâtelet, écuyer, ci-devant soldat aux gardes, mis à la Bastille en vertu d'un ordre du roi, contresigné *Phelipeaux, le 3 juillet* 1726.

Il était complice de Cartouche, et avait obtenu sa grâce pour avoir procuré la capture de ce célèbre voleur. Ayant été de nouveau accusé de méditer plusieurs crimes et même d'attenter à la personne du roi par des maléfices, on suivit les personnes qui en pouvaient avoir connaissance; mais n'ayant d'autres charges contre lui que la déclaration d'un prisonnier condamné aux galères perpétuelles, le Parlement se trouva embarrassé, et demanda si l'on continuerait son procès avec aussi peu d'apparence de trouver des preuves convaincantes, d'autant plus que Duchâtelet, interrogé à plusieurs reprises, se défendit avec le plus grand sang-froid et confondit ses accusateurs. Le procureur-général décida de faire conduire Duchâtelet à la Bastille. Il n'en sortit que le 12 mai 1749, pour être transféré à Bicêtre.

Le vicomte de Limoges, capitaine au régiment colonel-général, cavalerie, fut conduit à la Bastille sur un ordre du roi du 31 janvier 1727, et y fut détenu jusqu'au 6 mai 1729.

Alexis-Louis-François du Boulay, docteur en l'Université de Paris.

Cet infortuné entra à la Bastille au mois de mars 1727, et en sortit à l'avénement de Louis XVI au trône. A cette époque des ministres nouveaux et moins inhumains firent un acte de justice et de clémence, en revisant les registres de la Bastille et en élargissant beaucoup de prisonniers.

De ce nombre était le sieur du Boulay, qui depuis quarante-huit ans gémissait, détenu entre quatre épaisses et froides murailles. Durci par l'adversité qui fortifie l'homme quand elle ne le tue pas, il avait supporté l'ennui et les horreurs de sa captivité avec une constance mâle et courageuse. Ses cheveux blancs et rares avaient acquis presque la rigidité du fer, et son corps, ployé si long-temps dans un cercueil de pierre, en avait contracté pour ainsi dire la fermeté compacte.

La porte basse de son tombeau tourne sur ses gonds effrayans, s'ouvre, non à demi comme de coutume, et une voix inconnue lui dit qu'il peut sortir.

Il croit que c'est un rêve; il hésite, il se lève, s'achemine d'un pas tremblant, et s'étonne de l'espace qu'il parcourt. L'escalier de la prison, la salle, la cour, tout lui paraît vaste, immense, presque sans bornes. Il s'arrête comme égaré, éperdu : ses yeux ont peine à supporter la clarté du grand jour; il regarde le ciel comme un objet nouveau; son œil est fixe, il ne peut pas pleurer; stupéfait de pouvoir changer de place, ses jambes, malgré lui, deviennent aussi immobiles que sa langue; il franchit enfin le redoutable guichet.

Quand il se sentit rouler dans la voiture qui devait le ramener à son ancienne habitation, il ne put en supporter le mouvement; il fallut l'en faire descendre. Conduit par un bras charitable, il demande la rue où il logeait, il arrive; sa maison n'y est plus, un édifice public la remplace. Il ne reconnaît ni le quartier ni la ville, ni les objets qu'il avait vus autrefois. Les demeures de ses voisins, empreintes dans sa mémoire, ont pris des nouvelles formes. En vain ses regards interrogent toutes les figures, il n'en voit pas une seule dont il ait le moindre souvenir.

Effrayé, il s'arrête et pousse un profond soupir. Cette ville a beau être peuplée d'êtres vivans, c'est pour lui un peuple mort; aucun ne le connaît, il n'en connaît aucun; il pleure et regrette son cachot.

Au nom de la Bastille qu'il invoque et qu'il réclame comme un asile; à la vue de ses habillemens qui attestent un autre siècle, on l'environne. La curiosité, la pitié s'empressent autour de lui. Les plus vieux l'interrogent, et n'ont aucune idée des choses qu'il rappelle. On lui amène par hasard un vieux domestique, ancien portier, tremblant sur ses genoux, qui, confiné dans sa loge depuis quinze ans, n'avait plus que la force suffisante pour tirer le cordon de la porte.

Il ne reconnaît pas le visage du maître qu'il a servi, son nom seul l'en fait ressouvenir. Il lui apprend que sa femme est morte, il y a trente ans, de chagrin et de misère; que ses enfans sont allés dans des climats inconnus; que tous ses amis ne sont plus. Il fait ce récit cruel avec cette indifférence que l'on témoigne pour les événemens passés et presque effacés.

Le malheureux gémit et gémit seul. Cette foule nombreuse, qui ne lui offre que des visages étrangers, lui fait sentir l'excès de sa misère plus que la solitude effroyable dans laquelle il vivait.

Accablé de douleur, il va trouver le ministre dont la compassion généreuse lui fit présent d'une liberté qui lui pèse. Il s'incline, et dit :

Faites-moi reconduire dans la prison d'où vous m'avez tiré. Qui peut survivre à ses parens, à ses amis, à une génération entière? Qui peut apprendre le trépas universel des siens sans désirer le tombeau? Toutes ces morts, qui pour les autres hommes, n'arrivent qu'en détail et par gradation, m'ont frappé dans un même instant. Séparé de la société, je vivais avec moi-même; ici je ne puis vivre ni avec moi, ni avec les hommes nouveaux pour qui mon désespoir n'est qu'un rêve. Ce n'est pas mourir qui est terrible, c'est mourir le dernier.

Le ministre fut attendri. On attacha à cet infortuné le vieux portier qui pouvait lui parler encore de sa femme et de ses enfans. Il n'eut d'autre consolation que de s'en entretenir. Il ne voulut point communiquer avec la race nouvelle qu'il n'avait pas vue naître; il se fit, au milieu de la ville, une espèce de retraite non moins solitaire que le cachot qu'il avait habité près d'un demi-siècle, et le chagrin de ne rencontrer personne qui pût lui dire *nous nous sommes vus jadis*, ne tarda point à terminer ses jours.

Jean Dubois, premier commis de la police, fut mis à la Bastille au mois de mai 1727, et en sortit le 18 Août 1728.

Détails sur l'affaire du jansénisme, trouvés à la Bastille.

Les troubles qui arrivèrent dans Paris, de la part des jansénistes, prirent naissance dans les paroisses de Saint-Etienne-du-Mont et de Saint-Médard. De là nous sont venus les miracles du diacre Pâris et les convulsions ; ensuite les chicanes faites pour refus de sacremens aux jansénistes et aux convulsionnaires, notoirement connus pour tels.

Lors du commencement de ces troubles de religion, en 1730, rien n'eût été plus facile ni plus simple, disait M. Hérault, lieutenant de police, pour arrêter le mal dans sa source, que de faire quelques exemples sévères contre les boutefeux principaux qui ne voulaient pas reconnaître les deux nouveaux curés, en les mettant à la Bastille et les y tenant très longtemps. Au lieu de cela, on a tâté et hésité; les jansénistes par là se sont imaginés qu'on les craignait. Ils se sont fortifiés, ensuite, ont établi leurs miracles et convulsions dans ces deux paroisses, mais principalement à Saint-Médard.

On les a laissés à Saint-Médard près d'un an, faire tout le scandale imaginable, ainsi qu'à la maison du puits du diacre Pâris, rue des Bourguignons, où ce saint d'une espèce nouvelle est mort et où l'on vendait l'eau du puits pour faire des neuvaines.

Chaque jour le cimetière était encombré de fanatiques se heurtant, se pressant pour pénétrer jusqu'à la tombe du saint diacre. Des paralytiques prétendus en sortaient en dansant ; de prétendus estropiés marchaient fièrement après avoir jeté leurs béquilles. Des convulsionnaires se faisaient asséner des coups de hache sur la poitrine, d'autres se faisaient crucifier, enfoncer des clous dans les mains et ne s'en portaient pas plus mal. Ces épreuves avaient presque toujours lieu sur des femmes. Une petite fille âgée de sept ans (surnommée la Petite Sainte) se donnait des convulsions à volonté.

Une malheureuse femme, nommée Lelièvre, fut victime à ce sujet de la méprise d'un agent de police. Elle était affligée d'épilepsie ; elle en éprouve un accès dans la rue. L'agent vient à passer, entend prononcer le mot convulsion, et, sans vouloir écouter aucune explication, il fait enlever la malheureuse et la jette à la Bastille !

On prit cependant le parti de faire fermer le petit cimetière de Saint-Médard le 27 janvier 1732 mais les convulsionnaires continuèrent à se donner en spectacle dans des maisons particulières et cette folie se prolongea encore plusieurs années.

On s'était contenté d'en arrêter quelques assemblées de temps en temps, par ordre du roi, sans rien dire aux propriétaires ou principaux locataires des maisons; et on relâchait de la Bastille au bout de peu de temps les convulsionnaires qu'on y avait mis.

D'un autre côté le Parlement, à qui l'affaire des convulsionnaires fut depuis renvoyée, et qui en tenait un grand nombre à la Conciergerie, en vertu de décrets de prise de corps que le procureur-général faisait exécuter par les officiers du lieutenant de police, ou par ordres du roi même, que le procureur du roi faisait demander par M. Hérault : le Parlement n'en a jugé aucuns ; en sorte que ces affaires et toutes ces disputes de religion, de miracles, de convulsions, ont pullulé pendant long-temps, et le trouble a augmenté pour n'avoir pas adopté une conduite ferme et invariable dans l'origine.

On doit fixer l'époque des miracles de Paris, et des convulsions qui en ont été la suite, à la mort de ce diacre, arrivée le 1er mai 1727.

On peut mettre cet événement des convulsions, dont la capitale du royaume a été témoin, un des événemens les plus remarquables qui soient arrivés en France depuis l'établissement de la monarchie, et la postérité aura peine à croire que des corps entiers et une multitude de gens d'esprit aient adopté comme vraies des extravagances, des illusions, des faussetés, et les aient certifiées et données au peuple et au roi comme des vérités catholiques et des preuves éclatantes du Tout-Puissant, qui manifestait ainsi sa volonté en faveur des appelans de la constitution, afin d'indiquer, par une voie divine, que l'erreur était du côté du pape, des évêques et des constitutionnaires.

Ce Paris était fils d'un conseiller au Parlement de Paris, et l'aîné de sa famille; mais pour se consacrer à Dieu, il céda, à la mort de son père, la charge de conseiller à son frère.

Il est mort âgé de trente-six ans et dix mois, et a confirmé à sa mort tous les actes qu'il avait faits contre la constitution.

A sa mort il a communié et reçu l'extrême-onction, mais il y avait quatorze ans qu'il n'avait fait ses pâques, sous prétexte qu'il n'en était pas assez digne.

Il dicta sa profession de foi au sieur Collart, ecclésiastique, qui demeurait dans sa maison, et il ordonna d'être enterré sans tenture, son nerie ni luminaire, mais par la charité, et dans le cimetière.

Il mourut à dix heures du soir, le premier mai, et le lendemain, de grand matin, il y eut grande affluence de peuple à son lit, qui coupait ses cheveux, faisait toucher à son corps des chapelets, images, livres, etc., et tous ses habits et meubles furent mis en pièces pour en faire des reliques.

Le 3 mai, il fut enterré dans le petit cimetière de Saint-Médard qui est derrière le grand autel, et il se trouva un concours prodigieux de magistrats, d'ecclésiastiques et de dames de considération : et ce même jour une veuve, âgée de soixante-deux ans, extrêmement incommodée d'un bras depuis vingt-cinq ans, fut guérie tout d'un coup en s'approchant de la bière; et de ce moment une infinité de miracles ont éclaté jour par jour à son tombeau.

Le cardinal de Noailles ne tarda pas à constater les miracles de feu Pâris, puisque dans le mois de juin 1728 il en a fait vérifier cinq, dont plusieurs arrivés peu de temps après la mort de ce diacre, et les autres au commencement de 1728. Le cardinal de Fleury en ayant été instruit, chargea le garde-des-sceaux Chauvelin d'écrire au cardinal de Noailles, pour lui marquer le mécontentement du roi, de ce qu'il avait fait une pareille démarche sans consulter auparavant Sa Majesté.

Tels ont été dans tous les temps les effets de la superstition, de l'intérêt particulier, de la passion, du préjugé et de la haine des partis. Les molinistes de leur côté cherchaient à prouver l'infaillibilité du pape et l'absurdité des miracles de saint Pâris, afin de parvenir à jouer seuls un grand rôle dans le monde; mais peu à peu la raison et la philosophie détruisirent l'une et l'autre sectes, et aujourd'hui on ne parle plus de toutes leurs disputes, ni en bien ni en mal; elles sont tombées dans un profond mépris. C'est leur avoir fait même trop d'honneur que d'avoir cru, comme quelques personnes l'ont pensé, que les jansénistes et les molinistes avaient également le projet, quoique par des moyens différens, de détruire le despotisme des rois : ils n'avaient que leur intérêt en vue, et c'était pour être despotes eux-mêmes plutôt que pour les détruire, qu'ils formaient des sectes et des partis.

Certificat remarquable donné à Marie Sonnet, convulsionnaire, le 12 mai 1736, par onze messieurs, partisans des convulsions, dont entre autres sont

Messieurs,

Carré de Montgeron, conseiller au Parlement ;

Mylord Edouard Drummont, comte de Perth ;

Arrouet, trésorier de la chambre des comptes ;

François Desvernay, docteur en Sorbonne ;

Pierre Jourdan, chanoine de Bayeux ;

Alexandre-Robert Boindin, écuyer, sieur de Boisbessin ;

Jean-Baptiste Cornet, etc.

Par lequel certificat, contrôlé à Paris le 12 mars 1740, signé Pipereau, reçu 12 sols.

« Ils attestent avoir été présens, et vu la convulsionnaire dans la même séance, sur un feu très ardent, environnée de flammes pendant l'espace de deux heures un quart, à cinq reprises différentes, composant les deux heures un quart, sans que la convulsionnaire en ait été endommagée, ni même le drap dans lequel on l'avait enveloppée toute nue, pour qu'on ne pût pas dire que ses hardes l'avaient garantie. »

Les gens sensés savaient à quoi s'en tenir sur ces prétendus miracles; mais ils concevaient difficilement ces convulsions; les hommes de l'art ne pouvaient s'expliquer ce *phénomène*. L'épreuve du feu confondait leur raison : ils n'y voyaient pas de miracle; mais la cause toute naturelle de ce prétendu prodige leur échappait. Nous avons vu depuis tant d'hommes et de femmes *incombustibles*, qu'un tel spectacle n'a plus même pour nous l'attrait de la nouveauté. Tout Paris a pu voir, il y a quelques années, au jardin de Tivoli, un Espagnol se jeter dans un four chauffé au point de cuire du pain, et y rester plusieurs minutes. Il y eut de grandes dissertations à ce sujet, et toutes fort savantes. Or, quelques temps après, en démolissant le four, on aperçut un petit tuyau de fer blanc, par lequel *l'incombustible* recevait dans la bouche la quantité d'air nécessaire à sa conservation.

Carré de Montgeron, conseiller au Parlement de Paris, mis à la Bastille le 29 *juillet* 1737.

A peine Louis XV eut-il atteint sa quatorzième année et pris comme *roi majeur* les rênes du gouvernement que les persécutions contre les protestans recommencèrent avec une nouvelle fureur. La proscription des écrivains fut érigée en système et plus de quatre-vingt-mille lettres de cachet furent expédiées sous la direction des jésuites contre les jansénistes. Il suffisait de passer pour tel pour être emprisonné. Ils en vinrent enfin à attaquer ouvertement l'association de Port-Royal, de ces religieuses solitaires. Tout fut détruit, anéanti, et on fit passer la charrue sur le sol du monastère. On sait avec quelle courageuse résignation les religieuses de Port-Royal supportèrent les vexations inouïes dont elles furent victimes.

M. de Montgeron était un des plus fameux jansénistes de son temps; il soutint publiquement les convulsions et les miracles du sieur Pâris; il y avait déjà long-temps qu'on cherchait les moyens de s'en défaire, lorsqu'on saisit trois imprimeries clandestines qu'on croyait devoir lui appartenir; il mettait à la tête de ces imprimeries des convulsionnaires qu'il protégeait.

Tous ceux qui travaillaient à ces imprimeries furent arrêtés. M. de Montgeron lui-même fut mis à la Bastille; on saisit ses papiers, et tous ses ouvrages, qui furent par la suite brûlés dans les fossés de cette forteresse.

M. de Montgeron en sortit le 7 octobre 1737, et fut exilé à l'abbaye de Saint-André-les-Avignon, et de là transféré quelque-temps après à la citadelle de Valence, où il est mort 16 ou 18 ans après.

Dix prétendus libellistes.

La demoiselle Jacqueline Dubois, mise à la Bastille le 4 février 1739, en sortit le 3 novembre de la même année.

Jacques Constantin de Bruaudin, gentilhomme, natif de Limerick en Irlande, fut mis à la Bastille sur un ordre du roi du 6 septembre 1739, et en sortit le 6 juin 1740.

François Mathieu fut conduit à la Bastille au mois de septembre 1740, et n'en sortit que le 3 avril 1741.

Le sieur Baculard d'Arnaud fut mis à la Bastille, sur un ordre du roi du 17 février 1741, pour avoir fait un écrit ordurier. Il en sortit le 12 mars suivant.

Georges Husquin Baudouin, écuyer, sieur de Bellecourt. Il fut mis à la Bastille le premier octobre 1741, et eut sa liberté le 27 avril 1742.

Jacques Houbigaud, homme-d'affaires de différentes maisons. Il fut conduit à la Bastille au mois de juillet 1742, et en sortit le 9 septembre suivant.

Le sieur Nadadal de Ragnaudier, dit le comte Arnaudin. Il fut mis à la Bastille le 5 avril 1743, et y resta jusqu'au 30 septembre 1743.

Marie-Madelaine-Joseph Bonafonds, femme-de-chambre de madame la princesse de Montauban, fut mise à la Bastille le 27 août 1746 jusqu'au 25 décembre 1746.

Marie-Marguerite Beuvache, veuve Marcoux; elle entra à la Bastille au mois de juillet 1746, et y resta jusqu'au 18 septembre suivant.

Le sieur Henri Baumez, ci-devant secrétaire de M. le comte de Sade, ministre plénipotentiaire du roi auprès de l'électeur de Cologne, et ensuite secrétaire de la légation de France en la même cour, fut conduit à la Bastille sur un ordre du roi du 19 avril 1747. Il y est mort. Il n'est pas dit à quelle époque.

Plus de quarante personnes furent arrêtées et jetées à la Bastille, accusées d'avoir, pendant la régence, soustraites des notes des registres de ce gothique édifice; de les avoir fait imprimer et distribuer sous le manteau. Les dix personnes que nous venons de nommer ne nièrent pas avoir eu connaissances d'écrits relatifs à M. de Gourville. Voici la pièce, qualifiée libelle :

« Le cardinal de Mazarin, fatigué des demandes continuelles que lui faisait le prince de Conti, tant pour lui que pour ceux qui lui étaient attachés, se plaignait fréquemment de ces importunités réitérées. Un de ses courtisans, qui ne m'aimait pas, lui fit entendre que c'était moi qui incitait à cela le prince de Conti, par le moyen de la princesse son épouse, sur l'esprit de laquelle j'avais beaucoup de pouvoir; et ajouta que si son éminence me faisait mettre quelque temps à la Bastille, le prince cesserait sûrement de l'excéder.

« Le cardinal, qu'une injustice n'épouvantait pas quand il s'agissait de son intérêt, prit le parti de me faire arrêter, et donna ordre à M. de La Barrillière, gouverneur de cette prison royale, de se saisir de ma personne. Il vint effectivement le lendemain, accompagné de quelques gens armés; et ayant trouvé mon laquais à la porte de ma chambre, il lui demanda si j'étais chez moi et ce que je faisais. Le laquais lui répondit que j'étais avec mon maître à danser. M'ayant trouvé répétant une *courante*, il me dit, en riant, qu'il fallait remettre la danse à un autre jour, et qu'il avait ordre de M. le cardinal de me mener à la Bastille.

« Il m'y conduisit dans son carrosse; et comme il n'y avait alors aucune personne de qualité, il me mit dans une chambre au premier étage, laquelle était la plus commode de toutes; j'y fus renfermé, avec mon valet, pendant huit jours, sans voir personne que celui qui m'apportait à manger. Le gouverneur étant enfin venu me voir, me dit que M. le surintendant (*Fouquet*) l'avait prié de me faire tous les petits plaisirs qui pourraient dépendre de lui, et que je pouvais communiquer avec les autres prisonniers, mais qu'il ne fallait pas qu'aucun de mes amis demandât à me voir. Cela ne laissa pas que de me faire grand plaisir, m'étant déjà ennuyé au-delà de tout ce qu'on peut s'imaginer.

« Peu de temps après, ayant fait venir un brochet fort raisonnable, un jour maigre, je priai M. le gouverneur d'en vouloir bien manger sa part, ce qu'il m'accorda (1). Nous passâ-

(1) Si cela n'est pas un mensonge, il faut avouer que

mes une partie de l'après-dîner à jouer au trictrac, et j'en fus dans la suite traité avec beaucoup d'amitié.

« J'avais la liberté d'écrire et de recevoir des lettres autant que je le voulais; et quelquefois une personne de mes amis venait demander à voir d'autres prisonniers qui étaient proche de ma chambre : ainsi j'avais occasion de pouvoir parler. Mais cela n'empêcha pas que je ne m'ennuyasse beaucoup, surtout depuis neuf heures du soir que l'on fermait la porte, jusqu'à huit du matin. Je m'amusai, pour passer le temps, à me faire apporter des fèves, que je fis mettre par compte égal dans divers papiers. Je me promenais dans ma chambre qui avait onze pas entre les encoignures des fenêtres, et à chaque tour que je faisais, mon valet tirait une fève du papier et la mettait sur la table. Comme le nombre était fixé, quand j'avais achevé, j'avais fait deux mille pas. Je fis venir des livres, mais en voulant lire, mon esprit passait aussitôt aux moyens que je pourrais trouver pour me tirer de là.

« Cependant mes amis ne voyaient pas jour

voilà un gouverneur bien complaisant. Quoi! permettre à la Bastille l'importation d'un brochet!.....

à m'en retirer : mais y ayant trouvé entre autres prisonniers six personnes raisonnables, je pensai que si j'avais les clés de leurs chambres et de la mienne, je pourrais faire cacher mon valet un soir, avant que l'on fermât ma porte; que lui ayant donné la clé pour l'ouvrir, j'irais faire sortir les autres, et que nous pourrions descendre dans le fossé par un endroit que j'avais remarqué, et remonter par un autre.

« Pour y parvenir je gagnai celui qui avait soin d'ouvrir nos portes, afin de pouvoir en examiner les clés, et je pris mes mesures avec de la cire que j'appliquai sur chacune de ces clés, et que j'envoyai ensuite dans une boîte à La Rochefoucault, pour en faire faire de pareilles par un serrurier habile qui y demeurait. Mais vers le mois de septembre, sachant que M. l'abbé *Fouquet* était fort employé par le cardinal pour faire entrer et sortir les prisonniers de la Bastille, je tournai mes vues de ce côté-là.

« Je fis donc proposer à mes amis de parler à M. le surintendant, et de voir avec son frère si en parlant de temps en temps des autres prisonniers avec le cardinal, il ne trouverait pas le moyen de glisser un mot en ma faveur. La chose réussit si bien, qu'à l'occasion d'un voyage que le cardinal devait faire pour quelques jours, l'abbé *Fouquet* lui ayant porté la liste des prisonniers de la Bastille, trois furent rayés, du nombre desquels j'eus le bonheur d'être. »

Le sieur Mahé de La Bourdonnais, capitaine de frégate, gouverneur des îles de France et de Bourbon, fut mis à la Bastille sur un ordre du roi du 1er mars 1748, signé Phelippeaux, sorti en vertu d'un autre ordre du 5 février 1751, signé d'Argenson.

M. de La Bourdonnais avait commandé une escadre dans les Indes, et avait pris Madras aux Anglais; il était accusé d'avoir commis des malversations dans les Indes pendant son commandement. Dans l'article qui le concerne, nous voyons seulement qu'une partie de sa flotte avait péri par une tempête, devant Madras, peu de temps après l'avoir pris.

Une commission le déchargea des accusations contre lui intentées, et ordonna sa mise en liberté sous le bon plaisir du roi.

Il paraît qu'il était riche de plus de 800,000 liv. de rente, nonobstant une restitution qu'il avait été obligé de faire au roi de dix-huit millions.

On l'accusait par conséquent de s'être enrichi aux dépens du roi. (On dirait, aujourd'hui, aux dépens de la nation.) M. de La Bourdonnais, pendant sa détention, trouva le moyen d'entretenir une correspondance au-dehors de la Bastille, par l'entremise du nommé Lamothe, l'un des bas-officiers de la compagnie établie pour la garde de ce château.

L'intelligence qui régnait entre le prisonnier et le bas-officier, fut découverte le 23 janvier 1750.

Lamothe étant ce jour-là en faction à la cage de la porte intérieure du château, fut aperçu en conférence particulière avec M. de La Bourdonnais, lequel, pendant le temps de sa promenade dans la cour intérieure, après plusieurs allées et venues et plusieurs signes de sa part, avait fait passer à ladite sentinelle, par les barreaux de la cage, un petit paquet enveloppé de papier gris.

L'un des portes-clés qui avait été témoin oculaire du fait, en instruisit sur-le-champ le lieutenant de roi qui venait d'entrer, lequel retourna aussitôt dans la cage, et y trouva le paquet derrière la guérite où la sentinelle l'avait poussé avec son pied.

Sur le compte qui fut rendu à M. d'Argenson de ce qui s'était passé, ce ministre décida qu'il serait procédé, en forme, à l'ouverture du paquet en question, en présence de M. de La Bourdonnais et dudit Lamothe.

Il ne se trouva, dans ce paquet, que des mémoires pour la défense de M. de La Bourdonnais : il y avait 83 pages d'écriture assez menue sur papier à lettre. Ce mémoire était accompagné d'un billet à la femme, écrit sur un demi-carré de papier.

Voici, mot pour mot, la copie de ce billet :

« *Sy* joint sont la copie des *note* que j'ai *envoyé* à M. de Villeneuve et M. Lambert. Les lettres au net sont un peu moins mal, mais c'est toujours le même sens. Si *cecy* peut vous parvenir, ma chère reine, je *croit* que tu *fera* bien de le donner à ton avocat, pour qu'il en fasse d'avance un petit mémoire pour être présenté au juge avant le jugement; j'en ai gardé une copie, à dessein de le présenter au juge, s'il était absolument entêté de ne me pas donner conseil. Mande-moi si je ferais bien. J'ai donc cru vous devoir envoyer lesdites notes pour en faire tout ce que vous croirez convenable; car je m'en rapporte à tout ce que vous ferez.

« *J'attant* M. de Villeneuve; il m'a fait dire que cela va finir, à la bonne heure.

« Tu *peut* être tranquille sur mon affaire, je

ne *crain* que l'innocence des juges sur le local des Indes et de la marine ; car pour le reste il n'y a pas de quoi mettre un officier aux arrêts 24 heures.

» Tu *peut* être aussi tranquille sur ma santé. Quand je pense que je te verrai encore avant de mourir, il n'y a rien que je ne fasse pour avoir soin de moi, j'ai eu les *jembles enflé*, mais à mesure que je *fait* de l'exercice, cela diminue. Je vous avais demandé des remèdes, mais M. de Villeneuve n'a pas laissé passer ma lettre; toutes mes lettres qui *serait capable*, si vous les *montrés*, de faire plaindre mon sort, il ne les laisse plus passer, et il m'a déclaré que *toute celle* où je dirais que je ne me porte pas bien, ne passeront pas ; mais vous savez le moyen que j'ai pour vous apprendre des *nouvelle sûre*; *comtés sur celle-là*, *embrassés* bien mes enfans ; mais *dit* toi bien, ma chère amie, combien je suis pénétré de tout ce que je sens pour toi. Adieu, je t'embrasse du meilleur de mon cœur. Le 14 janvier 1750».

M. de La Bourdonnais reconnut le billet écrit de sa main, mais il refusa de le parapher.

Avant la découverte de son intelligence avec le bas-officier, M. de La Bourdonnais avait à la Bastille des facilités dont ne jouissait point le commun des prisonniers. Il avait la liberté de faire apporter de chez lui des vivres qu'on lui faisait apprêter à son goût à la Bastille.

On lui permettait plumes, encre, papiers, et tous les livres qui lui faisaient plaisir. MM. les commissaires lui avaient même permis le *Mercure* et la *Gazette de France*.

Il avait la permission de se promener trois fois la semaine, et une heure et demie chaque fois.

Mais toute faveur quelconque lui fut retranchée depuis cet événement.

Le bas-officier fut cassé à la tête de la compagnie assemblée, et biffé des registres de l'hôtel royal des Invalides.

Il devint fou pendant sa détention.

Le sieur Le Bret, avocat au Parlement, est entré à la Bastille le 10 mai 1749, et en est sorti le 15 août suivant.

Le chevalier de Boulens fut mis à la Bastille le 3 juin 1749, et n'en sortit que le 28 juillet 1752.

Ces deux messieurs avaient osé parler de la Bastille, et déclarer qu'elle renfermait des papiers précieux dont ils avaient donné des extraits manuscrits. Ils furent questionnés et avouèrent connaître l'histoire du feu duc de Vendôme. Voici un fragment de leur brochure:

« Le dépôt de la Bastille contient plusieurs malles de papiers de feu M. le duc de Vendôme, qui concernent son histoire et celle des guerres d'Espagne, d'Italie et de Flandre : ces papiers furent saisis sur son fils naturel qui était son légataire, lequel étant soupçonné d'avoir composé la brochure intitulée *les Trois Marie*, fut renfermé d'abord à la Bastille et transféré dans la suite à Vincennes, où il est mort. Ces papiers sont dans un lieu humide, ils ne tarderont pas à être pourris ou rongés des vers, s'ils ne le sont déjà; et la postérité sera privée de ces matériaux précieux et uniques en leur genre. »

Louis-Joseph duc de Vendôme, de Mercœur, d'Etampes et de Penthièvre, général des galères, grand-sénéchal et gouverneur de Provence, né le 30 juillet 1654, fut vice-roi et généralissime des armées de Catalogne et d'Espagne depuis 1685, jusqu'au commencement de ce siècle. En 1702 il passa au commandement des armées d'Italie, où il battit le prince Eugène et les impériaux; en 1707, il fit la campagne de Flandre; trois ans après, il retourna en Espagne, où il mourut à Vinaros le 11 juin 1712. Cet homme, célèbre par ses exploits militaires, qui avait le roi Henri IV pour bisaïeul, ne laissa d'autre postérité qu'un fils naturel qui mourut à Vincennes, après une longue prison pour une misérable brochure que peut-être il n'avait pas faite, les prétendues preuves qu'on en a n'étant rien moins qu'évidentes.

François Bonis, bachelier en la Faculté de Médecine de Bordeaux, fut mis à la Bastille le 26 juin 1749; exilé ensuite à Montignac en Périgord, depuis en Bretagne, et en dernier lieu encore à Montignac.

Il fut arrêté pour avoir des renseignemens sur l'auteur de plusieurs pièces de vers contre le gouvernement, que Bonis avait distribuées à plusieurs personnes de sa connaissance. On arrêta quatorze personnes pour cette même affaire; mais on en perdit le fil, la quinzième ayant pris la fuite.

La parodie et les épigrammes qui suivent font partie des pièces de vers faites contre le gouvernement, et distribuées par le sieur François Bonis.

*Parodie sur plusieurs pièces de théâtre, faite par l'auteur de l'*Almanach du Diable.

Médée.	*La Constitution.*
Le Menteur.	*Le Formulaire.*
Les Horaces et les Curiaces.	*Les Appelans ou les Molinistes.*
La Femme juge et partie.	*La Cour de Rome.*
Les Visionnaires.	*Les Jésuites.*
Jodelet maître et valet.	*L'ancien évêque de Mirepoix.*
Les Fourberies de Scapin.	*Le cardinal Tencin.*
Le Phaëton.	*L'évêque d'Auxerre.*
L'Imposteur.	*L'évêque d'Amiens.*
L'Etourdi.	*L'évêque de Marseille.*
Rolland le Furieux.	*L'archevêque de Sens.*
Arlequin empereur dans la Lune.	*L'évêque de Langres.*
Le Banqueroutier.	*L'ancien évêque de Beauvais.*
Le Plaideur.	*L'évêque de Metz.*
Le Légataire universel.	*Le curé de Saint-Sulpice.*
L'Avocat pour et contre.	*Le curé de Saint-Paul.*
Le Grondeur.	*Le curé de Saint-Médard.*
La Foire de Bezon.	*La Sorbonne.*
L'Esprit de contradiction.	*M. d'Argenson.*
Le Babillard.	*Le Père Duplessis.*
Le Curieux impertinent.	*M. de Marville.*
L'Inconnu.	*L'auteur de Nouvelles ecclésiastiques.*
Le Jodelet souffleté.	*M. de Voltaire.*
Arlequin muet par crainte.	*Le Parlement.*
La fausse Prude.	*Madame de Mailli.*

La double inconstance. ❋ . *Le chancelier.*
Cartouche. . . . . *M. de Fulvy.*
L'Amour Précepteur. . . . *L'archevêque de Cambray.*
La Surprise de l'Amour. . *Madame sa maîtresse.*
L'Irrésolu. . . . . *Le curé de Saint-Eustache.*
Le Fourbe puni. . . . : . . . .
Le je ne sais quoi. . . . . *Le duc d'Orléans.*
Le Prince travesti. . . . . *Le comte de Clermont.*
Le Médecin malgré lui. . . *L'abbé Paris.*
Le Tartuffe. . . . . *Le procureur-général.*
L'Avocat Patelin. . . . . . *Le Normand Patelin.*

On avait peint sur la porte d'un café à Anvers, un diable qui soutenait les portraits de MM. de Saxe et Lowendalh, et au-dessous duquel on lisait :

      Tous deux vaillans,
      Tous deux prudens,
      Tous deux contens,
      Tous deux paillards,
      Tous deux pillards,
      Tous deux bâtards,
      Tous deux sans loi,
      Tous deux sans foi,
      Tous deux à moi.

Portrait du curé de Saint-Sulpice.

Je suis un animal d'équivoque nature,
  Comédien, escroc plein de ferveur,
    J'élève un temple au Créateur,
    En filoutant la créature.

Épigramme contre le même curé.

  Toi qui fais saintement métier
  De l'autel et de la truelle,
  Qu'une loterie éternelle
  A fait de prêtre maltôtier;
  LANGUET, dans ce temps de misère,
Ce qu'à Jésus disait l'esprit malin,
Avec plus de raison devient notre prière :
Change, te disons-nous, tant de pierres en pain;
  Ou si tu tiens trop à la terre,
  Pour espérer un prodige si beau,
  Supprime au moins le magique bureau
Qui du pauvre amorcé change le pain en pierre.

Épitaphe de madame Poisson, mère de madame de Pompadour.

  Ci-gît qui, sortant du fumier,
  Pour faire fortune entière,
  Vendit son honneur aux fermiers,
  Et sa fille au propriétaire.

André Dubuisson, peintre, fut mis à la Bastille sur un ordre du roi, du 2 octobre 1749, et n'obtint sa liberté que le 28 février 1751.

Le sieur abbé Brochette de Flassigny, docteur de Sorbonne, fut conduit à la Bastille au mois de février 1751, et y resta jusqu'au 28 février de l'année suivante.

André Dargent, huissier au Châtelet, est entré à la Bastille au mois de mars 1750, et en est sorti le 4 juin suivant.

Antoine Allègre, maître de pension à Marseille.

Ce malheureux fut détenu d'abord dans les prisons de Montpellier, transféré ensuite à la Bastille le 29 mai 1750, d'où il s'évada la nuit du 25 au 26 février 1756; rattrapé et remis à la Bastille le 29 mars suivant, ensuite transféré à Charenton le 1er juillet 1764, où il a été mis dans la cage de fer en arrivant, parce qu'il était devenu fou de chagrin. Il était encore dans cette maison au mois de juin 1788.

Allègre avait fabriqué des lettres anonymes et calomnieuses contre M. de Maurepas, l'archevêque d'Alby et M. de Lodève; il faisait tenir les lettres à la marquise de Pompadour.

Dans les mois de janvier et de février 1750, lors de la publication du vingtième, le public attribuant cette imposition à la Pompadour, et Allègre ayant ouï-dire que cela pourrait bien lui attirer quelque catastrophe, et porter quelques-uns de ses ennemis à conjurer sa perte; persuadé que ces bruits pourraient avoir quelque fondement, il prit la résolution d'en instruire la haute et puissante dame (épithètes dont elle fit précéder son nom dans l'inscription funéraire de sa fille Alexandrine) afin, dit-il, qu'elle eût soin de veiller plus attentivement à la conservation de sa personne.

Pour donner plus de poids à cet avis, il projeta de rédiger, en forme de lettres, certains traits de satyres qui couraient dans le public, et d'y insérer une espèce de complot contre la personne de Mme de Pompadour; en faisant passer M. de Maurepas pour auteur du complot, parce qu'il avait toujours été regardé comme l'ennemi de cette grande dame, et que sa chute ne venait que de quelques vers satyriques. (1).

Il y joignit l'archevêque d'Alby, parce qu'on disait qu'il s'était fortement opposé au vingtième, et aussi M. de Lodève; et il ajoutait que

(1) Le maréchal de Richelieu et Maurepas se promenaient dans le jardin des petits châteaux, quand ils aperçurent madame de Pompadour cueillant des fleurs blanches dont elle composa un bouquet pour Louis XV. Le même soir, Richelieu plaça sur la cheminée du roi l'épigramme suivante, en persuadant au roi et à la favorite que Maurepas en était l'auteur :

> Vos manières nobles et franches,
> Pompadour, enchaînent les cœurs,
> Tous vos pas sont semés de fleurs;
> Mais ce ne sont que des fleurs blanches.

lui d'Allègre, ayant demeuré dans cette ville de Lodève, il devait plutôt être informé de ce qui pouvait s'y passer que dans un autre endroit.

Son projet était de tâcher d'obtenir un emploi pour sa récompense.

Dans le cours de sa détention à la Bastille, et dans un temps où l'on était obligé de doubler les prisonniers, parce qu'il y en avait prodigieusement, on lui donna pour camarade de chambrée un nommé Danry, qui avait été arrêté pour avoir envoyé une boîte de prétendus poisons à la marquise de Pompadour.

Tous deux complotèrent de se sauver; ils firent une échelle de corde très bien tissue et très solide, et employèrent à ce travail près de deux ans.

Au bout de ce temps, vers le mois de février 1756, ils grimpèrent au haut de leur cheminée, trouvèrent le moyen de défaire les barres de fer qui la traversaient et gagnèrent la plate forme du haut des tours; et ayant tiré à eux leur échelle, ils en attachèrent le bout à un canon, se laissèrent couler dans le fossé, percèrent un mur et se sauvèrent.

D'Allègre fut repris à Bruxelles au bout de six semaines, et Danry fut arrêté en Hollande au bout de cinq mois. La marquise obtint son extradition. Il y fut chargé de fers, et ramené en France. A la mort de la favorite il conçut un instant l'espoir de recouvrer sa liberté. Cette mort fut long-temps tenue secrète pour les prisonniers et la manière dont il l'apprit mérite d'être racontée. La voici :

Il était parvenu à lancer dans une maison voisine de la Bastille où demeuraient deux blanchisseuses un paquet de papiers. Quelques signes lui avaient appris qu'il avait réussi. Enfin il put lire dans leur chambre une grande pancarte sur laquelle était écrit en gros caractères :

Hier XVII est morte madame la marquise de Pompadour.

Il écrivit aussitôt à M. de Sartine, lieutenant de police, pour demander sa mise en liberté. La favorite n'était plus, les malheureux qu'elle avait jetés dans les fers devaient être libres. M. de Sartine ne pouvant concevoir comment le prisonnier était aussi bien instruit, exigea de lui le nom de la personne qui l'en avait informé, sa liberté était à ce prix. Il n'aurait pu indiquer le nom des blanchisseuses, mais seulement leur demeure, il n'hésita point à se taire et rentra dans son cachot.

Ce dernier, comme nous venons de le dire, avait été arrêté pour avoir envoyé une boîte à

Mme de Pompadour, où il y avait des poudres de vitriol et autres drogues : il lui en avait donné avis par écrit avant l'arrivée de la boîte, disant que c'était du poison, afin qu'elle ne l'ouvrît pas.

Il s'était rendu presqu'en même temps à l'hôtel de la favorite dans l'espoir d'obtenir sa récompense; on le fit attendre, mais au lieu d'un joli minois de femme, il ne vit qu'un inspecteur de police qui lui fit prendre le chemin de la Bastille.

C'était lui-même qui avait composé la boîte; et dans l'avis qu'il donna à Mme de Pompadour, il dit qu'il en avait entendu faire le complot dans le jardin des Tuileries par deux hommes qui ne le voyaient pas, et qu'il ne connaissait pas du tout.

La boîte fut ouverte par un nommé M. Quesnay; il en sortit une vapeur qui ne fit mal à personne.

Danry dit, pour sa défense, qu'il voulait se faire un mérite auprès de Mme de Pompadour et se procurer par-là sa protection, afin d'obtenir une place pour sa récompense.

Ce Danry est le sieur de La Tude (1), qui

(1) Son nom avait été changé, suivant l'usage de ce temps d'exécrable mémoire.

publia un mémoire de sa seconde évasion. Cette pièce est trop intéressante; elle inspire trop l'horreur du despotisme pour ne pas la consigner dans ce recueil. C'est pourquoi nous prenons le parti de l'y insérer tout entière.

MÉMOIRE DE M. DE LA TUDE,
INGÉNIEUR.

Ma seconde évasion de la Bastille, effectuée la nuit du 25 au 26 février 1756.

Quand on est dans la peine, les jours paraissent plus longs que des années; et le malheur des infortunés, c'est qu'ils mettent toujours les choses au pis. Nous connaissions l'ascendant que la marquise de Pompadour avait sur l'esprit du roi, et nous ne manquions pas de dire : si cette femme reste encore quatre, six, dix, quinze, vingt ans à la cour, hélas! nous passerons toute notre jeunesse dans la captivité, et nous périrons ici. Voyons si nous ne pourrions pas nous évader : mais en jetant les yeux sur les murs de la Bastille, qui ont plus de dix pieds d'épaisseur, quatre grilles de fer aux fenêtres, et autant dans la cheminée, et en considérant par combien de gens armés cette prison est gardée, la hauteur des murs qui entouraient le fossé, souvent plein d'eau, il semblait moralement impossible à deux prisonniers enfermés dans une chambre, privés de toutes sortes de secours humains, de pouvoir échapper : et M. Delaborde, ce fameux banquier, avec son trésor, ne viendrait pas à bout de corrompre les officiers. Jugez donc ce que de simples paroles auraient pu faire sur eux. Cependant avec un peu de génie on vient à bout de tout. Je vais vous démontrer tout ce qu'on peut attendre du courage, de la patience, et de la ressource qu'on trouve dans les mathématiques.

Nous étions deux dans une chambre. Vous remarquerez qu'à la Bastille on ne donnait aux prisonniers ni ciseaux, ni couteaux, ni aucun autre instrument tranchant; et pour 100 louis votre porte-clés, c'est-à-dire le garçon qui vous porte à manger, ne vous donnerait point un quarteron de fil; et bien calculé, il fallait quatorze cents pieds de corde, il nous fallait deux échelles, une de bois, de vingt à vingt-cinq pieds, et une échelle de corde de cent quatre-vingts pieds de longueur; il nous fallait arracher quatre grilles de fer dans la cheminée, percer, dans une seule nuit, un mur de quatre pieds et demi d'épaisseur, dans l'eau à la glace jusqu'au cou, à la distance de quinze à dix-huit pieds d'une sentinelle; il fallait créer; et pour faire ce que je viens de dire pour échapper, nous n'avions que nos deux mains. Ce n'était pas là le pis; il nous fallait cacher l'échelle de bois et celle de corde, avec deux cent cinquante échelons d'un pied de long et d'un pouce d'épaisseur, ainsi qu'une infinité d'autres choses prohibées dans la chambre d'un prisonnier. Les officiers, accompagnés de plusieurs porte-clés, venaient nous visiter et fouiller plusieurs fois par semaine. Cependant j'étais sans cesse occupé de ce projet; j'en avais parlé plusieurs fois à mon compagnon, qui avait beaucoup d'esprit, mais il me répondait toujours que la chose était impossible, qu'il y avait de la folie à y penser. Ses raisons, au lieu de me rebuter, ne faisaient qu'animer mon imagination et mon courage.

Il faut avoir été prisonnier à la Bastille, pour savoir comme on est traité dans cette prison. Imaginez-vous que vous passeriez dix ans dans une chambre, sans voir ni parler au prisonnier qui est au-dessus ou au-dessous de vous. On y a mis plusieurs fois le mari, la femme et plusieurs enfans; ils y ont tous resté nombre d'années sans savoir qu'aucun de leurs parens y fût. On ne vous apprend jamais aucune nouvelle. Que le roi meure, qu'il y ait du changement dans le ministère, on ne vous instruit jamais de rien. Les officiers, le chirurgien, les porte-clefs ne vous disent que, bonjour, bon soir; avez-vous besoin de quelque chose? et voilà tout. Il y a une chapelle, où, tous les jours, on dit une messe, et les fêtes et dimanches trois. Dans cette chapelle, il y a quatre petits cabinets, où l'on met les prisonniers à qui le magistrat accorde la permission d'entendre la messe : tous ne l'ont pas; cela passe pour une grâce. Dans ces cabinets est un vitrage avec des rideaux; on ne les ouvre qu'à l'élévation, et on a grand soin de les fermer après; de sorte que jamais aucun prêtre n'a vu le visage d'aucun prisonnier, et ceux-ci ne voient que le dos du prêtre.

M. Berryer avait eu la bonté de m'accorder la permission, ainsi qu'à mon compagnon d'infortune, d'entendre la messe les dimanches et les mercredis... Il avait accordé la même permission au prisonnier qui était au-dessous de nous, c'est-à-dire au N° 3 de la tour nommée *la Comté*. Cette tour est la première à droite en entrant à la Bastille.

J'avais déjà occupé plusieurs autres chambres, et de temps à autre, j'entendais quelque bruit des prisonniers qui étaient au-dessus et au-dessous de moi; et depuis que j'étais dans la chambre de la quatrième comté, j'entendais du bruit au-dessus, et jamais rien au-dessous; j'étais certain pourtant qu'elle était occupée: *la manque* d'entendre du bruit, comme dans les autres, faisait une impression extraordinaire sur moi, je ne savais à quoi attribuer ce mystère; mon esprit toujours occupé de mon projet d'évasion, je dis à mon confrère, qu'au retour de la messe, j'avais envie de voir la chambre de notre voisin, je le priai de m'en faciliter le moyen. Pour cet effet, je lui dis de mettre son étui dans son mouchoir, et au retour de la messe, quand il serait au second étage, de faire en sorte qu'il tombât le long des degrés, en sortant son mouchoir, et de dire ensuite au porte-clés d'aller le ramasser. Ce qui fut dit fut fait. Pendant que le porte-clés, nommé *Daragon*, qui vit encore aujourd'hui même cette année 1789, courait après l'étui, je monte vite, je tire le verrou, j'ouvre la porte du trois, je regarde la hauteur du plancher, je remarque qu'il n'avait pas plus de dix pieds et demi de hauteur, je referme la porte au verrou, et de cette chambre à la nôtre, je compte trente-deux degrés; je mesure la hauteur d'un; je calcule, je trouve qu'il y avait une différence de cinq pieds et demi. Comme cela n'était pas une voûte de pierre, je tirai cette conséquence, que ce plancher ne pouvait pas avoir cinq pieds et demi d'épaisseur, cela aurait fait un poids énorme; que par conséquent il devait y avoir un tambour, c'est-à-dire deux planchers à la distance de quatre pieds l'un de l'autre.

Je dis alors à mon confrère, d'un air joyeux: (car un moment auparavant je croyais que nous étions deux hommes perdus) Mon ami, ne désespérons point; avec un peu de patience et de courage, nous échapperons d'ici. Voilà mon calcul. Il y a un tambour assurément entre la troisième chambre et la nôtre. Sans regarder mon papier, il me dit : Eh! quand il y aurait tous les tambours du régiment des gardes-Françaises, comment diable voulez-vous que tous ces tambours puissent nous faire évader? Je repris : il n'est pas besoin de tous ces tambours là; mais s'il est vrai, comme je le crois, qu'il y a deux planchers entre le trois et le quatre, pour cacher nos cordes et tous les autres matériaux dont nous avons besoin, je vous réponds que nous échapperons. Il me répliqua : mais, pour cacher nos cordes dans ce prétendu tambour, il faudrait en avoir, et nous n'en avons point; d'ailleurs, vous ne l'ignorez pas, il nous est impossible d'en avoir seulement dix pieds.

Pour des cordes, lui dis-je, n'en soyez point en peine, car dans la malle de ma chaise de poste que voilà devant vous, il y en a plus de mille pieds. Comme j'étais transporté de joie en lui parlant, il me regarda fixement, et me dit : je crois, par ma foi, qu'aujourd'hui vous avez perdu l'esprit; je sais, aussi bien que vous, tout ce que vous avez dans votre malle et dans votre porte-manteau; je vous défie de me faire voir un seul pied de corde, et cependant vous me dites qu'il y en a plus de mille. Oui, ajoutai-je, dans cette malle il y a treize douzaines et demie de chemises, deux douzaines de paires de bas de soie, dix-huit paires de chaussettes, trois douzaines de serviettes ouvrées, etc. etc.

Or, en défilant mes chemises, mes bas, mes chaussettes, mes serviettes, mes coiffes de bonnet, mes mouchoirs, etc., nous aurons de quoi faire plus de mille pieds de corde. Cela est vrai, me dit-il; mais avec quoi pourrons nous arracher toutes ces grilles de fer qui sont dans notre cheminée? car avec rien il nous est impossible de pouvoir faire quelque chose, nous n'avons que nos mains, nous ne pouvons pas créer des outils pour venir à bout d'un aussi grand ouvrage.

Mon ami, lui dis-je, la main est l'instrument

de tous les instrumens; c'est elle qui les forme tous, et les hommes qui savent faire travailler leurs têtes, y trouvent toutes sortes de ressources. Voyez-vous, lui dis-je, ces deux fiches de fer qui soutiennent notre table pliante, je leur ferai un manche à chacune et je leur ferai un taillant en les repassant sur un carreau de notre plancher : nous avons un briquet, en le cassant de telle manière, en moins de deux heures j'en ferai un bon canif, avec lequel je ferai ces deux manches. Ce canif nous servira encore à mille autres choses. Ainsi avec ces deux fiches, je vous réponds sur ma tête, que je viendrai à bout d'arracher toutes ces grilles de fer.

Un ramonneur monte dans une cheminée ; je vous réponds sur ma vie, que moi j'y monterai. Toute la journée nous conférâmes de cela ; dès que nous eûmes soupé, nous arrachâmes une fiche de fer de notre table : avec cette fiche, nous levâmes un carreau de notre plancher, et nous nous mîmes à creuser de telle sorte, qu'en moins de six heures de temps nous l'eûmes percé; et à notre grande satisfaction, nous trouvâmes qu'il y avait deux planchers, à quatre pieds de distance l'un de l'autre.

De cet instant nous regardâmes notre évasion comme certaine ; nous remîmes le carreau, qui ne paraissait pas avoir été enlevé. Le lendemain matin, je cassai le briquet ; j'en fis un canif, ou petit couteau. Avec cet instrument, nous fîmes des manches aux fiches de notre table ; nous donnâmes un taillant à chacune. Après nous défilâmes deux de nos chemises ; c'est-à-dire, qu'après les avoir décousues, et leurs ourlets aussi, nous tirâmes un fil l'un après l'autre ; nous nouâmes tous ces filets, nous en fîmes un certain nombre de pelotons : étant finis, nous les partageâmes en deux, nous en fîmes alors deux grosses pelottes ; il y avait cinquante filets à chacune, de soixante pieds de longueur. Ensuite nous les tressâmes, ce qui nous donna une corde de 55 pieds de long environ, avec laquelle nous fîmes une échelle de 20 pieds de long. Cette échelle faite, nous commençâmes à faire le plus difficile, c'est-à-dire à arracher les barres de fer de notre cheminée : pour cet effet, nous attachâmes dans la nuit notre échelle de corde à ces barres, par le moyen des échelons, nous nous soutenions en l'air dans le temps que nous dégradions les extrémités de ces barres de fer : en moins de six mois nous vînmes à bout de les dégrader toutes, c'est-à-dire de les arracher. Nous les remîmes de manière à pouvoir les arracher toutes dans un instant. Cet ouvrage nous coûta bien de la peine. Bon Dieu! jamais nous ne descendions sans avoir nos mains toutes ensanglantées. Nos corps étaient dans une situation si pénible dans cette cheminée, qu'il nous était impossible de travailler une heure entière sans nous relever : à tout instant il nous fallait souffler de l'eau avec notre bouche, dans les trous, pour ramollir le ciment qui était autour de ces barres de fer; et nous étions très-satisfaits quand, dans une nuit entière, nous avions enlevé l'épaisseur d'une ligne de ce ciment. Cet ouvrage fini, nous fîmes une échelle de bois de vingt à vingt-cinq pieds de longueur, pour monter du fossé sur le parapet où les soldats de garde sont postés, et de ce parapet dans le jardin du gouvernement. On nous donnait tous les jours plusieurs morceaux de bûches pour nous chauffer, qui avaient dix-huit à vingt pouces de long. Ils nous servirent à faire une échelle avec vingt échelons.

Nous avions encore besoin de moufles et d beaucoup d'autres choses; nos deux fiches n'étaient pas propres à faire cet ouvrage, et encore bien moins à scier du bois. En moins de deux heures de temps, d'un chandelier de fer que nous avions, avec l'autre morceau de briquet, j'en fis une excellente scie, avec laquelle en moins d'un quart-d'heure de temps, je me serais vanté de couper en deux une bûche aussi grosse que ma cuisse; avec ce morceau de briquet, cette scie et les fiches, nous dégrossissions nos bûches; nous les polîmes, nous leur fîmes des charnières, et des tenons pour les emboîter les unes dans les autres, avec deux trous à chaque charnière, et à son tenon, pour y passer un échelon, et deux chevilles pour l'empêcher de vaciller. A mesure que nous avions achevé et perfectionné un morceau de notre échelle, nous le cachions entre les deux planchers.

C'est avec ces outils que nous fîmes un compas, une équerre, une règle, un devidoir, des moufles, des échelons, etc.

Comme quelquefois dans la journée les officiers et les porte-clés entraient souvent dans notre chambre à l'instant que nous y pensions le moins, il nous fallait cacher nou-seulement nos ustensiles, mais encore les plus petits copeaux ou débris que nous faisions, et dont le plus petit nous eût décelés; en outre, nous savions que quelquefois ces messieurs venaient doucement écouter ce que les prisonniers disent au travers des trous qu'ils font à leurs planchers. Pour éviter toute surprise, nous donnâmes un nom à toutes ces choses. Par exemple, nous appelions la scie, *Faune*; c'est le nom d'une divinité des forêts. Le dévidoir, *Anubis*; c'est une divinité des Égyptiens, pour mesurer les accroissemens du Nil. Les fiches de fer, *Tubalcain*; c'est le nom du premier homme qui trouva l'art de se servir du fer. Le trou que nous avions fait à notre plancher pour cacher toutes nos affaires dans le tambour, c'est-à-dire entre les deux planchers, *Poliphême*, faisant allusion à l'antre de la fable, dont les anciens ont si souvent parlé. L'échelle de bois, *Jacob*; au sujet de cette échelle dont l'Écriture-Sainte fait mention. Les échelons, *Rejetons*. Une corde, une *Colombe*, parce qu'elles étaient blanches. Un peloton de fil, *un petit frère*. Le canif ou couteau, qui était le morceau du briquet, *le toutou*, etc. Quand quelqu'un entrait dans notre chambre, si nous avions oublié quelque chose, le plus éloigné disait au plus proche le nom de la chose, *Faune*, *Anubis*, *Jacob*, *Tubalcain*, etc. l'autre, qui entendait ce que cela signifiait, jettait dessus son mouchoir, une serviette; en un mot il faisait disparaître ce qui devait être caché. Nous étions sans cesse sur nos gardes.

L'échelle de bois que nous fîmes n'avait qu'un bras, et vingt à vingt-cinq pieds de longueur ; elle avait vingt échelons, de quinze pouces de long ; le bras avait trois pouces de diamètre, par conséquent chaque échelon excédait ce bras de six pouces de chaque côté ; à chaque morceau de cette échelle, nous avions attaché son échelon et sa cheville avec une ficelle, de manière qu'il ne fût pas possible de se tromper, en la montant dans la nuit.

Quand cette échelle fut finie, et après en avoir fait l'essai, nous la cachâmes dans *Polyphème*, c'est-à-dire entre les deux planchers.

Nous travaillâmes ensuite à faire les cordes de la grande échelle, qui avait cent quatre-vingt pieds de longueur. Nous défilâmes nos chemises, nos serviettes, nos coiffes de bonnet, nos bas de soie, chaussettes, caleçons, nos mouchoirs, etc. A mesure que nous avions fait un peloton d'une étendue décidée, de peur de surprise, nous le cachions dans le tambour, c'est-à-dire entre les deux planchers. Quand nous eûmes fait le nombre suffisant de pelotons, dans la nuit nous tressâmes cette magnifique corde; elle était blanche comme la neige, et j'ose dire qu'un cordier ne l'aurait pas mieux faite.

Autour de la Bastille, à la partie supérieure, est un bord qui excède en dehors de trois ou quatre pieds. Nous ne doutions pas qu'à chaque échelon que nous descendrions de cette échelle de corde, elle ne flottât de côté et d'autre; ce sont des instans où la meilleure tête peut manquer. Pour prévenir qu'un de nous deux ne tombât et ne s'écrasât, nous fîmes une seconde corde, d'environ trois cent soixante pieds de longueur. Cette corde devait être passée dans un moufle que nous avions fait, c'est-à-dire, une espèce de poulie sans roue, pour éviter que cette corde ne s'engrenât entre la roue et les côtés de la poulie, et qu'un de nous deux ne se trouvât suspendu en l'air, sans pouvoir descendre davantage. Après ces deux cordes, nous en fîmes plusieurs autres de moindre longueur, pour attacher notre échelle de corde à une pièce de canon, et pour d'autres besoins imprévus.

Quand toutes ces cordes furent faites, nous les mesurâmes. Il y en avait quatorze cents pieds; ensuite nous fîmes deux cent huit échelons, tant pour l'échelle de corde que pour celle de bois, et pour empêcher que les échelons de l'échelle de corde, en descendant, ne fissent du bruit en flottant, du bruit en heurtant contre la muraille, nous y fîmes un fourreau à chacun, avec les doublures de nos robes de chambre, de nos vestes et de nos gilets, etc.

Nous travaillâmes, nuit et jour, pendant dix-huit mois, à préparer tous nos matériaux.

Avec nos couvertures nous fîmes des fourreaux à nos deux barres de fer qui nous devaient servir pour percer la muraille.

On vient de voir tout ce qu'il fallait pour monter, par notre cheminée, sur les tours de la Bastille, pour descendre dans les fossés, pour monter sur le parapet dans le jardin du Gouvernement, et de ce jardin, descendre, par le moyen de notre échelle de bois, dans le grand fossé de la porte Saint-Antoine, lieu où nous devions être en liberté. Nous devions choisir une nuit qui fût orageuse, qu'il tombât de la pluie, et qu'il n'y eût pas de lune; mais nous avions un malheur terrible à redouter; il pouvait pleuvoir depuis cinq heures du soir jusqu'à neuf à dix heures, et puis le temps se mettre au beau : alors toutes les sentinelles se promènent tout autour de la Bastille, c'est-à-dire, d'un poste à l'autre : dans ce cas, toutes nos peines, tous nos matériaux étaient perdus, et afin de rendre cette scène plus touchante, pour nous consoler, on nous aurait mis au cachot; et alors pendant tout le temps que la marquise de Pompadour aurait resté en cour, nous eussions été resserrés d'une étrange manière. Cette appréhension nous inquiétait beaucoup. Je trouvai moyen d'éviter ce malheur; je fis aisément concevoir à d'Allègre, mon compagnon d'infortune, que depuis le temps que la muraille qui est entre le gouvernement et le jardin était faite, la Seine avait débordé au moins plus de trois cents fois; qu'à chaque fois l'eau avait dissout le sel contenu dans le mortier ou le plâtre, au moins d'une ligne d'épaisseur; que par conséquent il nous serait facile d'y faire un trou pour sortir sans aucun risque. Je lui fis comprendre que nous viendrions à bout de tout cela, en arrachant une fiche de nos lits, avec laquelle nous ferions des trous dans le plâtre qui lie la pierre de cette muraille, pour engrener les deux pointes des deux barres de fer que nous prendrions dans notre cheminée; qu'il était évident qu'entre nous deux avec ces deux barres de fer, nous ferions un effort de plus de cent quintaux, par la raison du lévier, et que nous viendrions très-aisément à bout de percer cette muraille, qui fait la séparation du fossé de la Bastille et de celui de la porte Saint-Antoine; qu'il y avait un million de fois moins de risque de sortir par ce dernier moyen que par l'autre. D'Allègre convint de cela, en me disant que si ce dernier moyen manquait, nous aurions recours à l'autre; en conséquence nous fîmes des fourreaux à ces deux barres de fer, nous tirâmes une fiche de fer d'un de nos lits, et nous en fîmes une virole. Quand tout notre appareil fut fait, nous résolûmes de partir le lendemain, qui était un mercredi 25 février 1756, la veille du jeudi-gras. Alors la rivière était débordée, il y avait trois ou quatre pieds d'eau dans le fossé de la Bastille et dans celui de la porte Saint-Antoine.

Avec ma malle, j'avais encore un portemanteau de cuir, c'est-à-dire de peau de veau. Ne doutant pas que les hardes que nous avions sur nos corps ne fussent mouillées, nous mîmes dans ce grand porte-manteau un habillement complet pour chacun, avec tout ce qui nous restait de meilleur, jusqu'à ce qu'il fût plein. Le lendemain, à peine nous eut-on servi notre dîner, que nous montâmes notre grande échelle de corde, c'est-à-dire, que nous y mîmes les échelons; nous la cachâmes ensuite sous nos deux lits, afin que le porte-clés ne pût l'apercevoir en nous apportant notre souper. Nous accommodâmes après notre échelle de bois en trois morceaux, puis nous mîmes le restant des autres choses nécessaires en plusieurs paquets, bien certains que, selon la coutume, on ne viendrait pas, l'après-dîner, nous visiter, faire des fouillades avant cinq heures. Nous avions déjà arraché les deux barres de fer dont nous avions besoin pour percer la muraille, et mises dans leurs fourreaux, pour empêcher qu'elles ne fissent du bruit en les descendant. Nous eûmes soin de prendre une bouteille de scubac pour nous réchauffer et nous donner de la force, si nous étions réduits à travailler dans l'eau jusqu'au cou. Ce secours nous fut bien nécessaire; car sans cette liqueur, nous n'eussions jamais pu tenir pendant plus de neuf heures, dans l'eau du dégel jusqu'au cou.

Nous voici arrivés au moment périlleux. A peine eut-on porté notre souper, que malgré un rhumatisme que j'avais au bras gauche, je me mis à grimper la cheminée. J'eus toutes les peines du monde à monter au faîte. Je faillis à étouffer par la poussière de la suie; car j'ignorais les précautions que prennent les ramoneurs. Je n'avais pas mis de défensives de cuir ni à mes coudes ni à mes genoux; mes coudes furent tout écorchés, le sang coulait sur mes mains, et celui de mes genoux le long de mes jambes. Enfin arrivé au haut de la cheminée, je me mis à califourchon; alors je fis couler dans la cheminée une pelotte de ficelle que j'avais prise dans ma poche, en retenant un bout. Mon compagnon attacha à cette ficelle le bout d'une corde, où mon porte-manteau était attaché. Ayant saisi le bout de cette corde, je le tirai à moi, je le déliai et le jetai sur la plate-forme de la Bastille; je fis couler de nouveau cette corde dans la cheminée; mon compagnon y attacha l'échelle de bois; ensuite je tirai de même les deux barres de fer et tous les autres paquets dont nous avions besoin; après que tout fut monté, je jetai de nouveau ma corde, pour monter l'échelle de corde; j'en tirai le superflu, et ne laissai en dedans de la cheminée que ce qu'il en fallait pour monter. Je m'arrêtai au signal qu'il m'en fit; alors avec une grosse cheville que nous avions préparée exprès, que je fis passer dans la corde, et posai en croix sur le tuyau de la cheminée, mon confrère étant monté très-aisément, nous achevâmes de retirer tout-à-fait cette échelle; nous jetâmes le dernier bout du côté opposé de la cheminée, et nous descendîmes tous les deux à la fois sur la plate-forme de la Bastille.

Deux chevaux n'auraient pu porter cet attirail. Nous commençâmes par faire un rouleau de notre échelle de corde; ce qui fit une meule de quatre pieds d'épaisseur; nous fîmes rouler cette meule sur la tour nommée *du Trésor*, qui nous avait paru la plus favorable pour faire notre descente. Nous attachâmes bien cette échelle à une pièce de canon, puis nous la fîmes couler doucement dans le fossé; après, nous attachâmes notre moufle, et nous y passâmes la corde qui avait trois cent soixante pieds de long.

Après avoir porté tous nos paquets sur la tour du Trésor, je m'attachai bien au milieu du corps, avec la corde que nous avions passée dans le moufle : je me mis sur l'échelle de corde, et à mesure que je descendais dans le fossé, mon confrère lâchait à mesure : malgré cette précaution, à chaque échelon que je descendais, mon corps semblait être un cerf volant qui voltigeait en l'air. Si ce fût arrivé en plein jour, je crois que de mille personnes qui m'auraient vu flotter de la sorte, il n'y en aurait pas eu une seule qui n'eût fait des vœux au ciel, pour que je ne m'écrasasse point en tombant. Enfin, je descendis sain et sauf dans le fossé. Sur le champ mon compagnon me descendit mon porte-manteau, que je mis au pied de la tour, parce qu'il y avait une petite éminence en dos d'âne qui dominait l'eau du fossé; après il me descendit les deux barres de fer, l'échelle de bois avec tout le reste. Ensuite il s'attacha bien lui-même au milieu du corps, avec la corde du moufle, qui avait deux fois en longueur la hauteur des tours. En se mettant sur l'échelle, j'eus soin de passer une de mes cuisses entre deux échelons, pour l'empêcher de flotter jusqu'à ce qu'il fût en bas : je lâchai doucement la corde qui l'attachait au milieu du corps.

Pendant ce temps-là, comme il ne pleuvait pas, la sentinelle se promenait sur le corridor ou parapet, tout au plus à six toises de nous; ce qui nous empêcha de monter sur le corridor, pour de là monter dans le jardin : ainsi nous nous vîmes forcés de nous servir de nos barres de fer; c'était le parti le plus sûr. J'en pris une sur mes épaules avec la virole, et mon compagnon l'autre. Je n'oubliai pas de mettre la bouteille de scubac dans ma poche, car, sans cette bouteille, nous aurions succombé : nous allâmes droit à la muraille qui sépare le fossé de la

Bastille de celui de la porte Saint-Antoine, entre le gouvernement et le jardin; dans cet endroit était anciennement un petit fossé d'une toise de largeur et d'un à deux pieds de profondeur. Comme la rivière était débordée, précisément à cet endroit, à cause de ce petit fossé, nous avions de l'eau jusque sous les aisselles. Dans le moment qu'avec la virole j'allais faire un trou dans le plâtre entre deux pierres, pour engrener nos barres de fer, la ronde-major passa avec son grand falot, à dix ou douze pieds tout au plus au-dessus de nos têtes : pour l'empêcher de nous découvrir, nous nous accroupîmes dans l'eau jusqu'au menton. Quand cette ronde fut passée, avec ma virole j'eus bientôt fait deux trous dans le plâtre, pour engrener nos deux barres de fer. Nous enlevâmes aussitôt la grosse pierre que nous avions attaquée : dès l'instant, j'assurai mon confrère de la réussite. Etant dans l'eau de la fonte des glaces jusqu'au cou, nous n'avions pas chaud : pour nous réchauffer, nous bûmes un bon coup de scubac; ensuite nous attaquâmes une seconde pierre qui céda à nos efforts avec la même facilité. Dans le moment que nous allions attaquer la troisième, une seconde ronde vint à passer; nous nous mîmes encore dans l'eau jusqu'au menton : il nous fallut faire régulièrement cette cérémonie toutes les fois que la ronde venait à passer à dix ou douze pieds au-dessus de nos têtes. Avant minuit, nous avions déjà dégradé plus de deux tombereaux de pierres.

Ce que je vais dire est la vérité pure; je suis bien éloigné de vouloir arracher un sourire. Ayant entendu que la sentinelle venait se promener au-dessus de nous, les décombres que nous avions faits au bord du trou nous forcèrent à nous accroupir dans l'eau par derrière : la sentinelle s'arrêta tout court au-dessus de nous; nous crûmes qu'elle avait aperçu ou entendu quelque chose, et que nous étions perdus : mais un instant après, elle lâcha de l'eau précisément sur ma tête et le visage; en plein jour, avec dessein prémédité, elle n'aurait pas mieux réussi; il ne s'en perdit pas une goutte. Quand elle fut partie, je dis à l'oreille de mon compagnon : Cet insolent vient de lâcher de l'eau sur ma tête, sur mon visage, mais eût-il fait tout autre chose sur mon nez, il ne m'aurait pas fait rompre le silence. Il me répondit : Je le crois. Mon bonnet étant tout mouillé, je le jetai dans l'eau, et je lavai bien mes cheveux pour faire perdre l'odeur de l'urine. Ensuite nous bûmes chacun un bon coup de scubac, pour appaiser la peur qu'il nous avait faite, et ranimer nos forces. L'un et l'autre nous eûmes moins de peur de la mort en descendant de l'échelle de corde, que de cette sentinelle. Enfin, en moins de huit heures et demie de temps, nous perçâmes cette muraille, qui, au rapport du major, a quatre pieds et demi d'épaisseur. Dès l'instant, je dis à d'Alègre de sortir par ce trou; que si malheureusement il m'arrivait quelque chose, en allant chercher le porte-manteau que j'avais laissé au pied de la tour du Trésor, de s'enfuir au moindre bruit : heureusement il n'arriva rien. Je fus chercher ce porte-manteau que je fis passer par le trou, et je sortis après, abandonnant tous les matériaux qui nous avaient donné tant de peines sans regret.

Étant tous les deux dans le grand fossé de la porte Saint-Antoine, nous crûmes que nous étions hors de péril; je pris un bout de mon porte-manteau, et d'Alègre l'autre, pour traverser le fossé, et gagner le chemin de Bercy. A peine eûmes-nous fait vingt-cinq pas, que nous tombâmes tous les deux à-la-fois dans l'aqueduc qui est au milieu du grand fossé; nous avions trouvé au moins dix pieds d'eau au-dessus de nos têtes. Mon compagnon, au lieu de gagner l'autre bord, car cet aqueduc n'a que six pieds de large, quitte le porte-manteau pour s'accrocher à moi, qui avait de la bourbe jusqu'aux genoux : me sentant saisir, je lui donnai un grand coup de poing qui lui fit lâcher prise, et en même temps je me cramponai de l'autre côté de l'aqueduc. J'enfonce mon bras dans l'eau, je le saisis par les cheveux, et le tirai de mon côté. L'ayant placé de manière que sa tête était au-dessus de l'eau, il pouvait respirer sans en avaler. Je lui dis de rester là ferme, sans remuer : je fus prendre mon porte-manteau qui surnageait sur l'eau. C'est précisément à cet endroit que nous fûmes hors de danger, c'est-là, dis-je, où cette terrible nuit fut finie. A trente pas de là, comme ce fossé fait une pente, nous fûmes tous les deux à pied sec : nous nous embrassâmes alors ; nous nous mîmes à genoux, pour remercier Dieu de la grâce qu'il venait de nous faire, de ce qu'un de nous deux, en descendant de l'échelle de cordes, n'était point tombé et écrasé, et de la liberté qu'il venait de nous rendre.

Notre échelle de corde était si juste, qu'elle n'avait pas un pied de trop ni de moins. En plein jour, du haut des tours de la Bastille, on n'aurait pas été plus précis en prenant la mesure à l'avance, que je le fus par le moyen des mathématiques. Nous avions si bien arrangé tout, qu'il n'y eut pas un seul bout de corde embrouillé. Toutes les hardes que nous avions sur notre corps étaient mouillées; j'avais prévu à ce malheur, comme je l'ai dit ci-dessus, en mettant des hardes dans mon porte-manteau de cuir, avec des chemises sales à l'entrée : le tout était si bien arrangé, que l'eau n'avait pu y pénétrer.

A force d'avoir ébranlé et tiré des pierres du trou que nous venions de faire, nos mains étaient tout écorchées; chose que l'on aura peut-être de la peine à croire, c'est que nous avions moins froid, étant dans l'eau de glace fondue jusqu'au cou, que quand nous en fûmes tout-à-fait dehors : le tremblement nous saisit alors dans tous les membres, et nos mains s'engourdirent. Il fallut que je servisse de valet-de-chambre à mon confrère pour le déshabiller et l'habiller. Ensuite il m'en servit à moi-même. Cinq heures sonnèrent comme nous montions la rampe de ce fossé pour entrer dans le grand chemin.

N. B. Le lendemain même de la prise de la Bastille (15 juillet 1789) je m'y présentai; et malgré les ordres de n'y laisser entrer personne, en déclinant mon nom qui rappela ma longue captivité (35 ans), toutes les portes me furent ouvertes. Présumant que mon échelle de cordes et les autres instrumens imaginés par moi, pour mon évasion, étaient trop précieux pour n'avoir pas été conservés, plusieurs clercs de la basoche, de sentinelle alors à la Bastille, m'accompagnèrent dans les *archives*, où je supposai que mon échelle devait se trouver. En effet, après une longue recherche, ayant aperçu au plancher une espèce de trappe, je fis appeler plusieurs gardes-françaises pour leur insinuer que ce double plancher pouvait bien renfermer quelques personnes. On y monta, bien armé; mais on n'y trouva qu'un grand sac plein, qui, à ma prière, fut jeté en bas à mes pieds. Quelle fut ma satisfaction de retrouver, après 33 ans, dans le sac mon échelle de cordes, celle de bois, et une grande partie de mes autres instrumens qui servirent à mon évasion.

Tous ces effets furent portés, sous bonne garde, à l'Hôtel-de-Ville. Après avoir été examinés, M. Duverrier, avocat au Parlement, et secrétaire du comité des électeurs, obtint de l'assemblée que le tout me fût rendu, comme chose qui m'appartenait à toute sorte de titres.

Vers qui ont été mis au Louvre, au bas du portrait de M. Mazers, chevalier de Latude, ingénieur.

> Victime d'un pouvoir injuste et criminel,
> Mazers, dans les cachots eût terminé sa vie,
> Si l'art du despotisme, aussi fin que cruel,
> Avait pu dans ses fers enchaîner son génie.
>
> C. de G***, avocat.

Au désir du public, l'échelle de cordes et de bois, les moufles, le morceau de couverture qui enveloppait les deux barres de fer, le maillet, etc., signés le 27 février 1756 par le major de la Bastille, nommé Chevalier, et le commissaire Rochebrune, tous ces objets ont été installés à l'entrée du salon du Louvre, pendant les mois d'août et de septembre 1789. Depuis ils ont été déposés au Conservatoire des arts et métiers, où ils sont encore exposés aux regards du public.

Six vendeurs, colporteurs ou distributeurs d'écrits satiriques, relatifs à la Bastille.

Marc-Antoine-Jacques Rochon de Chabannes entra à la Bastille au mois d'août 1750, où il fut retenu jusqu'au 8 octobre suivant.

Charles Pecquet, libraire, entra à la Bastille

au mois d'août 1750, et en sortit le 8 octobre suivant.

Alain Godefrin, marchand gantier-parfumeur, privilégié du roi, suivant la cour, fut arrêté et conduit à la Bastille au mois de décembre 1750, et y mourut le 30 mai 1753. Il était âgé de plus de 80 ans.

Jean-Jacques-Auguste de Thourotte, ancien capitaine de cavalerie, fut conduit à la Bastille sur un ordre du roi du 18 février 1751, et obtint sa liberté le 28 mars suivant.

Pierre Verit, marchand orfèvre, fut mis à la Bastille au mois de mai 1751, et y fut retenu jusqu'au 25 janvier 1757.

Jeanne-Geneviève Gravelle, native de Mayenne. Elle fut arrêtée et conduite à la Bastille en vertu d'un ordre du roi du 3 octobre 1751, et y resta jusqu'au 17 décembre 1752.

Voici quelques extraits de ces brochures prétendues satiriques, imprimées chez la veuve David, rue de la Huchette, et vendues par Pecquet, libraire.

La détention de *Roger de Rabutin*, comte de *Bussi*, lieutenant-général des armées du roi, et maître-de-camp général de la cavalerie légère, auteur de plusieurs ouvrages très-estimés, et fort curieux pour l'intelligence des évènemens du siècle de Louis XIV, ne paraît point avoir eu de motif bien déterminé, si ce n'est la punition qu'on voulut lui faire subir pour quelques traits satiriques répandus dans une pièce secrète, que l'on soupçonne être la comédie de la *comtesse d'Olonne*, ou l'histoire des amours de Mme de Chatillon, manuscrit dans lequel le prince de Condé était assez maltraité, et dont les ennemis de M. Bussi-Rabutin avaient encore augmenté la malignité, en y insérant des traits bien plus envenimés et plus méchans.

Une dame (Mme de La Beaume), avec qui M. de Bussi avait été parfaitement bien, et qui, par jalousie ou autre caprice de femme, s'était brouillée avec lui, fut la principale cause de sa détention. Il avait eu la faiblesse de lui confier ce manuscrit : elle en tira une copie qu'elle falsifia à son gré, et eut ensuite la lâcheté indigne de la faire parvenir à M. le prince et au roi, qui tous deux en furent très-irrités ; elle poussa même l'inimitié jusqu'à en parler à Sa Majesté. Enfin, le 17 avril 1665, on vint arrêter M. de Bussi. « Je n'en fus pas trop surpris, dit-il dans ses mémoires; car, bien que j'eusse quelquefois des rayons d'espérance, ma mauvaise fortune, qui me faisait toujours craindre, me faisait toujours prendre tout au pis : ainsi j'eus le cœur et la contenance ferme en cette rencontre. Ce fut un exempt des gardes-du-corps qui m'arrêta d'abord, et un moment après arriva un chevalier du guet, qui me dit qu'il avait ordre du roi de me fouiller, mais qu'il porterait à Sa Majesté ce que je lui remettrais. Je lui répondis que je lui donnerais tout, hormis des lettres de ma maîtresse, si j'en avais; et, sur cela, je vidai mes poches en sa présence : je lui dis ensuite de passer dans mon cabinet où étaient mes livres et manuscrits. Quand nous y fûmes, tenez, lui dis-je, en lui donnant le manuscrit que le roi m'avait rendu, voilà la pierre de scandale, voilà pourquoi vous m'arrêtez : le roi l'a eu quatre jours; reportez-le encore à Sa Majesté si vous voulez. Il le prit, après quoi il me mena dans son carrosse à la Bastille.

« En y faisant bien réflexion, ne trouvera-t-on pas qu'il est inouï qu'on ait jamais arrêté un homme de qualité, qui a bien servi à la guerre, et qui est pourvu d'une grande charge, pour avoir écrit, sans dessein que cela devînt public, les amours de deux dames que tout le monde savait, et sur la simple accusation, sans preuves, d'avoir écrit contre le roi et contre la reine mère? Cependant, si j'eusse été convaincu d'intelligence avec les ennemis de l'Etat, on ne fût pas allé plus vite, et je n'eusse pas été traité plus rudement.

« Le surlendemain, 19 avril, Baisemaux, gouverneur de la Bastille, vint me dire que le lieutenant-criminel allait monter pour m'interroger de la part du roi.

« Quoique ce fût là, pour un homme innocent, le chemin de sortir bientôt d'affaire, je ne laissai pas que de trouver de l'aigreur dans ce procédé, mais sans en rien témoigner. Un moment après je vis entrer M. Tardieu, lieutenant-criminel, accompagné de son greffier et d'un commis. Le lieutenant-criminel commença par me dire qu'il était bien fâché de me voir là, qu'il fallait que je prisse cette mortification comme venant de la main de Dieu, et que tout le monde disait que ma manière de vivre l'avait bien mérité. Je trouvai ce discours fort impertinent, surtout dans un tel moment. Je ne suis pas dévot, lui dis-je, mais je ne suis pas impie; et, si tous ceux qui valent moins que moi étaient à la Bastille, il y aurait peu de gens pour les interroger : mais, monsieur, ajoutai-je, est-ce sur cette matière que vous avez ordre de me parler? Non, monsieur, me répondit-il, j'ai d'autres choses à vous dire ; et là-dessus, nous étant assis, je viens ici par ordre du roi, continua-t-il, et, afin que vous n'en doutiez pas, monsieur, voici ma commission : en disant cela, il me présenta une lettre de cachet. Je n'ai que faire de la voir, lui répondis-je; car, bien que vous ne soyez pas mon juge, j'ai tant de respect pour les volontés du roi, que, s'il m'avait envoyé un valet-de-pied pour m'interroger, je lui répondrais comme à vous.

« Après cette petite escarmouche, il procéda à l'interrogatoire. A la suite de diverses questions, il me demanda si je n'avais rien écrit contre le roi; je lui dis qu'il m'offensait de me faire cette demande; qu'il n'y avait pas d'apparence qu'ayant servi trente ans avec honneur, et ayant droit d'attendre chaque jour des grâces de Sa Majesté, je voulusse lui manquer de respect; et que, pour fonder un tel soupçon, il fallait de mon écriture, ou des témoins irréprochables.

« Après ce premier interrogatoire, le lieutenant-criminel me dit qu'il allait rapporter le tout au roi, et que dans quelques jours il reviendrait : mais il fut hors d'état de me tenir parole; car, cinq jours après, lui et sa femme furent assassinés en plein midi dans leur maison par deux frères gentilshommes, qui leur étaient allés demander de l'argent dont ils avaient un extrême besoin, et qui les tuèrent sur ce qu'en les refusant ils avaient crié au voleur.

« Ce magistrat avait si publiquement trafiqué de la justice toute sa vie, que sa mort fut regardée comme un châtiment du ciel, et l'infâme avarice de sa femme, qui ne lui permettait pas, avec les biens immenses qu'ils possédaient, d'avoir seulement un valet, fut la principale cause de leur malheur (1).

(1) Il n'y a jamais eu d'exemple d'une lésinerie, d'une avarice pareilles à celles du lieutenant-criminel Tardieu et de sa femme, nommée Marie Ferrier. C'est d'elle que Racine a dit dans ses *Plaideurs* :

Elle eût du buvetier emporté les serviettes,
Plutôt que de rentrer au logis les mains nettes.

L'assassinat de M. Tardieu et de sa femme fut commis le 24 avril 1665, vers les dix heures du matin, par René et François Touchet, d'une famille fort honnête d'Anjou, mais non gentilshommes, comme le dit M. de Bussi-Rabutin. Ces deux voleurs n'ayant pu ouvrir la porte pour sortir, parce

« Ma femme eut la douleur qu'elle devait avoir de ma prison, et le duc de Saint-Aignan, l'étant venu visiter le jour même que je fus arrêté, il lui dit que parlant de moi à Sa Majesté, le roi lui avait dit que c'était *pour mon bien* qu'il m'avait fait mettre à la Bastille, et que je m'étais fait tant d'ennemis que je courais risque sans cela d'être assassiné. (*Bravo, ma foi!* Voilà ce qui s'appelle enfoncer le poignard avec grâce. Et *c'est un roi qui parle!*... Juste ciel! où en sommes-nous?) »

Pendant le cours de sa détention qui fut de treize mois, M. de Bussi-Rabutin ne fut presque pas un jour sans solliciter, sans écrire pour qu'il plût au roi de lui rendre sa liberté, ou de faire terminer l'instruction de son affaire, s'il était vrai qu'il fût coupable. Enfin le chagrin de ne pouvoir réussir auprès de S. M. joint à celui qu'il eut d'être forcé de se défaire de sa charge, lui donna une maladie assez sérieuse pour faire craindre qu'il ne mourût à la Bastille. Les ministres qui, ainsi qu'on l'a dit

qu'il y avait un secret à la serrure, furent pris dans la maison même, et trois jours après furent condamnés à la roue. Cette maison était située sur le quai des Orfèvres. On y trouva une somme très-considérable en espèces, qui consola beaucoup les héritiers de la perte de ces parens peu regrettables.

plus haut, n'aiment pas qu'on meure en ce château, persuadèrent au roi de l'en faire sortir; et en effet, une lettre de cachet fut expédiée par laquelle Sa Majesté rendait la liberté à M. de Bussi-Rabutin, pendant sa maladie seulement, et à condition de revenir se constituer prisonnier après guérison. Mais par la suite le roi ne l'exigea pas, et il fut assez reconnu que c'était aux mauvais services que le maréchal de Turenne lui avait rendus auprès du roi, par esprit de vengeance ou de jalousie secrète, que M. de Bussi avait véritablement dû sa disgrace.

Parmi les placets, lettres, billets, etc., que M. de Bussi-Rabutin écrivit dans sa prison, on remarque surtout une requête au roi, en vers, au nom de trois amans prisonniers. Elle est fort bien écrite: en voici la dernière strophe qui n'est pas la plus mauvaise.

> Pardonnez donc, grand prince, à ces pauvres amans,
> Ne vous opposez plus au cours de leurs tendresses,
> Bien que toujours remplis de tendres sentimens,
> Ils vous ont plus aimé que toutes leurs maîtresses ;
>   Quoique amoureux et quasi fous,
> Ils n'ont jamais voulu mourir pour leurs Sylvies,
>   Et plus de cent fois en leurs vies
>   Ils ont voulu mourir pour vous.

*La dame Sauvé, première femme-de-chambre de
M. le duc de Bourgogne, fut mise à la
Bastille sur un ordre du roi, du 17
octobre 1751.*

Mme la duchesse de Tallard, gouvernante des enfans de France, étant allée un jour au débotté du roi qui arrivait de Choisy, passa, en revenant de cette intéressante cérémonie, chez M. le duc de Bourgogne, dit que le roi allait venir assister au *remué*, et qu'on n'avait qu'à le commencer. Le roi arriva, et on se mit à *laver* M. le duc de Bourgogne. La dame Sauvé a prétendu que dans ce moment-là elle aperçut du mouvement aux pieds du lit du prince, et qu'elle vit une main qui était dans la fente du pied du lit, qui se retira avec précipitation; que cette main lui parut partir de derrière le roi, et qu'elle ne vit que cela. La dame Sauvé, à qui la précipitation de la main avait paru suspecte, fit part de ce qu'elle avait vu à Mme de Tallard, qui, lorsque le roi fut sorti, alla chercher au pied du berceau, et y trouva un paquet de papier qui fit du bruit, et mit les gens de la chambre dans l'inquiétude.

La dame Sauvé n'ayant pu dire qui pouvait en être l'auteur, fut, avec raison, soupçonnée d'en être seule coupable.

Quelques jours après cet évènement, elle joua l'empoisonnée, dit qu'elle était victime de son zèle et de sa fidélité; ce qui détermina le roi à la faire arrêter, ainsi que sa femme-de-chambre, qui était soupçonnée d'avoir mis dans une jatte du vif-argent, que la dame Sauvé prétendait avoir rendu en vomissant.

Le paquet en question était environ de la grosseur et largeur de la main. Un papier l'excédait en forme de cornet; il n'y avait rien d'écrit sur le papier, et le reste était brûlé; mais il y avait dans ce paquet une once de poudre à canon mêlée avec un peu de charbon pulvérisé, et un charbon qui avait encore de la chaleur.

M. de Saint-Florentin fit faire l'expérience de cette poudre, et prétendit qu'il n'y avait rien à craindre pour la vie du prince. Il pensa qu'on avait voulu faire une niche à Mme la duchesse de Tallard, ou à la dame Sauvé. C'était aussi l'opinion de Mme de Pompadour.

Il paraît que la dame Sauvé était l'ennemie jurée de Mme de Butler, sous-gouvernante; elle dit un jour que cette dame s'enivrait très souvent, et qu'elle avait la vé.... Elle voulut aussi faire soupçonner MM. de Noailles, en disant que Mme de Tallard lui fit des questions sur eux; que d'ailleurs ils avaient la réputation d'aimer à faire des niches, et que peut-être ils ont su que M. le maréchal de Noailles ayant un jour approché de très près M. le duc de Bourgogne, Mme de Tallard avait dit : « Cette gueule galeuse, pourquoi met-il son visage si près de celui de son maître » !

La dame Sauvé a toujours soutenu qu'elle avait vu jeter le paquet dans le berceau, et n'a jamais voulu avouer que ce fût elle-même qui l'y eût jeté.

Le roi lui accorda néanmoins sa liberté le 6 mars 1757; mais à condition qu'elle s'éloignerait de Paris, et qu'elle se retirerait en province, soit dans sa famille, soit avec son mari.

Quelques jours après la naissance de M. le duc de Bourgogne, il vint, sur les cinq heures du soir, une sœur-grise, qui se dit de la maison des Invalides ; elle avait quelques personnes avec elle. L'huissier de la chambre la refusa d'abord, parce qu'il était tard; mais Mme de Butler, sous-gouvernante, dit qu'il fallait la laisser entrer avec sa compagnie. Mme de Butler les conduisit dans la ruelle où étaient les femmes de garde. Cette sœur-grise parla beaucoup, se mit à genoux, remercia de la faveur qu'on lui avait faite, et s'en alla. A l'instant même, une des femmes-de-chambre voulant lever M. le duc de Bourgogne, s'aperçut qu'il y avait du papier sur son berceau. Elle le donna à Mme de Butler. C'étaient des mémoires d'une grâce que l'on demandait, écrits sur du très grand papier.

M. de Saint-Florentin a pensé que ce mémoire jeté sur le berceau par la sœur-grise, avait pu donner à la dame Sauvé l'idée d'y jeter le paquet en question.

La dame Sauvé était intimement liée avec M. le comte de Croy, particulièrement protégée de M. d'Argenson, et passait pour son espion.

Laurent de Serre de Montredon, écuyer, ci-devant garde-du-roi, compagnie de Noailles, fut mis à la Bastille en conséquence d'un ordre du roi du 12 décembre 1751, et y resta jusqu'au 23 janvier 1752.

Les notes qui nous sont tombées dans les mains ne disent rien des motifs de sa détention.

Détails sur le sieur Angliviel de la Beaumelle, mis à la Bastille sur un ordre du roi, du 23 avril 1753.

Au mois de janvier 1752, sur l'avis que la Beaumelle, avocat à Paris, avait distribué un livre, composé par son frère qui était alors à

Copenhague, intitulé : *Mes Pensées, ou le qu'en dira-t-on*, où il y avait des portraits fort satiriques, on envoya chez lui un commissaire en perquisition, et il ne s'en trouva que deux exemplaires, les quarante-huit autres que son frère lui avait envoyés étant distribués.

Cette même année, l'auteur ne cessa de demander la permission de revenir en France; ce qui lui fut constamment refusé par M. d'Argenson.

Au mois d'avril 1753, on fut informé que la Beaumelle était revenu à Paris avec des exemplaires d'une nouvelle édition qu'il avait fait faire du Siècle de Louis XIV, de Voltaire, dans laquelle il avait inséré des notes critiques offensantes pour la maison d'Orléans. On envoya en perquisition chez lui, où l'on en trouva huit exemplaires, et il fut conduit à la Bastille.

Au mois d'octobre de la même année, le duc d'Orléans le fit mettre en liberté, mais l'exila à cinquante lieues de Paris.

On fut instruit au mois de janvier 1754, que la Beaumelle était à Paris, travaillant à la vie de Mme de Maintenon, dont il y avait déjà un premier volume imprimé. Il se proposait de donner des mémoires plus étendus encore sur la vie de cette dame. On envoya chez lui un commissaire qui saisit toutes les lettres, les manuscrits et le premier volume de Maintenon.

Le 1er août 1756, M. d'Argenson fit expédier, de concert avec M. Rouillé, ministre des affaires étrangères, un ordre pour arrêter la Beaumelle et le conduire à la Bastille. Cet ordre fut exécuté, et perquisition fut faite chez la Beaumelle, où l'on trouva plusieurs exemplaires d'une nouvelle édition en six volumes de ces mémoires de Maintenon.

Le sieur Tapin de Cuillé, fils d'un conseiller du roi, fut mis à la Bastille le 7 février 1757.

Ce jeune homme avait eu le malheur, par ses dissipations, d'irriter son père, au point que celui-ci avait sollicité un ordre du roi pour le faire mettre à Pierre-en-Cise, et ensuite au mont Saint-Michel. Pour sortir de cette seconde prison, le sieur Tapin fils s'avisa d'écrire en cour qu'il avait quelque connaissance sur l'horrible attentat commis sur la personne du roi par Damiens; ce qui donna occasion de le faire transférer à la Bastille, où il paraît avoir resté fort long-temps.

Précis historique de la détention du comte de Lorges à la Bastille pendant trente-deux ans, enfermé en 1757, du temps de Damiens, et mis en liberté le 14 juillet 1789.

Parmi les prisonniers que la Bastille renfermait dans ses murs, et qui furent mis en liberté le 14 juillet 1789, on remarqua avec surprise un vieillard, dont la barbe descendait jusqu'à la ceinture, respectable par les maux qu'il avait souffert, et par la longueur de sa captivité. Cet infortuné était le comte de Lorges ; il fut conduit à l'Hôtel-de-Ville après la prise de la Bastille.

Ses discours se ressentaient du trouble où la révolution l'avait jeté ; il maudissait de Sartines, prétendait qu'il était fils d'un valet-de-chambre, et que c'était lui qui, pour de l'argent, l'avait précipité dans cet abîme de maux d'où on venait de le tirer. Il disait aussi que le château de Vincennes était le lieu où il avait été détenu pendant si long-temps, et son étonnement fut extrême, lorsqu'on lui eût appris que c'était de la Bastille qu'il venait de sortir, et on eut beaucoup de peine à l'en persuader ; ce qui fait soupçonner qu'il existait un souterrain qui communiquait de Vincennes à la Bastille, et qu'on aurait fort bien pu le transférer ainsi d'un château dans un autre.

Las de vivre avec une génération qui lui était inconnue, il demanda à la nation une retraite où il pût finir paisiblement sa carrière, ce qui lui fut accordé.

Voici un précis de l'histoire de sa détention, racontée par lui-même.

Nation sensible et généreuse, qui avez fait luire pour moi l'aurore de la liberté, vous saurez les maux que j'ai soufferts, vous saurez comment, pour avoir eu le malheur d'offenser une courtisane fameuse, maîtresse du plus despote des rois, j'ai été jeté dans un noir cachot, comme le plus grand scélérat. Vous avez brisé les chaînes du despotisme; vous êtes libre, et jamais peuple ne fut plus digne de l'être.

La Pompadour régnait en France; elle seule faisait les ministres, nommait les généraux et disposait généralement de toutes les places du royaume. Un poste venait-il à vaquer? les courtisans l'obtenaient à force de bassesses et d'humiliations. L'honnête homme aimait mieux languir dans l'obscurité que de venir au milieu d'une cour corrompue, faire lâchement sa cour et mendier une grâce à une prostituée. Bernis, pour un quatrain insipide, est parvenu aux dignités les plus éminentes de l'Église. Un abus aussi criant me révolta, mon âme s'en indigna, et j'osai confier au papier les sentimens qui m'animaient.

La vérité, cette fille auguste du ciel, blessa des yeux qui n'étaient point accoutumés à la voir : mon écrit déplut; j'avais dévoilé les manœuvres insidieuses de la favorite, j'avais démasqué ses indignes partisans : tel fut mon crime, et dès-lors ma perte fut assurée.

Sartines, de glorieuse mémoire, fut chargé d'exécuter les ordres ministériels; il fut enchanté de la commission, parce que ma plume ne l'avait pas ménagé : aussi lâcha-t-il contre moi une meute de sbires infernaux, qui vinrent se saisir de ma personne.

Je sortais d'entre les bras du sommeil; des songes affreux en avaient altéré la douceur, et ne m'avaient laissé jouir d'aucun repos; j'avais vu l'ange de la mort planer sur ma tête, et me menacer de son glaive étincelant; il était même prêt à me frapper, lorsque je fus réveillé en sursaut par les coups redoublés que j'entendis à ma porte. Un brigand, à la tête de sa troupe, s'élance, et au nom du despote, il ose porter sur moi une main sacrilége. Je frémis! mon premier mouvement fut de résister, mais faible et sans armes, je vis qu'il était inutile de m'opposer à la force. On m'entraîne et on me force d'entrer dans une voiture qui me conduit à la fatale prison.

Quel était mon crime? L'élan d'une âme républicaine, qui souffre de voir le vice triompher, et la vertu en butte aux traits de la persécution.

J'arrive à ce monument élevé par le despotisme, j'y entre, le pont-levis s'abaisse, et je me vois enterré tout vivant dans une prison. J'étais recommandé au gouverneur; il avait ordre de ne me laisser parler à personne et de me renfermer dans le cachot le plus noir.

Deux jours se passent sans voir aucun être vivant, si ce n'est le guichetier qui m'apportait du pain et de l'eau. Le troisième jour, j'entends l'énorme porte de mon cachot rouler sur ses gonds. Un frisson involontaire s'empare de tous mes sens. Ayant entendu parler des horreurs qui se commettaient secrètement dans ce fort infernal, je crus que mes ennemis allaient terminer ma triste carrière.

On me conduit devant un tribunal de sang; Sartines siégeait sur les lys et m'interrogeait.

Jamais le mensonge n'a souillé mes lèvres, et la vérité sortit toute pure de ma bouche. Sa première question fut de me demander si véritablement je m'appellais le comte de Lorges? Je lui répondis que oui.

La seconde, si j'étais l'auteur d'un livre qu'il me représenta, où l'on se permettait, disait-il, les invectives les plus sanglantes contre la cour et ceux qui la composaient?

Je lui répondis que oui; ajoutant qu'on ne devait point appeler invectives des faits connus de tout le monde.

La troisième, quel était le nom de l'imprimeur dudit livre?

Je lui répondis que, connaissant l'auteur, il lui était inutile de connaître l'imprimeur; d'ailleurs qu'ayant promis de ne jamais le nommer, aucune puissance humaine ne me forcerait de le faire.

La quatrième, pourquoi et dans quelle intention j'avais composé ledit livre?

Réponse. Que je n'avais de compte à rendre de mes intentions qu'à l'Être-Suprême.

Mon juge termina son interrogatoire en me disant : Monsieur, vous ne vous plaindrez point, puisque vous-même vous venez de vous accuser coupable. Je ne daignai point répondre à ce qu'il venait de me dire. Pendant qu'on rédigeait le procès-verbal, je levai les yeux machinalement sur le plafond de la salle, j'y aperçus une trappe...

Bien des personnes m'ont connu avant ma détention, quelques-unes existent encore; aucune, sans doute, n'a jamais soupçonné mon courage, et ne m'a cru capable de lâcheté : la nature a donc horreur de la destruction, puisque j'avouerai que je ne fus pas maître d'un tremblement universel à la vue de la trappe fatale; mon sang se glaça dans mes veines, et mes cheveux se dressèrent sur ma tête. Le magistrat ne fit pas semblant de s'apercevoir de mon trouble, et me fit conduire dans mon cachot.

Pendant deux mois j'attendis de jour en jour l'heure de ma délivrance, mais en vain : je croyais, dans la simplicité de mon âme, que le séjour que j'avais fait dans ce fort redoutable devait plus qu'expier la faute d'avoir fait parler la vérité. Infortuné que j'étais, je ne savais pas que la moindre offense, faite au pouvoir arbitraire, est toujours suivie de la plus terrible vengeance.

Trois ans s'étaient déjà écoulés, et mes fers, loin de s'alléger, pesaient encore davantage sur mon individu; le désespoir dans le cœur, je tentai de les briser: plus l'entreprise était périlleuse et difficile, plus je m'obstinai à vouloir la mettre à exécution. Toute communication au-dehors m'était fermée par une triple grille de fer, et une double porte, également de fer, me défendait toute issue pour le dedans. Ces difficultés, presqu'invincibles, ne me rebutèrent point, et je ne désespérai point de parvenir à me pratiquer une sortie à travers les redoutables barreaux.

Des chevilles de fer tournées en vis, soutenaient le bois de mon lit, je les aperçus, et j'en fis usage de la manière suivante. Ces vis ayant des aspérités raboteuses, présentent la forme d'une lime; je m'en servis donc pour corroder les barreaux. Mes premières tentatives n'eurent pas beaucoup de succès, et l'ouvrage n'avançait que très faiblement: cependant avec de la patience on vient à bout de tout, et j'avais déjà la satisfaction de voir deux grilles percées, lorsque je fus surpris dans mon ouvrage par un porte-clés, qui me dénonça au gouverneur, et l'on me transféra dans un autre cachot, où l'on m'ôta toute espèce de ressource pour briser mes fers.

Quel était donc votre dessein, me dira-t-on,

si vous étiez parvenu à vous pratiquer une issue à travers les grilles?

J'aurais fait une corde avec mes draps, ma couverture et mes vêtemens; je l'aurais attachée à un barreau, et je me serais laissé couler le long de la corde; ensuite, m'abandonnant à la providence, je serais tombé dans les fossés; peut-être ma chute n'ayant point été dangereuse, j'aurais pu m'évader à la faveur de la nuit. Peut-être aussi la mort aurait été la suite de mon imprudence, mais alors mes fers étaient brisés et mes maux finis pour jamais.

Les années s'écoulaient et n'apportaient aucun changement à mon sort; triste et abattu, je coulais mes jours dans l'amertume et le chagrin, maudissant le despotisme et ses cruels ministres.

Après une captivité aussi longue et aussi rigoureuse, l'Être-Suprême a pris en pitié ma destinée malheureuse, et n'a pas permis que je finisse ma carrière au fond d'un cachot: des décrets éternels avaient décidé que la nation française, après un sommeil léthargique de plus de quatre siècles, se réveillerait, et qu'au bruit des chaînes que briserait la liberté, les ministres du despotisme fuiraient, frappés de la proscription des peuples, et couverts d'une infamie éternelle.

Rappelez-vous ce jour à jamais mémorable dans les fastes de la France; la douzième heure sonnait, soudain un bruit sourd se fait entendre et retentit jusques au fond de mon cachot. Les tubes d'airain tonnent et vomissent la mort. Je tressaillis; le Grand Condé avait assiégé autrefois cette forteresse; des idées confuses agitent mon esprit, et l'espérance renaît dans mon cœur. Le bruit cesse, et bientôt des chants de triomphe et d'allégresse viennent frapper mes oreilles. Les soldats de la liberté montent en foule, les portes de mon cachot s'ébranlent et tombent sous les coups redoublés des assaillans. Ils entrent : O vous ! leur dis-je, qui que vous soyez, délivrez un vieillard infortuné, qui gémit dans les fers depuis plus de trente ans. Le saisissement que j'éprouvai ne me permit pas de rien dire davantage. On me fait sortir de mon cachot; on m'apprend la révolution qui vient de s'opérer, et comment les Français sont devenus libres.

Un honnête agent-de-change se charge de moi; il me fait monter dans une voiture, et m'accompagne jusqu'à l'Hôtel-de-Ville. Une foule immense remplissait la place de Grève, et demandait à grands cris le traître gouverneur. Il arrive, des cris de joie se font entendre; tout le monde veut le voir, et il n'est déjà plus; il a reçu la juste punition de tous ses crimes. Bientôt, Flesselle paie de sa tête sa lâche complaisance: il entretient une correspondance avec nos ennemis, et, de concert avec eux, il veut amuser les citoyens jusqu'au moment terrible où l'armée combinée devait mettre en feu la capitale. L'ange tutélaire de la France n'a pas voulu que la nation la plus florissante du monde entier restât en proie aux horreurs d'une guerre civile, n'a pas voulu que le père s'armât contre le fils, et que les projets infernaux d'un prince maudit à jamais et d'une femme sans pudeur eussent un succès aussi barbare et aussi funeste.

L'exemple terrible de deux têtes coupables les ont fait trembler; ils ont fui, et la France a béni le jour où son sein n'a plus été souillé de leur sinistre présence.

Pardon, généreux Français, pardon, si je vous rappelle des jours de sang et de malheurs; pour moi, le souvenir m'en est bien cher, puisque c'est à cette époque à jamais mémorable que ma liberté m'a été rendue. Je veux la célébrer à jamais: oui, je veux que le quatorzième jour de juillet soit un jour de fête, et que les débris de ma fortune servent à rendre tous les ans libres cinq prisonniers, qu'un engagement précipité aurait mis dans les fers.

En relisant cet abrégé des maux que j'ai soufferts, je vois que j'ai omis une circonstance dans l'interrogatoire que l'on me fit subir lors de mon entrée à la Bastille.

De Sartines, avant de m'interroger, commença par me dire qu'il était bien malheureux pour moi de me voir privé de ma liberté à la fleur de mon âge; que sans doute j'avais des ennemis secrets qui avaient si bien épié ma conduite, que rien de ce que j'avais fait et de ce que j'avais dit ne leur était échappé, et qu'ainsi il me conseillait de ne cacher dans mes réponses aucune de mes actions; qu'on ne m'avait fait arrêter que pour avoir mon aveu, et que, aussitôt que je l'aurais donné, on ne tarderait pas à me remettre en liberté.

Le perfide interrogateur n'eut pas plutôt fait briller à mes yeux un rayon d'espérance, que j'avouai tout ce qui me concernait. Cet aveu ne fut point suffisant; il voulut connaître ceux qu'il appelait mes complices, fauteurs et adhérens. Voyant que les promesses qu'il me faisait d'une liberté prochaine ne produisaient sur moi aucun effet, il me menaça de me jeter dans un cachot ténébreux, où je n'aurais pour nourriture que du pain et de l'eau, et de m'y faire rester pendant cent ans s'il le fallait, si je persistais dans mon obstination. J'opposai à toutes les ruses et feintes de mon interrogateur la fermeté d'un roc; rien ne put m'engager à manquer à ma parole et à violer les lois de l'honneur.

Confus et désespéré de n'avoir pu découvrir ce qu'il désirait savoir, Sartines conféra un instant avec le gouverneur, ensuite me fit reconduire dans mon cachot.

Huit jours se passèrent sans que j'entendisse parler de rien; le neuvième je reçus la visite du gouverneur, qui, avec une apparence de douceur et de bienveillance, me dit qu'enfin, grâces à ses soins et ses sollicitations, il était parvenu à me faire rendre ma liberté; et voilà, ajoutait-il, la lettre de cachet qui est levée, et la signature du ministre qui en fait foi. Je crus, fort innocemment, que le gouverneur s'était véritablement employé pour moi auprès des supérieurs. Mon erreur était bien grande; j'ignorais ce tour infâme d'agens ministériels qui ne se faisaient aucun scrupule de se servir de toutes sortes de moyens pour tromper leurs malheureuses victimes, et les faire tomber dans leurs piéges.

Je m'épuisai donc en remerciemens pour les bontés de mon hôte charitable. Cessez, me dit-il, de me remercier, j'ai fait ce que j'ai dû, et vous ne devez m'en avoir aucune obligation. Le ministre a parlé au roi en votre faveur; le roi est juste et clément, il n'a pas balancé à vous rendre la liberté, à condition toutefois que vous nommerez vos complices. Je vis alors la ruse, et ne pouvant retenir mon indignation, je lui dis : Sors, malheureux, retourne vers tes semblables, annonce-leur que je souffrirai mille morts avant d'être assez lâche pour devenir un vil dénonciateur.

Ma réponse déconcerta le gouverneur, qui, en sortant, me lança un regard foudroyant, et me dit : Malheureux, il te sied bien d'insulter et de braver tes maîtres; va, tu auras le temps de te repentir de ton obstination et de ton insolence. Je ne fis pas grande attention à ces paroles; mais un séjour de trente-deux ans dans un cachot, m'a fait voir malheureusement que sa prédiction n'avait été que trop accomplie.

Nation généreuse, vous avez voulu connaître mes malheurs, ils vous intéresseront, j'en suis sûr, votre cœur m'en est garant. Mes maux sont finis, j'en rends grâces à l'Éternel ; ma captivité me paraît un songe, et autant j'en ressentis jadis la rigueur, autant aujourd'hui j'éprouve de douceur à vivre à l'ombre des lois et sous le règne de la justice et de la liberté.

Claude-Joseph Terrier de Clairon, président de la chambre des comptes de Dôle, arrêté et mis à la Bastille pour avoir fait imprimer et distribuer dans Paris un ouvrage en vers et en prose, intitulé :
Histoire allégorique de ce qui s'est passé de plus remarquable à Besançon, depuis l'année 1756.

Cette histoire contient une satire contre la plus grande partie des membres du Parlement de Franche-Comté.

On soupçonna le sieur de Clairon d'avoir fait imprimer cette allégorie, pour se venger de M. de Boyne, qui l'avait fait exiler à Limoges, en 1757, lors du retour à Besançon des trente magistrats du Parlement qui avaient été exilés pour s'être opposés à l'enregistrement de la déclaration du roi du 7 juillet 1756, qui ordonnait la levée d'un second vingtième. Le président de Clairon avait été faire son compliment aux exilés, lors de leur retour, et on craignait qu'il ne continuât d'échauffer les esprits et qu'il ne cabalât avec les mal-intentionnés.

Françoise Alano, dite Lanceau, âgée de soixante-dix ans, fille de boutique de la veuve Anclou, libraire au Palais, mise à la Bastille le 22 février 1761.

Cette fille avait reçu des mains d'un inconnu un manuscrit pour le faire imprimer.

Il était intitulé : l'Oracle des anciens fidèles, et contenait une censure contre les prêtres catholiques.

Elle fut arrêtée au moment où elle le remettait à un colporteur pour le porter à l'imprimerie.

Jean Valade de Lavalette, avocat au Parlement, mis à la Bastille le 26 février 1761.

Ayant appris, en 1756, qu'on avait proposé à M. le comte de Saint-Florentin la réunion de l'ordre du Saint-Esprit de Montpellier à celui de Saint-Lazare, il s'imagina de dresser des mémoires à ce sujet et à la faveur de M. le maréchal de Belle-Isle, il parvint à faire présenter au roi deux mémoires tendant à effectuer cette réunion, et à régir les biens desdits ordres.

Il convenait bien à un mécréant de se mêler des affaires qui ne regardaient que le roi seul! *Avis aux conseillers mal avisés.*

La dame de B..., première femme-de-chambre de Madame la Dauphine, fut arrêtée à Versailles, et amenée à la Bastille le 3 juin 1761, en vertu d'un ordre contresigné Phelippeaux.

Elle avait vendu des diamans et des bijoux de prix, appartenant à madame la dauphine.

On lui fit écrire une déclaration en ces termes :

« Je déclare que c'est moi qui ai vendu la
« pendeloque et les diamans qui entouraient le
« Saint Jean Népomucène pour onze mille
« francs ou environ, sans besoin d'argent, aux
« juifs et à Guidamour, joaillier. Je m'en accuse avec le repentir et la douleur la plus
« amère. J'avais trouvé la pendeloque entre la
« commode et la toilette; et le Saint-Jean aux
« pieds du fauteuil où on met les habits; il était
« caché en partie par le rideau. »

La dame de B...... était sœur de lait de M. le dauphin. Il est question, dans une note sur son affaire, d'un prêt de cent cinquante mille livres fait à madame la dauphine, par l'entremise

d'une dame Aubert et de la dame de B......,
et d'un sieur Horutener, négociant de Rouen.

Ce dernier n'avait été déterminé à prêter cette somme que dans l'espérance que cette princesse s'intéresserait à la réussite de deux affaires qu'il avait projetées.

La première affaire était devant M. de Silhouette, pour un plan général de finance.

La seconde affaire, devant M. de Saint-Florentin, pour la réunion des deux ordres de Saint-Lazare et du Saint-Esprit de Montpellier, dont il a été parlé plus haut. Quel infâme tripotage !

Henri Copineau, secrétaire du duc de Fronsac, mis à la Bastille le 5 juin 1761.

Le préfet de police Sartines, ayant reçu des plaintes contre le sieur Copineau, chargea un de ses estimables officiers de les vérifier et de s'assurer de sa conduite.

Il résulta des informations qui furent faites que Copineau était un intrigant très dangereux ; qu'il se permettait les propos les plus indécens contre les ministres et la faiblesse de la nation, critiquant sans retenue les opérations du gouvernement ; qu'il prétendait avoir le secret de citadelles flottantes, au moyen desquelles on devait se rendre maître de la mer; que son intention était de passer en Hollande pour tâcher de tirer parti de ce projet.

Rien n'était plus concluant. On s'assura aussitôt de sa personne. Mais il ne resta à la Bastille que jusqu'au 30 août suivant, parce que son frère, précepteur des enfans du duc de Fleury, répondit de sa conduite.

Qu'on dise à présent que les protections de cour ne sont pas utiles!

Marie-Elisabeth-Charlotte-Valérie de Bruls, veuve Wasser, dite Dutilleul, soi-disant milady Mantz, mise à la Bastille le 15 juin 1761.

Cette femme était une aventurière célèbre et la plus grande menteuse qu'il y ait jamais eu.

Elle fut arrêtée et conduite à la Bastille pour avoir écrit à M. le duc de Choiseul une lettre signée du faux nom de *Likinda*, par laquelle elle disait avoir connaissance d'un complot contre la personne du roi, dans lequel se trouvaient des gens du premier rang qui devaient exécuter eux-mêmes un attentat contre la vie de Sa Majesté, et que si la chose n'était pas encore faite, c'est que l'on voulait envelopper dans la conjuration toute la famille royale.

Cette aventurière, dans une procuration que lui avait donnée Mme la marquise de Trestondon, pour faire un emprunt d'argent pour elle, se qualifiait de très-noble et très-puissante dame comtesse de Lobkowitz, née comtesse de Brulz des Deux-Monts, dame haute-justicière du comté de d'Hetehonde, née chevalière de Malte, par privilége accordé par le pape Honorius Ier, à la très-illustre famille de Jean de Brienne, premier prince de Tyr et ensuite empereur de Constantinople, de laquelle est issue ladite dame de Lobkowitz, veuve de feu messire Joachim Wasser, comte d'Herchoud, capitaine major dans le régiment suisse de Vigier depuis Castellas.

Comment douter de sa haute noblesse avec une pareille nomenclature? de nos jours les tribunaux ordinaires en feraient justice. Il ne fallait rien moins alors qu'une prison d'État.

Louis comte d'H...., chambellan de l'impératrice reine de Hongrie, mis à la Bastille en vertu d'un ordre du roi contresigné Phelippeaux, en date du 29 juillet 1761, sorti le 2 août suivant, sur un ordre du roi expédié par le même ministre.

Il avait été accusé d'avoir voulu empoisonner

le sieur G...., Banquier, de la femme duquel il était amoureux, et qu'il voulait emmener avec lui à Vienne.

Son criminel projet avait été révélé par Pock, son valet-de-chambre.

La dame de G..... par des considérations particulières, ne fut pas arrêtée.

Dans une lettre écrite à M. de Sartine, M. de Saint-Florentin s'exprime ainsi :

« Si vous pouvez éviter de faire arrêter la femme du banquier, vous ferez bien, vous savez qu'il y a ici des gens qui s'y intéressent. »

L'innocente dame ne fut donc pas arrêtée et le noble empoisonneur put se rendre tranquillement aux fêtes nuptiales de l'archiduc Joseph et reprendre le cours de ses aventures amoureuses, tandis que le courageux auteur d'un mémoire patriotique enfermé à la Bastille en 1717 n'en sortit qu'en 1789. Il y serait encore sans la victoire de la première insurrection parisienne. Indulgente pour les grands, impitoyable pour les petits : telle était la justice de l'époque. La police avait encore sous sa main *Doucet*, qui avait fourni le poison. Elle lui laissa le temps de se mettre en sûreté et de sortir de Paris.

TOME II.   FEUILLE 19.

François Bigot, intendant au Canada, conduit à la Bastille le 17 *novembre* 1761.

Il était convaincu d'avoir, pendant le temps de son administration dans la Colonie, favorisé des abus et commis lui-même des infidélités dans la partie des finances, l'une des plus importantes de celles dont il était chargé; surtout, quant à l'approvisionnement des magasins du roi en marchandises.

C'est l'histoire passée, présente et à venir de tous les fournisseurs d'un gouvernement qui ne veut pas entrer franchement dans des voies d'économie, c'est-à-dire adjuger les services avec libre publicité et concurrence. On paie la valeur des choses deux ou trois fois plus qu'elles ne valent et souvent on revend les mêmes denrées ou marchandises plusieurs fois, témoin les marchés Ouvrard en 1823 lors de la guerre d'Espagne, et autres marchés bien plus récens encore qu'il est inutile de rappeler, tant le souvenir en est présent à tous les esprits.

Vingt-trois personnes ont été mises à la Bastille pour cette affaire.

Le sieur Bigot fut banni à perpétuité du royaume; tous ses biens confisqués au profit du roi, et condamné en outre à une amende de quinze cent mille livres. Quelques-uns de ces accusés furent pareillement bannis, leurs biens confisqués et condamnés à des amendes plus ou moins fortes. Sept d'entre eux furent renvoyés de la plainte. Cette affaire coûta des sommes énormes.

M. de Sartines, en récompense des peines qu'il s'était données à ce sujet, eut une pension, sa vie durant, de 6000 livres.

Tous les conseillers et officiers de justice qui ont eu part à l'instruction et au jugement, ont eu aussi des pensions ou gratifications.

Le major et l'aide-major de la Bastille ont obtenu aussi des gratifications; enfin la munificence royale s'étendit jusque sur les valets du plus bas étage.

Paul-René du Truche de la Chaux, détenu, de l'ordre du roi, au château de la Bastille, le 12 janvier 1762.

C'était un garde-du-roi qui, se trouvant dans une rue de Versailles sur les neuf heures du soir, fut accosté par deux individus qui lui demandèrent sa protection pour voir le roi à son grand couvert. A peine les eut-il introduits dans le château, qu'il se mit à crier *au secours!* à moi! à l'aide, il se retourne et porte à l'un d'eux un coup de son épée qui se brisa dans sa main.

Un de ces inconnus riposta par un grand coup de couteau de chasse en lui disant : B..... de mouchard, tu ne feras plus des tiennes, et ils prirent tous deux la fuite. On soupçonna qu'il y avait là-dessous quelque compérage, et Lachaux dut aller passer sa convalescence au château royal de la Bastille.

Le 5 janvier 1757, Louis XV fut assassiné dans son propre palais, au milieu de ses gardes, entouré des grands officiers de sa couronne, en présence de son fils. Il montait en carrosse pour aller souper et coucher à Trianon, lorsqu'il se sentit atteint d'un coup rapide au côté droit, entre les côtes. Il était environ six heures ; il faisait nuit. Sous la voûte peu éclairée était une multitude ordinaire de courtisans et d'oisifs, toujours avides de voir le monarque. Un froid rigoureux obligeait les spectateurs de s'envelopper dans leurs redingottes : le régicide en avait une, et après avoir commis son crime et mis son couteau dans sa poche, il se serait facilement échappé au milieu de la foule, s'il avait eu la précaution d'avoir le chapeau bas comme tous ceux qui l'entouraient. Le roi s'aperçoit au sang qui coule qu'il est blessé ; il se retourne : à l'aspect d'un inconnu couvert et

les yeux égarés, il dit avec un grand sang-froid :
C'est cet homme qui m'a frappé, qu'on l'arrête.

Cependant l'effroi saisit bientôt le monarque, ceux qui l'entourent l'augmentent : la blessure peut être mortelle, et, quoique légère, elle le devient si l'arme est empoisonnée. On le met au lit, on cherche les chirurgiens ; la reine, la famille royale l'entourent ; il ne voit point sa tendre amante, il juge qu'on l'a écartée ; qu'on lui dissimule le danger où il est, que c'est son dernier jour ; il demande à se confesser. Son confesseur, ses aumôniers n'y étaient point : on arrête un simple chapelain pour ce délicat ministère. En vain il s'excuse, il prétexte son ignorance, il dit qu'il ne sait pas absoudre les rois ; on l'enlève, on le conduit dans la chambre du roi, et on le force à voir à ses pieds ce pénitent auguste. La confusion, les inquiétudes règnent dans le château. Enfin, le lendemain matin, les gens de l'art lèvent l'appareil, et qu'aperçoit-on au lieu d'une large plaie, une simple saignée qui n'aurait certes pas empêché un simple particulier de vaquer à ses affaires.

Les gardes-du-corps et les cent-suisses, à travers lesquels l'assassin s'était fait jour, étaient furieux que cet attentat eût été commis sous leurs yeux ; aussi s'en vengèrent-ils en se portant aux plus barbares traitemens envers lui. Pour le faire parler, ils lui tenaillaient les jambes avec des pincettes rouges. Peut-être l'auraient-ils soustrait par une mort prompte aux poursuites de la justice si le grand-prévôt de l'hôtel n'était venu réclamer sa proie. On sut qu'il s'appelait Robert-François Damiens, né en Artois, laquais de profession, et que le fanatisme seul l'avait porté à commettre cet attentat.

On dut procéder à son procès; les précautions prises pour le transférer de Versailles à la Conciergerie sont vraiment extraordinaires. Le voyage eut lieu de nuit. Plus de 30,000 hommes étaient échelonnés sur la route avec l'ordre de faire feu sur tous ceux qui pourraient se trouver sur la route, ou qu'on verrait aux fenêtres ou aux portes des maisons. Le cortège se composait d'un grand nombre de voitures escortées de toute la maison militaire. Arrivé au pied de la tour de Montgommery, au palais de justice, il fut hissé jusqu'au haut au moyen de poulies dans une espèce de hamac fermé avec une grosse couverture de laine. Il était gardé dans sa chambre par quatre sergens qui restaient nuit et jour auprès de lui et qu'on relevait tous les vingt-quatre heures. Des postes, étaient établis au-dessus de cette chambre, d'autres au-dessous.

L'arrêt fut rendu le 26 mars. La séance commença à huit heures du matin et ne finit qu'à sept heures et demie du soir. Il fut condamné au même supplice que Ravaillac. Seulement la question ordinaire et extraordinaire devait durer deux heures, au lieu de demi-heure qu'elle durait ordinairement.

Son caractère de fermeté ne se démentit pas un seul instant au milieu des supplices barbares qu'on lui fit éprouver, mêlant à ses réponses de l'ironie, de la plaisanterie et presque de la gaîté. Il soutint que lui seul avait formé son dessein, qu'il ne l'avait communiqué à qui que ce fût, et que s'il eût pu même soupçonner que son chapeau s'en doutât, il l'aurait jeté au feu.

Enfin, le 28 mars, à quatre heures trois quarts de l'après-midi, commença l'horreur de son supplice. On lui brûla la main droite; ensuite il fut tenaillé; on versa du plomb fondu dans ses plaies; puis enfin il fut écartelé. Il resta vivant durant tout cet espace de temps de cinq quarts d'heure, avec une fermeté intrépide. Pour ce dernier appareil on avait élevé une petite charpente à la hauteur des traits des chevaux, sur laquelle il était attaché; ses bras et ses jambes dépassaient. Le bourreau avait acheté six chevaux au prix de 3,600 livres, afin que si l'un des quatre premiers venait à se rebuter, il pût le remplacer sur-le-champ. Quoique ces chevaux fussent très-forts, après maintes et maintes secousses, ils ne purent réussir à arracher les membres; il fallut employer le secours de la hache. On réunit ces membres épars au tronçon, on alluma un bûcher, on les y jeta, et réduits en cendres, ils furent jetés au vent.

On ne peut se faire une idée de l'affluence qu'il y avait à Paris ce jour-là; les habitans en masse des villages voisins, des provinciaux, des étrangers mêmes y étaient accourus comme aux fêtes les plus brillantes. Non seulement les croisées de la Grève, mais même les lucarnes des greniers furent louées à des prix exorbitans. Les toits regorgeaient de spectateurs. Mais ce qui frappa surtout, ce fut l'ardeur des femmes, si sensibles, si compatissantes, à rechercher ce spectacle, à s'en repaître, à le soutenir dans toute son horreur, l'œil sec et sans la plus légère émotion, lorsque presque tous les hommes frémissaient et détournaient les regards. Par un usage barbare, et digne du temps de *Louis le bien-aimé*, le père, la femme et la fille de Damiens, quoique reconnus innocens, furent bannis du royaume, avec défense d'y revenir, sous peine d'être pendus.

Après cet événement, que les Français regardaient comme un avertissement salutaire, on se flattait que Louis XV en sentirait l'importance et se réformerait. La Pompadour écartée, le Dauphin entré au conseil, semblaient les préludes d'un heureux changement. Vain espoir! La maîtresse revint bientôt plus puissante, et le jeune prince n'eut pas davantage la confiance de son père. L'abominable système dont nous enregistrons les victimes devait continuer à prévaloir.

Marie-Madelaine Christine, femme de Pierre-Denis Jean, pâtissier, âgée de vingt-trois ans.

Cette jeune femme se faisait remarquer par sa beauté. Un abbé de la cour en était devenu amoureux, et s'était introduit dans la maison sous prétexte d'achat de friandises. La parole fut donnée pour souper ensemble en l'absence du mari, qui était à la campagne pour acheter de la farine de gruau. Malheureusement un retour imprévu le fit rentrer chez lui à onze heures. Tout était calme dans l'alcôve. Le pâtissier aperçut sur la cheminée une bourse pleine d'or

M. l'abbé sortit du lit ne sachant comment il pourrait se tirer d'embarras. Le mari lui dit : « Habillez-vous, et dites-moi pour qui cet or ? — Monsieur, vous pouvez faire de moi ce que vous voudrez, c'était un cadeau pour Madame. — Combien y a-t-il ? — Cent louis; comptez-les. — C'est trop payer une p..... (pâtissière); donnez-lui un louis, et remportez le surplus. » La jolie marchande fut mise à la Bastille le 21 février 1762.

François Goisseau, dit La France, âgé de quarante-deux ans, mis à la Bastille le 14 mars 1762.

L'envoyé extraordinaire du roi de Pologne ayant été averti que ses dépêches et paquets pour la Saxe, l'Allemagne et la Pologne n'étaient pas portés régulièrement au bureau de la poste de Paris, par ses gens, qui avaient ordre de les affranchir pour le port depuis Paris jusqu'à Strasbourg, fit examiner, de concert avec le lieutenant de police, si le fait était vrai. Il eut bientôt la preuve de l'infidélité de quelques-uns de ses domestiques.

Étant remonté à la source, on apprit que le nommé Goisseau, dit *la France*, qui avait été ci-devant laquais de cet ambassadeur, était l'auteur de ces manœuvres, et qu'il s'entendait avec deux couriers de la malle pour faire porter à Strasbourg les dépêches sans les faire affranchir au bureau de Paris, et par ce moyen mettre l'argent dans sa poche. La France fut transféré à Bicêtre et est mort dans cette maison dans le courant de la même année.

Henri de Goyon de la Plombanye, écuyer, mis à la Bastille le 2 mai 1762.

Ce gentilhomme fut arrêté pour avoir composé un ouvrage intitulé : *Que ferons-nous des Jésuites?* rempli de propositions ironiques qui déplurent au roi.

Après avoir affecté de chercher *les moyens de rendre les jésuites utiles à l'État, à la patrie et à eux-mêmes*, il alla jusqu'à proposer que le roi se déclarât lui-même général de cette société. Pour justifier ce système, il détaille les prétendus avantages qui en résulteraient. Un des principaux, selon lui, serait l'anéantissement de la doctrine sur le régicide, attendu, dit-il, que les jésuites n'en ont encore point fait usage contre leur général. Mais il alla encore plus loin : il prétendit le roi dépositaire des droits résultans de cette doctrine, et après avoir dit qu'il n'aurait plus rien à craindre pour sa personne, il ajouta que, par l'usage qu'il en pourrait faire lui-même, il se rendrait redoutable à tous les souverains.

Le sieur Goyon avait vendu son manuscrit cinquante écus à un libraire, qui devait le faire imprimer.

Nicolas-François Pillon, receveur de rentes, mis à la Bastille le 7 juin 1762.

Pillon fut mis à la Bastille pour avoir tenu des propos contre le roi.

Un jour que, dans le bureau d'un receveur des tailles de la ville de Paris, on s'entretenait de la vente des vins, Pillon se mit de la conversation, et dit : « Comment voulez-vous qu'on vive, puisque le roi s'empare de tout en nous accablant d'impôts ? il n'a qu'à tout prendre et nous nourrir : au lieu de soulager la veuve et l'orphelin, il mange l'enfant dans le ventre de sa mère ; il n'est pas digne de régner. »

Il resta à la Bastille jusqu'au 19 septembre 1762, et n'en sortit que pour être transféré à Charenton.

Charles-François-Emmanuel Nadau Dutreil, Gouverneur de la Guadeloupe, âgé de soixante ans, entré à la Bastille le 20 août 1762.

Il était accusé d'avoir, par la mauvaise conduite qu'il avait tenue dans la défense de la Martinique, causé la perte de cette colonie.

Son procès fut fait par un conseil de guerre tenu aux îles ; il fut condamné à être dégradé, son épée cassée, sa croix de Saint-Louis arrachée, et à garder une prison perpétuelle. Immédiatement après l'exécution de la sentence, il a été conduit aux îles Sainte-Marguerite.

Les sieurs Leroy de la Potherie, lieutenant à la Basse-Terre, et Lozière de Lancize, commandant les troupes à la Martinique, furent mis à la Bastille en même temps que le gouverneur Nadau, et condamnés à la même peine que lui.

Jacques-Ringuet, prêtre du diocèse de Cambray, mis à la Bastille le 30 septembre 1762.

Il fut accusé par les religieux mathurins de Verberie de s'être faussement attribué la qualité de jésuite, et d'avoir tenu, dans la maison de ces religieux, en présence de sept personnes, des propos séditieux contre le roi.

Il fut transféré dans les prisons du Grand-Châtelet, et condamné à être pendu en place de Grève, par sentence du lieutenant criminel du 9 décembre 1762, confirmée par arrêt du Parlement du 29 dudit mois. Le jugement a été exécuté.

Jean Crimet, dit Picard, ficeleur de tabac à l'hôtel de Longueville, mis à la Bastille le 12 octobre 1762.

Crimet avait connu Damiens et souvent joué avec lui au jeu de Siam. Il disait que le procès de cet assassin était une fable inventée pour éblouir le peuple; que tous les juges et commissaires avaient fait serment d'en garder le secret; mais que la vérité de cette aventure se dévoilerait sous un autre règne; qu'il se garderait bien de la dire, parce qu'on avait coutume de se défaire secrètement de toutes les personnes qui apportaient des lumières sur ces sortes d'affaires.

Il a ajouté que lors de la tentative d'assassinat de Louis XV par son ami, il y avait sur le grand chemin de Versailles un cabriolet destiné à enlever Damiens lorsqu'il aurait fait son coup; que le jésuite qui conduisait ce cabriolet était, depuis l'exécution du meurtrier, aumônier du duc d'Orléans. Crimet est mort subitement.

Thomas Arthur de Lally, âgé de soixante-un ans, grand-croix de l'ordre royal et militaire de Saint-Louis, lieutenant-général des armées du roi, conduit à la Bastille le 1er novembre 1762.

Le comte de Lally avait été dénoncé au gouvernement comme la cause unique de la perte de tous les établissemens français dans l'Inde.

De grandes fautes, il est vrai, avaient été commises, de graves concessions avaient été reprochées à des commandans, à des administrateurs dans ces établissemens. Lally avait mérité leur antipathie par une sévérité légitime et implacable. Lui seul avait battu les Anglais toutes les fois qu'il avait commandé en personne; et pour sauver tant de coupables, on le chargea seul de toutes les fautes que les autres avaient commises. Le vieux guerrier vint volontairement se constituer prisonnier.

Le Parlement lui fit son procès et le condamna à avoir la tête tranchée en place de Grève.

Le 6 mai 1766, il fut transféré de la Bastille à la Conciergerie pour y entendre son arrêt; il y avait du guet à tous les coins des rues, à la porte du Palais et un détachement d'infanterie à la porte des prisons. Lorsque le greffier prononça sa condamnation, Lally s'écria : *Mais qu'ai-je donc fait?* L'arrêt lu, le curé s'approcha pour lui donner les consolations de son ministère. *Eh! monsieur, laissez-moi un moment seul,* lui dit-il, et fut s'asseoir dans un coin de la chapelle, en se couvrant le front de ses deux mains, ensuite tirant une pointe de fer de compas cachée dans une des manches de son habit, il s'en frappa le côté, un pouce au-dessous du cœur. Ceux qui étaient présens accoururent, et lui retinrent le bras levé pour redoubler.

Le premier président ayant été averti sur-le-champ, ordonna qu'on avançât l'heure de l'exécution; en conséquence le bourreau s'empara du comte de Lally. Le greffier fit demander de nouveaux ordres, en représentant que, outre la sédition à craindre dans le passage des rues, il pouvait arriver qu'ayant voulu se détruire, il ne s'étranglât avec sa langue, à l'instar des nègres; il fut décidé qu'on lui placerait une espèce de mors dans la bouche. On mit au criminel ce bâillon, qu'on eut bien de la peine à placer, et on le fit monter dans un tombereau destiné à le conduire à la Grève, précédé de la charrette du bourreau, et d'un détachement de robe-courte.

Arrivé au pied de l'échafaud, il porta ses regards sur le peuple innombrable qui l'environnait, comme s'il eût voulu parler.

Mais pourquoi ce bâillon, pour étouffer ses derniers accens?

Il monta la fatale échelle avec une fermeté héroïque, se mit à genoux et tendit le cou; mais le fils de Samson le manqua, et lui enleva le crâne, sans cependant l'avoir séparé de la tête. Son père le repoussa, s'empara du damas, et d'un seul coup fit voler la tête séparée du corps.

Une gratification de 60,000 francs fut accordée aux juges de cet infortuné, et une pension de 6,000 francs fut constituée au profit du rapporteur Pasquier !

Richard Rohée, vicaire de la paroisse de Groslay, en Normandie, entré à la Bastille le 5 décembre 1662.

Il avait accusé le nommé Langlet, ermite, d'avoir dit que Damien était un martyr soudoyé par un prince royal.

Pendant sa détention à la Bastille, il attenta à ses jours.

Il s'est saigné au bras gauche d'abord avec

une grosse épingle, et ensuite avec la pointe d'une fourchette; mais le sang n'ayant pu couler parce que l'ouverture était mal faite, il s'est frappé aux parties avec cette même fourchette, et s'est arraché le testicule droit, qu'il a jeté dans le fossé de la Bastille, par la fenêtre de sa chambre.

Etienne Bourdon, dit Meranville, d'abord maître tailleur, ensuite intendant des menus-plaisirs de Mazarin.

Ce tailleur s'était fait, par ses talens dans son métier, de très-bonnes pratiques; mais sa passion pour mademoiselle Allard, danseuse à l'Opéra et maîtresse en titre du duc de Mazarin, le fit mettre à la Bastille le 20 février 1763.

François Saint-Ange, se disant gentilhomme romain, mis à la Bastille le 8 janvier 1764, transféré à Vincennes le 18 mai suivant, ensuite exilé à Issoire.

Il déclara être à Paris pour de grands desseins, mais que l'heure n'était pas encore venue, qu'il voulait avoir une attention particulière sur l'affaire des jésuites, et qu'il comptait aller à Rome incessamment. Il ajoutait qu'il avait un tableau représentant une vierge qui faisait des miracles, et lui annonçait des événemens désagréables à la dynastie régnante.

Il fut transféré à Vincennes le 18 mai 1764; mais comme son affaire ne paraissait pas cependant exiger une plus longue détention, que sa santé dépérissait chaque jour, et que ce prisonnier causait inutilement de la dépense au roi, il fut exilé à Issoire le 17 juin suivant.

Jean-François Heron, ingénieur-géographe, mis à la Bastille le 21 *décembre* 1764.

Il entretenait des correspondances avec la Russie, la Prusse, le Danemarck, la Hollande, l'Espagne et la Hongrie.

Sa correspondance fut découverte; il fut mis à la Bastille et de là transféré à Bicêtre, où il perdit bientôt l'usage de ses facultés intellectuelles.

Ses papiers furent brûlés à la Bastille lors du pilon de l'année 1783, parce qu'ils étaient presque tous pourris et d'une odeur infecte (1).

Nous remarquons, dans les détails concernant le sieur Héron, que son plus grand crime

(1) On faisait tous les ans l'opération du pilon à la Bastille, afin de disséminer dans la matière universelle les preuves écrites ou imprimées des horreurs qui s'y commettaient; mais la prise de ce barbare édifice a été comme le grand

était d'avoir entretenu une correspondance avec un prince russe, après la rupture de la Russie avec l'impératrice, reine de Hongrie. Les intérêts de l'Autriche étaient plus chers à M. de Choiseul que ceux de la France même. Que de Français sacrifiés à cette maison d'Autriche depuis le traité de 1756! que de ministres lui ont été dévoués!

Le sieur Hugonet, mis à la Bastille le 13 janvier 1765, expédié par le duc de Praslin.

Il avait été valet-de-chambre de la fameuse chevalière Déon, ci-devant ministre du roi à Londres, y restait contre les ordres du roi et continuait de servir secrètement la demoiselle Déon, en entretenant impunément sa correspondance de Londres à Paris, et *vice versâ*, au moyen de la plaque de courrier de cabinet dont il se servait abusivement; il faisait en même temps un commerce de contrebande d'un pays à l'autre.

Il n'a pas été possible de savoir de lui la demeure de la courtisane Déon; et malgré les ques-

jour du jugement dernier, où tous les atomes des corps doivent se réunir aux corps qu'ils ont composés. Ce que nous avons recueilli des restes du pilon suffit pour accuser les tyrans, et attirer sur eux la vengeance du ciel et de la terre.

tions qui lui ont été faites, et même des menaces, on n'a rien pu tirer de lui. Hugonet fut arrêté à Calais et conduit tout de suite au faubourg Saint-Antoine.

François et Jacques Ferrier, frères, horlogers, mis à la Bastille le 6 octobre 1765.

L'aîné des Ferrier, quitta Paris pour se rendre à Hambourg. Il passa plusieurs années dans cette ville, y fit un commerce d'horlogerie très considérable, et y attira plusieurs ouvriers de toutes les nations, qui s'y établirent avantageusement. Bientôt après, il s'introduisit auprès de l'ambassadeur russe, à Stockholm, auquel il communiqua un plan pour l'établissement de différentes manufactures fort avantageuses à Saint-Pétersbourg : cet ambassadeur envoya les plans du sieur Ferrier à sa cour, et reçut, peu de temps après, l'ordre d'engager ce dernier à passer en Russie, où l'impératrice lui ferait tous les avantages qu'il pourrait désirer. Il s'y rendit en effet, et fonda promptement les établissemens qu'il avait proposés. Quelques temps après, il reçut l'ordre de la souveraine mère, de passer en France, et d'y faire des emplettes de toutes sortes de matières relatives à de nouvelles entreprises, et en même temps d'engager d'habiles artistes mécaniciens et de bons ouvriers de différens métiers, mariés ou non mariés, à passer en Russie, auxquels la czarine promettait des avantages considérables. Cette souveraine assura le maître horloger qu'il trouverait à son arrivée à Paris une somme de 40 mille livres que le prince Galitzin, son ministre plénipotentiaire, lui remettrait. Le sieur Ferrier partit dans cette confiance et se rendit en France, où ses premiers soins furent de remplir les commissions dont il était chargé, et d'engager différens bijoutiers, orfèvres, metteurs en œuvre, graveurs, horlogers et fourbisseurs, pour passer en Russie, leur offrant de payer leur route ou de les emmener avec lui, et de les défrayer pendant tout le voyage. Arrivé dans la capitale, il fut voir le prince Galitzin, afin de toucher les 40 mille livres que la cour de Russie lui avait destinées pour ses entreprises. Cet ambassadeur lui répondit qu'il n'avait point reçu d'ordre à ce sujet : le sieur Ferrier, surpris de ce coup inattendu, et craignant qu'on ne le jouât, prit la résolution d'abandonner ses projets. Il écrivit cependant à Saint-Pétersbourg pour se plaindre de ce qu'on ne remplissait en aucune façon les engagemens contractés avec lui ; il allait tout abandonner, lorsque l'impératrice lui envoya deux lettres de change, avec promesse de lui faire tenir dans peu le restant des sommes dont on était convenu. Ferrier, satisfait, partit avec son frère pour Genève, afin d'y engager des ouvriers de cette nation. Mais la police ombrageuse observait avec soin les manœuvres du voyageur; elle le fit arrêter avec tous ceux qui devaient le suivre. Ces émigrans furent tous conduits à la prison Saint-Antoine.

Rainville et Milet, protes d'imprimerie, mis à la Bastille, le 30 décembre 1765.

Ces deux typographes étaient accusés d'avoir fait imprimer la lettre de rescision du sieur Laporte, contre la marquise de Langeac, concubine du ministre Saint-Florentin, et un mémoire sur les manœuvres de cette noble dame qui gouvernait à son gré l'amant à porte-feuille. Quel siècle ! quel gouvernement que celui où des femmes sans pudeur disposaient de toutes les places et de tous les emplois !

Le ministre prétendait que l'imprimeur devait demander que son prote allât aux galères, sans quoi il serait supposé de connivence avec lui. Il n'était pas possible alors de faire connaître les turpitudes des ministres et de leurs concubines : c'était un crime digne des galères.

Louis-René de Caraduc de la Chalotais, procureur-général au parlement de Bretagne, entré à la Bastille, le 18 novembre 1766.

Des troubles s'étaient élevés dans la province de Bretagne, dès 1763; ayant paru mériter la plus sérieuse attention, le roi ordonna, au mois de juillet 1765, qu'il en serait informé.

La fermentation ayant augmenté, on se détermina, au mois de novembre de la même année, à faire arrêter différentes personnes, entre autres, quelques officiers du parlement de Rennes, qui étaient soupçonnés d'y avoir eu le plus de part (ces officiers étaient Messieurs de la Chalotais, père et fils ; de Kersalaun; Charette de la Gacherie, et Charette de la Colinière). On renvoya l'instruction de leur procès au parlement de Rennes, auquel la connaissance devait en appartenir; mais les magistrats de cette cour ayant persisté dans les démissions qu'ils avaient données au roi de leurs offices, au mois de juin précédent, l'instruction dudit procès fut commencée à Rennes, par une commission extraordinaire, dans laquelle M. de Calonne faisait les fonctions de commissaire principal;

et la suite de cette instruction fut continuée à Saint-Malo; mais quelque temps après le roi jugea à propos de se réserver la connaissance de ce procès en son conseil, et les accusés furent transférés au château de la Bastille.

Voici le discours du roi au conseil du 22 décembre 1766, après le rapport qui lui fut fait sur cette affaire :

« Je suis très content de vos services. Le compte que vous venez de me rendre me confirme dans le parti que j'avais déjà pris; je ne veux point qu'il intervienne de jugement, je veux éteindre tout délit. M. le vice-chancelier, faites expédier les lettres nécessaires et faites-les publier au sceau; je me réserve de pourvoir au reste. »

Après ce plaisant jugement, les six magistrats de Bretagne furent exilés dans diverses parties du royaume; M. de la Chalotais et son fils l'ont été à Saintes.

M. de la Chalotais a publié plusieurs mémoires pour sa défense. Il en a écrit un étant au château de Saint-Malo, avec une plume faite d'un curedent et de l'encre faite avec de la suie de cheminée, du vinaigre et du sucre. Voltaire écrivait, après la lecture de ce mémoire, à ses correspondans à Paris : « Croyez que le sang m'a bouilli en lisant les mémoires écrits avec un curedent. Ce curedent grave pour l'immortalité. Malheur à qui, en lisant cet écrit, n'aura pas eu la fièvre ! Mais le malheur des Athéniens est d'être lâches. Le peuple gémit, se tait, soupe et oublie !!!... »

Jean-Baptiste Thibault de Chanvalon, âgé de quarante-deux ans, natif de la Martinique, intendant des colonies de Cayenne et de la Guyanne, mis à la Bastille, le 21 février 1767, sorti le 14 septembre suivant, pour être transféré au Mont-Saint-Michel.

M. de Chanvalon fut accusé de n'avoir pris aucun soin, pendant son administration, pour maintenir l'ordre, la police et le bien-être des habitans de la colonie; et d'avoir, par sa négligence et même par sa mauvaise volonté, contribué aux malheurs et à la destruction de la Guyanne.

Ce colon s'occupait beaucoup plus de littérature que d'administration. Etant au Mont-Saint-Michel, il a écrit des scènes tragiques; entre autres les *Malheurs d'Emmanuel Souza, et d'Éléonore Garcia, son épouse.* Ses relations semblent vouloir imprimer aux Européens le dégoût des colonisations. Notre jugement peut être faux; mais nos lecteurs pourront en juger par le récit suivant :

Depuis la découverte du Nouveau-monde, les mers des Indes ont été beaucoup plus fréquentées que celles des régions du nord, et les navigateurs y ont éprouvé des malheurs sans nombre, qui égalent pour le moins les voyages heureux qui y comblèrent leurs espérances. Les relations des naufrages en fournissent plusieurs exemples frappans. Don Souza, seigneur portugais, obtint, vers le milieu du seizième siècle, le commandement de la citadelle de Bin (Indes orientales). Il conserva ce poste quelque temps; mais bientôt pressé du désir de revoir son pays natal, il s'embarqua, avec son épouse, pour sa patrie, le 15 avril 1553. Le ciel s'obscurcit tout à coup; les vagues, soulevées jusqu'aux nues, menaçaient à chaque instant d'engloutir le vaisseau; l'obscurité n'était interrompue que par les éclairs continuels et par un tonnerre épouvantable qui portaient l'effroi dans le cœur des plus intrépides. Le commandant et le pilote, désespérés de ne pouvoir résister à la fureur des vagues, délibérèrent s'ils abattraient les mâts, et s'ils attendraient en mer que la tempête fût passée; mais épouvantés du redoublement de l'orage, ils firent voile vers l'Inde.

Les vents déchaînés semblaient avoir conspiré la perte du bâtiment. Après cinq jours d'une tempête continuelle, un vent du midi le fit échouer. Le pilote jeta l'ancre à quarante toises de terre; et les canots furent mis à la mer. Souza, son épouse, ses enfans et sa suite, ayant pris à la hâte ce qu'ils pouvaient avoir de plus précieux, se jetèrent dans ces légères embarcations. Le danger les suivait. La violence des flots, soulevés par les vents et pressés par les rochers de la côte, élevaient des montagnes d'eau capables de les abîmer. Cependant ils gagnèrent la terre avec beaucoup de peine et de périls. Dès le second trajet les barques furent englouties; en même temps le câble de l'ancre se rompit, et les personnes qui étaient restées dans le vaisseau n'eurent d'autre moyen de se sauver que de se jeter à la mer pour gagner le rivage. A peine touchaient-ils la terre que le bâtiment se brisa. Cette perte plongea les Portugais dans le plus grand désespoir : ils auraient pu, des débris de leur navire, construire une espèce de brigantin, et, quand le temps l'aurait permis, aller chercher quelques secours à Mozambique.

Le gentilhomme portugais délibéra sur la route qu'on prendrait : Andrez Vasez, maître du vaisseau, fut d'avis de suivre la côte jusqu'au fleuve du Saint-Esprit, éloigné du théâtre de leurs désastres, d'environ cent quatre-vingt lieues. Cette résolution prise, la nombreuse troupe se mit en marche. Tout en cherchant les meilleurs chemins, la caravane se trouva arrêtée par des rochers inaccessibles et des torrens grossis par les pluies. Dès le dixième jour, les vivres manquèrent, et on fut contraint de se nourrir de fruits sauvages. Après deux mois de fatigues, les naufragés arrivèrent enfin au Saint-Esprit. Le roi du lieu négociait avec les Portugais; il reçut obligeamment don Souza et les siens, et leur donna à entendre qu'ils couraient de grands risques, ses voisins étant des peuples sauvages, dont les voyageurs avaient tout à redouter. Le désir de regagner promptement une contrée habitée par des Européens leur ferma les yeux sur les malheurs que ce prince leur prédisait; mais ils eurent bientôt lieu de s'en repentir.

Dès le surlendemain, la troupe infortunée aperçut deux cents Cafres, qui venaient droit à elle. Les hommes armés se disposèrent au combat, mais voyant les sauvages approcher paisiblement, ils se remirent et tachèrent d'en obtenir des vivres pour de l'argent, ou en échange de quelques objets de quincaillerie, dont cette nation est très envieuse. La confiance semblait s'établir entre eux; les besoins des naufragés favorisaient leur bonne opinion à l'égard de ce peuple barbare; mais l'occasion de dépouiller les Portugais de tout ce qu'ils possédaient parut trop favorable aux Cafres pour la manquer. Afin d'exécuter plus facilement leur perfide dessein, ils firent comprendre au chef de la troupe errante que s'il voulait venir jusqu'à l'habitation de leur roi, il serait fort bien reçu. Arrivé dans la maison du prince, don Souza lui demanda la permission de séjourner dans l'endroit, d'y construire quelques cabanes pour lui, sa femme et toute sa suite.

Le rusé monarque dit au gentilhomme que deux circonstances suspendaient l'accueil favorable qu'il voulait lui faire : la première, la rareté des vivres pour nourrir une si nombreuse troupe; la seconde, la peur que ses sujets avaient eue de leurs épées et de leurs arquebuses; que si cependant il voulait les lui remettre, pour sûreté d'un séjour paisible et tranquille, il consentirait à sa demande. Trompé par l'air de sincérité de ce souverain, les Portugais acceptèrent les conditions, que la prudence devait leur inspirer de refuser. Eléonore

Souza rappela à son mari les impressions défavorables que le premier roi avait donné de celui-ci; il éluda les prières de sa femme, et s'abandonna, par une funeste crédulité, aux offres artificieuses de ce prince. Les armes furent livrées au perfide. Aussitôt les Cafres s'emparèrent des trésors que les naufragés avaient apportés avec tant de fatigues, et les dépouillèrent même de tous leurs vêtemens. Honteuse de se voir exposée toute nue à la vue de ces infâmes sauvages, Eléonore Souza se jeta dans un fossé qui se trouvait à quelques pas, et s'enterra, pour ainsi dire, dans le sable brûlant, résolue de n'en point sortir.

Déjà les voleurs s'étaient retirés avec leur butin; les compagnons de l'imprudent Souza s'étaient dispersés pour éviter la mort dont ils étaient menacés, et il ne s'en apercevait pas. Enfin, le sentiment de sa douleur sembla se réveiller en lui, et il courut de tous côtés pour voir s'il ne rencontrerait pas quelques fruits, dont il pourrait prolonger l'existence de sa femme et de ses malheureux enfans; mais nu et sans armes, que pouvait trouver Souza dans un pays ravagé par des barbares? Il revenait souvent accablé de fatigues, sans que ses longues recherches eussent eu le moindre succès; et, à son dernier retour, il trouva sa femme et ses enfans morts de faim et de soif. Il eut le courage de leur donner la sépulture. *Européens entreprenans, colonisez-donc* ! s'écrie de Chanvalon, à la fin de chacune de ses narrations.

Louis de Roger, fils naturel du marquis de Flavacourt, mis à la Bastille le 22 avril 1767.

Ce jeune homme se prétendait fils de madame de Flavacourt, veuve du marquis de ce nom, et il ne cessait d'écrire à cette dame des lettres qu'on regardait comme folles et impertinentes.

Il fut arrêté à ce sujet, et n'eut la liberté que sous la condition qu'il contracterait un engagement pour passer dans les îles, et qu'il n'écrirait plus comme il avait fait ci-devant à la veuve de son père : il promit de ne pas pousser plus loin ses prétentions; mais malgré la parole qu'il avait donnée de n'y plus penser, ayant trouvé le secret de se faire débarquer de dessus le vaisseau qui devait le porter à l'île de France, il écrivit de l'île de Rhé, au mois d'avril 1768, une lettre à madame de Flavacourt, par laquelle il lui demandait des secours, et lui reprochait d'être une mère dénaturée; et quelque temps après, il écrivit aussi à M. de Fleury, ancien avocat-général, parent de la marquise de Flavacourt, et menaçait même cette dame de l'attaquer au parlement, pour l'obliger à le reconnaître; il signait Louis-François-Marie comte de Flavacourt.

Il a dit dans un des interrogatoires qu'il a subis, que la femme Bochard avait été sa nourrice; qu'il était sorti de chez elle à l'âge de quatre ans, et avait été amené à Paris et conduit à l'hôtel de Flavacourt où il avait séjourné pendant quelque temps, et qu'ensuite il avait été placé dans une pension par madame de Flavacourt elle-même; que ladite femme Bochard le nommait Louis de Flavacourt.

Comme il prouvait qu'il était fils du marquis, on prit le parti de le faire enfermer à Bicêtre. Il y fut transféré par ordre du roi le 20 janvier 1769, des prisons de Brest. Il est mort à Bicêtre, à l'infirmerie des prisonniers, le premier avril 1773.

Antoine-Joseph-George Subé, avocat au parlement d'Aix, entré à la Bastille le 11 mai 1767.

Le sieur Subé fut accusé de malversation sur des billets d'entrée du vin forain, de prévarication dans l'exercice de ses fonctions d'intendant dudit bureau de vin à Marseille, et de contravention au privilége de ladite Ville.

On le soupçonna en outre d'avoir composé un ouvrage, ayant pour titre : *Tableau fidèle de la décadence de l'État Français, et son horrible administration depuis les faiblesses de Louis XV; orné d'anecdotes curieuses, tirées des révolutions romaines.* Il s'est défendu sur cette inculpation avec la force et la confiance que donnent la sécurité et une conscience tranquille.

On a levé à la Bastille les scellés apposés sur ses papiers à Avignon lorsqu'il y fut arrêté, et après les avoir examinés, il ne s'y est rien trouvé de suspect, ni qui fut relatif à ce dont il était accusé.

L'accusation était fondée sur un écrit anonyme.

Jean-Baptiste Pasdeloup, relieur et colporteur de livres, mis à la Bastille le 28 juin 1767.

Ce relieur jouissait d'une grande réputation qui s'est conservée même jusqu'à nos jours. Il fut mis à la Bastille parce qu'il vendait et colportait des livres contre la religion. Sa mère, qui était dévote, profita de l'occasion, et employa des protecteurs pour que son fils, dont elle était fort mécontente, restât à la Bastille aux frais du roi. Il y a été détenu pendant cinq ans, au bout desquels il fut exilé.

Sa mère, qui a été en partie cause de la longueur de sa détention, a été mise à son tour à la Bastille, en juillet 1771, avec sa propre fille, âgée de quatorze ans, parce qu'elles étaient aussi toutes deux dans l'usage de vendre des brochures sous le manteau.

Billoté de Vauvilliers, ex-précepteur au collège de Cambray, mis à la Bastille le 13 novembre 1767.

Il avait écrit, à M. le contrôleur-général, une lettre anonyme où il faisait des observations sur la cherté du pain et sur les brevets de maîtrise établis sur le peuple. Le contrôleur-général trouva ces observations indécentes, et désira qu'on l'arrêtât.

L'ex-percepteur ne se fit pas chercher longtemps, car il alla de lui-même, quelques jours après sa lettre, aux parties casuelles, pour déclarer hardiment son nom, et se remettre entre les griffes du despotisme. Il fut interrogé et convint de tout. Il dit avoir composé seul, et de son propre mouvement, le mémoire adressé au contrôleur-général, parce qu'il avait entendu faire, à différentes personnes, toutes les observations qui s'y rencontrent.

Il déclara que les discours mentionnés au mémoire n'étaient point inventés par lui, et qu'ils étaient tenus publiquement dans les marchés de la place Maubert, du Cimetière Saint-Jean, de Saint-Germain-des-Prés, des Piliers des Halles et autres endroits. Il dit que, par *ce certain peuple de pervers*, dont il est question dans son mémoire, il a entendu désigner tous les ordres religieux et congrégations séculiers de l'un et l'autre sexe.

Il ajouta qu'un ouvrage qu'il se proposait de faire, aurait pour titre: *Religieux et Religieuses de France démasqués*, ou mémoire sur la nécessité urgente et inévitable de supprimer et éteindre, sans retour, la plus grande partie des ordres religieux en France, enrichi d'un très-grand nombre d'anecdotes, toutes très-véritables, très-instructives et très-intéressantes sur leur origine; ce qu'ils doivent être essentiellement et ce qu'ils sont effectivement; les maux qu'ils ont causés de tout temps à la religion, à l'Etat, à la patrie, à tout le corps entier, et à chaque membre en particulier de la société, etc., etc.

Il fut transféré à Bicêtre, le 13 novembre 1767.

Tel fut le courage de cet homme de bien qui ne prévoyait pas qu'un jour il serait bien vengé du despotisme qu'on avait exercé contre lui, et que ses vœux seraient comblés par la prise de la Bastille, et par la suppression des religieux et religieuses et l'abaissement du clergé. Eh bien, dans un rapport fait à M. de Saint-Florentin sur M. de Vauvilliers, nous trouvons ceci : « Cet homme (M. de Vauvilliers) est convenu de tout. Il n'est bon qu'à mettre à Bicêtre, étant d'ailleurs un fort mauvais sujet. Si M. le comte de Saint-Florentin le juge ainsi, il est supplié de faire expédier les ordre nécessaires pour sa liberté de la Bastille et son transport à l'hôpital. »

Qu'on juge maintenant de l'atroce légèreté avec laquelle on attaquait l'honneur et la liberté des citoyens. Un homme zélé pour le bien public et touché de la misère du peuple, était regardé comme un mauvais sujet : on ne balançait pas à le flétrir et à l'enfermer, parce qu'il était plus facile de persécuter les gens de bien et les hommes éclairés que de corriger les abus, et de donner des principes de justice et des lumières aux ministres. L'ineptie de ces derniers, leur avidité, leur orgueil, les empêchaient de distinguer les bons sujets des mauvais. Tout était confondu dès l'instant qu'on osait révéler quelques-unes des turpitudes du gouvernement.

Jean-Charles Guillaume Le Prévot, de Beaumont, mis à la Bastille en 1768.

Ce gentilhomme normand fut accusé de s'indigner trop facilement contre le despotisme monarchique, et de trouver mauvais que les ministres ne songeassent qu'à s'enrichir, à persécuter les citoyens et à déployer leur insolence et leur orgueil à chaque instant. Mais ce qui attira sur lui particulièrement la vengeance de toute la valetaille ministérielle, ce fut la découverte qu'il fit d'un pacte de famine concerté dès long-temps par cette même engeance, et qu'il dénonça au roi dans un mémoire dont on a trouvé copie à la Bastille.

Si l'infortuné Le Prévot avait étendu ses observations un peu plus loin, il aurait vu que ce pacte de famine était un plan concerté dès long-temps entre les tyrans de l'Europe, pour empêcher les peuples de jamais recouvrer leur liberté, en se rendant maîtres de leur estomac, et en leur retirant ou avançant la nourriture à mesure qu'ils auraient besoin de leur fureur ou de leur docilité. Cette politique trois fois horrible fut enfin dévoilée et dénoncée à tous les habitans du globe, ainsi qu'à la postérité la plus reculée, et nous en avons l'obligation à Jean-Charles Guillaume Le Prévot, qui a été la victime de son zèle, et que les historiens doivent venger à outrance.

Cet infortuné fut transféré à Vincennes et de là à Bicêtre où il était encore en 1789, ayant perdu totalement la raison.

MÉMOIRE
AU ROI LOUIS XV.

PACTE DE FAMINE GÉNÉRALE!!!

Sire,

De toutes les conjurations que révèlent les annales historiques du monde, il n'en est point de mieux marquée, au sceau de Satan, que celle dont la divine Providence m'a fait faire la découverte en 1768.

Ce n'est point sur des soupçons, des rapports, des conjectures ou de fausses relations, que je dénonce cette horrible machination; c'est d'après son pacte, toujours renouvelé et toujours subsistant, d'après son exécution actuelle, d'après des milliers de preuves dans tout le royaume, d'après les détails les plus circonstanciés de la correspondance des conjurés, d'après plusieurs révisions et vérifications, d'après même l'aveu forcé du plus coupable d'entre les conspirateurs, qui, en faisant enlever avec moi cinq de vos sujets, pour les recéler et persécuter dans vos prisons d'Etat, s'est imaginé de pouvoir cacher ses crimes contre votre majesté et contre toute votre monarchie, en dérobant les papiers qui le condamnent.

Vos ministres, sire, pour ne pas vous laisser soupçonner qu'ils pourraient à leur gré faire naître les calamités, vous ont fait accroire qu'ils n'avaient que vos intérêts et le bien public en vue, et qu'ils croyaient nécessaire, pour prévenir en tous temps les famines, les disettes et la cherté des grains, d'établir en votre nom, à l'exemple du patriarche Joseph, dans les châteaux, les forteresses et les greniers domaniaux de chaque province, de prodigieux amas de grains, pour les répandre au temps de la nécessité.

Au premier coup-d'œil, cette précaution, qui a paru à votre majesté et paraîtra des plus raisonnables à tous ceux qui ne connaissent pas le dessous des cartes, n'est pourtant, grâce à la divine providence, nullement nécessaire en France ; elle n'est qu'un prétexte spécieux pour les desseins ténébreux de vos ministres, qui n'ont pas la prudence, la fidélité et le désintéressement du saint patriarche. Eclairé du ciel, il avait prédit qu'après sept années d'abondance, viendraient sept années de famine ; il fut le sauveur de l'Egypte, et vos ministres sont les destructeurs de votre Etat ; il portait fidèlement au trésor de Pharaon tout le produit des blés amassés dans l'abondance, et vos ministres se partagent tous les ans en secret les dixaines de millions qu'ils ravissent sur vos peuples, gardent le *tacet* sur l'énigme ; ils se servent de votre nom et de votre puissance ; ils surprennent votre bonne foi et trompent votre confiance de plusieurs manières. Ils ne disent pas qu'ils ont formé une conjuration secrète contre Votre Majesté et contre tous ses sujets, par un pacte avec le démon pour affermer votre royaume en la manière que le sont vos cinq grosses fermes et droits réunis ; mais se jouant de votre crédulité, ils vous attribuent l'honneur de l'imprévoyance. Ils vous flattent, sire, de distribuer à vos peuples, dans tous les temps de disette et de cherté qu'ils savent provoquer et entretenir facilement par leurs manœuvres, des secours que ni vous, ni eux-mêmes, ô mon roi! ne donnent pas, puisqu'ils les vendent très-chèrement à leur profit. Hélas! le dirai-je? ils vous présentent, sire, à la nation, tantôt comme un marchand revendeur de leurs blés au plus haut prix possible; tantôt, calomniant votre règne aussi bien que votre personne sacrée, ils vous font passer pour un monopoleur; tantôt, et c'est avec les larmes et la rougeur de la honte que je le trace, ils vous attribuent, par ces furtives opérations en votre nom, d'être l'oppresseur et le tyran des Français, quoique vous ne le soyez pas, et le plus souvent comme l'auteur des maux de votre royaume, ou tout au moins, comme fauteur de leur monstrueuse conjuration que vous ne pouvez pas soupçonner. Mais, sire, sans qu'il soit besoin de rassembler tous les motifs qui justifient la droiture des intentions de Votre Majesté pour ses peuples, il suffit à tout le monde de savoir, qu'il n'est point d'exemple qu'un monarque pût se porter contre lui en agissant contre sa monarchie, et qu'il n'en est point aussi qui ait jamais voulu, contre sa conscience, son honneur et sa gloire, s'entendre avec ceux dont il saurait être trahi, pour faire faire divorce avec ses sujets soumis et dociles, qui de bonne volonté, lui paient tous les ans autant de tributs de leur amour et de leur obéissance qu'il lui plaît exiger, quoique le pacte fait frauduleusement, passé au nom de mon souverain, Louis XV, je suis bien sûr que de tous les millions (ou plutôt de tous les milliards) extorqués des Français depuis 1720, par messeigneurs les conjurés, il n'en est pas entré un sou au trésor royal. De là ne faut-il pas conclure que mon prince, par trop de confiance, est trompé, et qu'il ne sait pas même si on le trompe et comment on le pourrait faire si hardiment? Cependant, rien de plus certain que Dieu m'en a fait découvrir les preuves sans nombre, et par le pacte même dont M. de Sartines m'a ravi des copies, en même-temps qu'il m'a englouti dans les prisons; au surplus, comme je le sais par cœur, en voici toutes les clauses principales.

Le 12 juillet 1765, M. de l'Averdy donne à bail, pour douze années, tout le royaume de France à trois publicains millionnaires, qui prennent la qualité d'intéressés dans les affaires de Sa Majesté, pour en faire enlever tous les grains qu'ils pourront amasser. Ces publicains se nomment, 1º. le sieur Roi-de-Chaumont, receveur des domaines et bois du comté de Blois, demeurant rue des Saints-Pères; 2º le sieur Perruchot, ancien entrepreneur des hôpitaux d'armée, occupant le bel hôtel Dupleix, nommé présentement le bureau des blés du roi, rue de la Jussienne; 3° le sieur Rousseau, receveur des domaines et bois d'Orléans, rue de Cléry, tous trois représentans en sous ordre le corps nombreux des seigneurs conjurés non désignés, pour les masquer et se masquer eux-mêmes, ou en public, par un seul généralissime agent, qui se nomme Malisset, auquel on déclare que, pour renouveler le bail précédent, passé ci-devant au nommé Houillard, on lui afferme la France pour douze années, qui expireront le 12 juillet 1777, promettant de le renouveler alors à lui ou à un autre. Dans plusieurs articles, on lui prescrit les manœuvres qu'il doit faire et faire faire; on l'autorise d'aller exporter, pour les besoins de l'entreprise, partout où il sera nécessaire; on lui assure un traitement considérable pour ses peines; on n'y oublie pas même toutes les bêtes qu'il doit avoir à son service; on nomme le sieur Goujet pour caissier général, à qui l'on ordonne de rendre ses comptes, et dresser les états de répartition des produits de l'entreprise au mois de novembre de chaque année. Enfin, par le vingtième et dernier article, on offre à

Dieu, pour bénir cette infernale entreprise, 600 livres à distribuer aux pauvres *dont on va sucer le sang*; et M. de l'Averdy signe, au nom du roi, quatre expéditions de ce bail, qui me semble du style du sieur Cromot.

A cette infernale machination, suivant les découvertes que j'ai faites, sont intéressés : 1º trois intendans des finances, MM. Trudaine de Montigny, Boutin, Langlois; le premier comme protégé de M. de l'Averdy, président de la conjuration; les deux autres comme ses créatures; ils tiennent chacun une correspondance dans plusieurs provinces, dont ils se sont attribué le département; 2º trois lieutenans de police, savoir : M. *Bertin*, en cette qualité de lieutenant du précédent bail, ensuite comme contrôleur-général, et il n'y a pas lieu de douter qu'il n'ait retenu un intérêt dans le bail actuel. M. de Sartines, pendant plus de dix-huit ans, le plus ardent des conjurés et leur procureur-général, tenant correspondance avec les lieutenans-généraux des bailliages dans tout le ressort du parlement de Paris, ainsi que je l'en ai fait convenir dans les interrogations qu'il me faisait à la Bastille, d'où il m'a fait transférer à Vincennes, avec mes cinq compagnons, pour nous recéler s'il ne pouvait nous corrompre; M. Albert, à qui j'ai annoncé la conjuration dans sa première visite au donjon de Vincennes, l'an passé, au mois d'août, et qui n'en a pas informé Votre Majesté, doit nécessairement en être aussi, puisque pour la perpétuer et m'empêcher de la dénoncer, il a bien osé me dire, en jurant par lui-même, que je ne sortirais jamais de ma prison; d'ailleurs, il est certain que nulle entreprise contre l'État ne pourrait subsister et moins encore s'exécuter sans la jonction et le secours de la criminelle police, contre laquelle j'en pourrais déclarer qui ne sont propres qu'à elle seule; car c'est du contrôle général et de la basse police que s'émanent la plupart des conjurations contre l'État, parce que tous deux sont en possession immémoriale de n'être ni recherchés ni contrôlés, et de ne rendre compte ni de leur gestion ni de leurs biens en entrant et en sortant de leur ministère, que l'on a toujours vu récompensés; 3° six ministres, messeigneurs Bertin, de l'Averdy, Maynon d'Invau, son successeur, de Sartines et duc de Choiseul; mais ce dernier, au lieu de prendre sa part au traité, s'est chargé pour lui seul et ses adjoints de manœuvrer sur la Lorraine et l'Alsace, de la même manière que mes autres seigneurs conjurés manœuvrent dans tout le reste du royaume; 4° des membres du parlement de Paris, amis de MM. de l'Averdy, de Sartines, Boutin et Langlois; 5° les Cromot et autres premiers commis de ceux-ci, indépendamment de tous ceux que je ne connais pas, mais qu'il serait bien facile de connaître tout d'un coup, par les moyens que je pourrais donner à Votre Majesté, si elle daignait vouloir s'en assurer pour y remédier sans peine.

Presque tous les contrôleurs-généraux, depuis M. Dodun et presque tous les lieutenans-généraux de police, sans en excepter M. Hérault, mon parent, ont entré successivement dans ce fameux complot, parce que tous n'apportaient à leur ministère qu'une ardente ambition et une rapace avarice; M. de Machault, en 1750, avait pour exécuteur de ses entreprises les nommés *Bouffé et Dufourny*. Suivant la voix publique, M. de l'Averdy, dans l'espace de son quinquennium au contrôle, avait dépensé trente millions à l'État, tous ces contrôleurs-généraux, intendans des finances et lieutenans de police ont dû prêter serment de fidélité entre les mains de Votre Majesté, et tous l'ont trahie sans pudeur et l'ont mal servie; il n'y a que messeigneurs vos chanceliers et les commandeurs de vos ordres qui ne se sont point engagés à ces monstrueuses iniquités, au lieu qu'un prince de votre sang n'a pas eu honte de s'en rassasier au commencement de votre règne, et avec tant d'ardeur, que le public indigné le satyrisa de son vivant, et publia à sa mort cette sanglante épitaphe.

> Ci-gît le grand duc de Bourbon ;
> Français ne faites plus la mine,
> Il rend compte sur le charbon,
> Des vols qu'il fit sur la farine.

S'occuper en tout temps, jour et nuit, à conniver, provoquer, fomenter et perpétuer, sinon de cruelles famines, du moins à forcer et entretenir sans cesse les plus longues et les plus grandes disettes, malgré les abondans et continuels secours que la divine Providence daigne nous accorder; régler à son gré la cherté des grains, sans que la nation sache comment on y parvient dans les meilleures années; mettre le feu à la main d'une partie des sujets du roi, pour consumer l'autre, 1° par les sourdes manœuvres de certain nombre d'inspecteurs ambulans dans toutes les provinces, pour les achats et recèlement sous les ordres d'un généralissime nommé Malisset; 2° par des milliers d'entreposeurs, de garde-magasins, de meuniers, de voituriers, de bateliers pour le transport des prétendus blés et farines du roi, de jour et de nuit, par terre et par eau, soit sur les mers en exportations, soit sur les rivières navigables en importations dans l'intérieur du royaume; 3° par d'autres milliers de vanneurs, de cribleurs, d'acheteurs et de revendeurs, tant en grains qu'en farines mixtionnées, toujours au compte, mais pourtant à l'insu du roi, sous la prostitution de son nom et de son autorité, contre sa religion, sa conscience, ses intérêts et sa gloire, aux dépens même de la tranquillité, de la sûreté et félicité de sa monarchie; nier à Dieu, par l'ingratitude la plus monstrueuse, les récoltes abondantes que sa grande bonté ne cesse de départir aux Français; jeter dans les prisons d'Etat, par de fausses lettres de cachets tous ceux qui ont directement ou indirectement connaissance de l'entreprise, même ceux qui parlent innocemment de ces prétendus blés du roi; maquignonner, emprisonner, les enlever de leur prison par de faux ordres de liberté, contrefaits par la police, pour les livrer à d'autres geôliers qui les recèlent et persécutent sans cesse, qui les enchaînent dans les noirs cachots (j'ai été réduit à cet état l'espace de treize cent quatre-vingt-quatre jours), uniquement ou parce qu'ils veulent dénoncer, ou de peur qu'ils ne révèlent, ainsi qu'ils y sont obligés par les lois divines et humaines, les entreprises contre le roi et l'Etat: Voilà, sire, ce que font vos ministres et la police; j'ai éprouvé bien d'autres horreurs jusqu'au 29 août dernier, que M. de Malesherbes m'a fait la grâce de me visiter dans ma prison et de me faire donner du papier, en me promettant de rendre compte de ma détention à Votre Majesté, sur la justice de laquelle je me repose maintenant; et parce qu'un bon ministre ne faisant qu'arriver au ministère ne pourrait pas démêler à fond l'immensité de la conjuration, dont Dieu a voulu me faire faire la découverte sans l'avoir cherchée. Je me hâte de la dénoncer sommairement à mon roi, à l'acquit de ma conscience et de mon devoir de citoyen. Il y a huit ans que j'y aurais satisfait, si M. le duc de la Vrillière, plus soigneux, eût pu se persuader que la principale obligation de sa place était de prendre lui-même connaissance des prisonniers qu'il faisait, et de les visiter tous les six mois, et si M. de Malesherbes, à qui j'ai donné l'éclaircissement de toutes choses, n'avait eu la lâcheté de trahir Votre Majesté par son silence, qui lui a fait prendre plus d'intérêt, sans doute, pour messeigneurs ses confrères, que pour ceux de votre personne sacrée et pour ses sujets.

Dans les grandes disettes qu'occasionnent les opérations à dessein avec la police, le public ne manque pas de se plaindre; de son côté, le parlement s'assemble, délibère et ordonne la recherche des causes de plainte, pour en informer Votre Majesté; la police s'en alarme; s'il faut se montrer pitoyable, elle affecte de le paraître; s'il faut calmer les craintes, les défiances, les inquiétudes du public, faire semblant d'y prendre part, elle le fait; s'il faut permettre des secours abondans, toutefois en les faisant chèrement payer, elle les permet, sachant en quel lieu elle les tient en réserve. Mais faut-il, avec une ingénuité feinte, tenir le langage du mensonge, accuser l'intempérie des saisons, rejeter sur elle le malheur des disettes, se plaindre de la Providence, par de fausses déclarations au parlement, pour arrêter ses recherches? La police l'a fait, et monseigneur de Maupeou, qui était lieutenant alors, le peut dire. Des citoyens démontrent-ils avec l'éloquence de la vérité, par des écrits et des tableaux frappans, que les récoltes, quoique moindres que les précédentes, ne peuvent jamais causer en France ni disette ni cherté, quand il n'y aura pas de monopole? Aussitôt elle met la main sur ces ouvrages dont les preuves lumineuses l'accablent, puis bientôt elle fait paraître, avec ostentation, de fausses réponses, rédigées conformément à ses desseins, par des écrivains faméliques qu'elle tient à ses gages, et toujours la Providence et la vérité sont attaquées par ces écritures éphémères, qui disparaissent pour faire place à d'autres destinées à la même fin. Les pauvres, ces âmes de Dieu, qui, dans les crises fâcheuses de disette et de cherté, provoquées, ne manquent pas de se multiplier, viennent-ils mendier leur vie dans la capitale? La police les chasse, les poursuit, les arrête et les fait enfermer dans des granges à Saint-Denis. Les boulangers de Paris, qui soupçonnent d'où vient le mal sans en connaître les premiers auteurs, déclament-ils contre Malisset, contre la police, contre le gouvernement? Alors la police envoie des commissaires prier les déclamateurs, de la part de M. de Sartines, de ne point se plaindre de Malisset, parce qu'il est l'homme du roi. Cependant cet homme obscur et mal famé, qui craint à la fin de succomber à l'imposture, demande-t-il (en 1768) aux seigneurs conjurés de vouloir résilier son bail? La police, de l'avis des seigneurs, le flatte, l'encourage, et lui prouve qu'avec sa protection et celle du roi, il achèvera son bail et en fera percevoir tous les frais immenses jusqu'à la fin de ses douze années, qui expireront en juillet 1777, sauf à le renouveler à lui ou à un autre généralissime. Que des étourdis qui ne veulent s'en prendre qu'au roi même, comme s'il était la cause des calamités, osent murmurer, crier, placarder insolemment les rues de Paris d'injures contre mon souverain, et menacer de brûler la ville; la police, plus alarmée pour elle-même que des injures adressées à Votre Majesté, fait enlever, comme elle le doit, les placards que ces pratiques ont occasionés; elle arrête les innocens pour chercher des coupables, quoiqu'elle ne puisse se dissimuler que tous messeigneurs conjurés avec elle sont seuls auteurs des maux publics. Enfin qu'il arrive, comme en 1767 et 1768, par les secousses trop violentes de leurs manœuvres, des émeutes, des pillages et autres semblables soulèvemens; mais dans les provinces où le monopole de messeigneurs se fait sentir plus sensiblement, la police, par les feuilles imprimées qu'elle y fait répandre, blâme les officiers de justice des villes provinciales de n'avoir pas su, à leurs dépens, prévenir ces révoltes, ce qui, si on veut l'en croire, leur eût mérité des dédommagemens et des récompenses de Votre Majesté. Voilà, sire, sur cet objet, une petite partie des pratiques publiques de M. de Sartines, à présent ministre de votre marine.

Les conséquences de cette conjuration sont si profondes et si étendues, qu'on pourrait défier les plus habiles écrivains de notre siècle de les pouvoir rassembler toutes en un seul tableau, et s'il est peu de personnes assez éclairées pour les démêler, il en est encore moins qui aient le courage d'en épuiser les persécutions, pour remplir le devoir de citoyen et dire la vérité sans la farder.

La plus grande partie des opérations de tout le ministère de la finance et de la police ne se rapporte qu'au succès de cette machination. Depuis son existence plus que centenaire, elle régnait sous Louis XIV; mais si elle a échappé à la vigilance du fameux Colbert, elle n'a du moins osé se montrer, ni se lier authentiquement en corps, elle n'opérait que par des permissions tacites. Le hardi Machault est peut-être le premier qui ait imaginé de donner à bail la France entière; M. de l'Averdy n'a eu qu'à suivre le même plan; et tout autre le suivrait si mon souverain, pardonnant aux coupables, n'y mettait ordre de telle manière pour l'avenir, que ses successeurs ne puissent se laisser surprendre aussi bien que les peuples.

On ne peut, sire, assez s'étonner jusqu'à quel excès d'audace on a osé ternir et calomnier votre règne, en se servant abusivement de votre nom, pour mettre sur le compte de votre personne sacrée, une ligue secrète, par laquelle on n'entreprend pas moins que de mettre sourdement à contribution chaque année la misère de plus de huit millions de pauvres, sans en excepter aussi plus de douze millions de sujets plus aisés : pesez cette conséquence. Si, par hypothèse, dans les années d'abondance, la ligue, par sa guerre intestine, est seulement venue à bout de faire enchérir de 20 sous le boisseau de froment, elle a dû être assurée déjà sans peine de plus de trente millions; mais combien plus, lorsque la médiocrité des récoltes, dans tout ou partie de la France vient au secours de la rapacité pour hausser la vente du boisseau de blé, jusqu'au double et triple de son prix commun; certes les dizaines de millions doivent aller par centaines : la preuve s'en trouverait dans les états de répartition et d'émargement, si les intéressés n'avaient soin de les brûler après avoir reçu leur contingent.

Oui, je l'ai dit, et le dis encore pour la dernière fois, il n'a jamais été, depuis la création du monde, de conjuration plus singulière par sa nature, de plus énorme par son extension, de plus ruineuse par sa durée et de mieux soutenue dans son exécution cachée, quoiqu'évidente à toute la France contre elle-même. Que d'autres causes aient concouru aux calamités depuis un siècle, cela peut être; mais que les famines et les disettes n'aient eu d'autres principes que les irruptions soudaines de cette sourde et monstrueuse entreprise, c'est de quoi l'on ne peut douter. De ce grand monopole sont venues les famines et les disettes de 1693, 1694, 1718, 1720, 1725, 1740, 1750, 1760, 1767 et 1768, et beaucoup d'autres époques que je ne me rappelle pas maintenant. De là, par progression, l'augmentation si considérable des biens fonds depuis un siècle, celle des vivres de toute espèce, celle des fermages, des terres, des loyers, de la main-d'œuvre, des salaires et des gages. Pourquoi? c'est que le blé qui est le premier nécessaire et le premier besoin, règle par son prix forcé celui de de tous les autres besoins de la vie. De là les misères perpétuelles qui, durant la paix même, écrasent depuis si long-temps les peuples, sans que ni plus d'un milliard d'impôts et de droits de toute espèce levés sur eux tous les ans; et dont, par des abus innombrables, une grande partie n'entre pas dans l'épargne de Votre Majesté, ni les vexations particulières des publicains, cessent d'augmenter au lieu de diminuer. De là enfin la dépopulation, le divorce, la langueur du commerce et de l'industrie dans une infinité de branches, et l'abandon total de diverses manufactures qui étaient de grande utilité.

Ce mémoire étant resté sans réponse, de Beaumont en écrivit un autre.

SECOND MEMOIRE.

PACTE DE FAMINE!!!

Sire,

Il y a tout-à-l'heure huit ans que je désire, et que je suis empêché, jusqu'à ce moment, de dénoncer à Votre Majesté la découverte que Dieu m'a fait faire de la plus insigne conjuration qui ait jamais existé. Elle s'exécute jour et nuit et en tout temps contre Dieu, contre votre règne et contre votre Etat; contre Dieu, on dépouille son peuple chrétien, principalement ses pauvres, qui sont ses élus : on attaque jusqu'à son essence, en osant, avec la dernière ingratitude, nier ses bienfaits, on blasphème sa Providence : *contre votre règne*, on séduit Votre Majesté, en la trompant, on abuse de son nom, de son autorité, de sa confiance; on calomnie sa personne sacrée, en mettant sur son compte les plus horribles brigandages : *contre votre État*, on met sourdement vos peuples à contribution ; on excite des alarmes et des émeutes ; on provoque des disettes et des famines; on entretient continuellement, par les opérations du grand monopole, la cherté des subsistances, même dans les années de la plus grande abondance.

De même que les effets naissent de leurs causes, de même cette machination naît de plusieurs crimes, qui en produisent une infinité d'autres. C'est un monstre qui a pour père l'orgueil et le mensonge ; pour mère, l'avarice et l'ambition ; monstre qui renferme dans son sein une mine désastreuse, et qui ne croît dans les ténèbres, que pour se multiplier par une double multitude de forfaits.

N'est-il pas vrai que si tous vos sujets combattaient les uns contre les autres, sans se connaître, le parti qui resterait victorieux, ne pourrait jamais l'être qu'aux dépens de l'Etat, qui ne subsisterait plus alors que de ses propres ruines? Jugez donc, par là, sire, quel désordre, quelle désolation le pillage sourd et perpétuel de cette conjuration a causé à votre monarchie, depuis son existence déjà plus que centenaire, et s'il ne faut pas tenir pour les plus grands ennemis de votre personne et de vos sujets tous ceux qui en sont les auteurs et les exécuteurs.

Votre Majesté désire déjà de savoir quels sont ces auteurs : ce sont, sire, presque tous vos ministres anciens et nouveaux, qui, aussi infidèles qu'ingrats, se sont successivement ligués pour se faire un état d'opulence extrême dans l'Etat contre l'Etat.

On voit, dans l'histoire de tous nos rois, très peu de monarques qui n'aient été trompés, trahis et mal servis. L'ambition et l'avarice, qui ne peuvent être jamais rassasiés, ne diront jamais, c'est assez. Elles ont, de tout temps, mis tous les royaumes en combustion. Le bonheur des peuples dépendra toujours du choix des ministres, et de les surveiller sans cesse.

Je dévoilerai encore à Votre Majesté d'autres conspirations étrangères à ses ministres, sitôt que, de sa part, monseigneur de Malesherbes m'aura mis en liberté, et je ne cesserai, en remplissant mon devoir de citoyen et de patriote, de prouver que je suis très respectueusement, etc.

DÉFENSES.

Sire,

Vos ministres, depuis huit ans, m'ont mis en pénitence pour leur crime, pour l'avoir découvert, et de peur que je ne le découvre. Quoique je ne doute pas, sire, qu'il n'est jamais permis de se taire quand il s'agit de sauver tout le monde, il est cependant aussi désagréable que malheureux pour moi, qui suis le plus petit de vos sujets, d'être obligé, n'ayant point de haine contre vos ministres, de les accuser du fond d'un cachot de causer seuls volontairement presque tous les maux de votre monarchie. Le respect leur est dû, l'obéissance même; mais pour leur plaire, on ne doit pas inculper injustement la bonté de mon souverain des crimes de ses mauvais serviteurs. Il vaut mieux, dit saint Cyprien, découvrir les maux qu'on nous a faits, que de les cacher, sans espérance de remède; à quoi le docteur

Nicole ajoute que le mal qu'on couvre en se taisant est pire que celui qu'on découvre en parlant; car quiconque peut empêcher le mal en le dénonçant, et qui ne le fait pas, s'en rend responsable devant Dieu et devant les hommes, comme s'il l'avait commis. Je ne pourrais donc taire des conjurations sans y participer; trahir par le silence, sans être traître; ni renoncer mon Dieu, mon roi, ma patrie, sans m'en déclarer l'ennemi. Ce n'est pas seulement par l'exécution du mal projeté contre le prince ou contre son Etat que l'on devient criminel, disait M. le comte de Brionne, occupant la même place de monseigneur Amelot, sous la régence de la reine, mère de Louis XIV; mais par le moindre essai, dans lequel on se montre capable de le concevoir et de le tenter. Le plus grand ministre que la France puisse citer, le généreux et vaillant Sully dit, au vingtième livre de ses mémoires, qu'il n'y a eu que trop de ministres infidèles pour le malheur de l'Etat; que leur conduite est toujours équivoque par quelque endroit; qu'il n'est pas rare d'en voir qui soient disgraciés pour leur cupidité, leurs trahisons et leurs prévarications; qu'il n'est pas rare non plus qu'ils méritent ce traitement par des procédés reprochables..

La loi universelle de tous les Etats, aussi ancienne que les Etats mêmes, fondée sur la loi naturelle, qui fut renouvelée en 1477 par Louis XI, déclare bien positivement que celui d'entre tous les sujets de la monarchie, qui aura connaissance d'une conjuration contre la personne du Roi ou contre l'Etat, et qui ne viendra pas la révéler, sera puni comme les auteurs mêmes du crime, et encourra les mêmes peines de la perte des biens, de l'honneur et de la vie.

Si, en conséquence de cette loi, qu'il serait plus que jamais nécessaire de promulguer, et remettre en vigueur en France, où il y a tant de traîtres aujourd'hui, le célèbre président de Thou perdit la vie sur un échafaud, non pour avoir conjuré, il n'en était pas capable, mais seulement pour n'avoir pas dénoncé la conjuration de Cinq-Mars, son ami; combien plus serais-je coupable, si, indifférent aux maux de ma patrie, je n'osais, par crainte, ou par lâcheté, par respect humain, ou par complaisance, par intérêt personnel, ou par connivence, informer mon souverain de l'entreprise de ses ministres! Certainement s'il se pouvait qu'il y eût neuf millions de ministres coupables au service de Sa Majesté, les onze millions de vos sujets, qui ne sont pas moins mes frères que messeigneurs les ministres, seraient à préférer.

Maintenant, grâces à Dieu et louanges à mon roi, me voilà déchargé, pour la seconde fois, de ce terrible fardeau, entre les mains de monseigneur Amelot. S'il vous est plus fidèle que monseigneur de Malesherbes, et si je ne suis pas encore délivré, j'ai du moins lieu de l'espérer de la justice de mon roi, à qui j'aurai encore à dénoncer, aussitôt que je serai en liberté, d'autres conspirations étrangères à ses ministres, dont je n'ai parlé à personne. Je sais où en sont les preuves; mais sur combien d'autres objets d'importance mon zèle et mon courage m'animeraient à servir Votre Majesté, aussi bien que l'État, sans aucune vue d'intérêt personnel, si je pouvais seulement obtenir sa protection!

Veuille mon souverain, remédiant à toutes choses, mais usant de sa clémence ordinaire, pardonner à tous messeigneurs ses ministres que j'ai été obligé d'accuser; et quand il lui en faudra un pour la guerre, n'en point choisir d'autre que le grand maréchal de Broglie. Il y a long-temps que les vœux du public le portent à cette place, que lui défèrent ses lumières, ses vertus et son désintéressement. Certainement Votre Majesté ne sera jamais trahie par celui qui, après l'avoir déjà si bien servie, n'en est que plus capable de la bien servir encore. Le vrai mérite ne s'offre pas; au lieu que l'ambition, l'amour-propre et l'incapacité s'intriguent souvent pour occuper tous les plus hauts rangs.

Veuille aussi monseigneur de Malesherbes, pour faciliter, en un point de conséquence, l'exercice de son ministère, et de la décharge de sa conscience, ne pas désapprouver, mais au contraire appuyer, auprès de Votre Majesté le projet ci-joint, par lequel elle pourrait tout d'un coup extirper des milliers d'abus qui règnent de tout temps dans les prisons d'Etat; quoiqu'elle se soit réservée, depuis deux ans, la connaissance des lettres de cachet, et qu'elle ait voulu par-là en arrêter l'abusive prostitution, M. de Sartine a bien trouvé encore les moyens de la tromper et de continuer les contrefactions d'ordres, les translations, les recèlemens et les tyrannies. Mais ce projet, si Votre Majesté daigne l'agréer, préviendra tous les abus et tous les maux.

Julien Delaunay de Ronceray, précepteur, a été arrêté en vertu des ordres du roi, le 1er juillet 1768, et conduit à la Bastille.

Il était soupçonné d'avoir écrit des lettres menaçantes à différentes personnes de distinction. Delaunay se défendit constamment d'en être l'auteur, et comme on le verra par le rapport du lieutenant de police, rien ne motivait son arrestation.

L'excès de son malheur lui fit tourner la tête, on fut obligé de mettre une garde auprès de lui pour le veiller. Les employés de la Bastille se plaignirent de la dépense et de l'incommodité que cela leur causait, et il fut jeté dans les cabanons de Bicêtre.

Telle était la manière dont on se conduisait envers les infortunés : celui-ci n'était que soupçonné; mais comme il fallait une victime pour montrer le zèle des inspecteurs de police, on le mit à la Bastille : et comme il était dans la plus grande misère, il n'y avait rien de plus simple et de plus humain pour ces messieurs que de le faire enfermer à Bicêtre. Puissent toutes ces horreurs se graver tellement dans notre mémoire et dans la mémoire de nos neveux, que jamais il n'ose venir à un tyran quel qu'il soit, l'idée de vouloir les renouveler.

Rapport du lieutenant de police au sujet du sieur Julien de Launay.

Il a été adressé à M. l'archevêque de Reims, à M. de la Borde et à M. Dangé, fermier-général, des lettres anonymes, dans lesquelles l'auteur fait des menaces de brûler leurs terres et leurs maisons, si on ne lui fait passer de l'argent à l'endroit indiqué.

Comme l'auteur proposait de faire mettre un sac d'argent, sur un confessional, à l'église des Capucins de Saint-Honoré, j'y en ai fait porter un; j'y ai fait placer des émissaires pour épier jour et nuit celui qui voudrait prendre le sac.

On a remarqué, pendant quatre jours de suite, qu'un particulier, mal vêtu, examinait ce confessionnal, entrait dans l'église, à plusieurs reprises, sans sujet, et de plus, avait l'air inquiet.

Comme il paraissait être celui qu'on cherchait à découvrir, je l'ai fait arrêter *sous le bon plaisir du roi* (1), et conduire à la Bastille le

(1) Les ministres faisaient tout sous le bon plaisir du roi; les inspecteurs de police, sous le bon plaisir des ministres; les mouchards, sous le bon plaisir des inspecteurs, et ainsi de suite.

premier juillet 1768. On a fait perquisition chez le nommé Roussel, fruitier, rue Jean-Saint-Denis, où ce particulier couchait à quatre sous par nuit. On n'y a rien trouvé de suspect.

Pour autoriser ce qui a été fait, le ministre est supplié de faire expédier trois ordres en forme, de la date ci-dessus.

On le voit. Ici l'illégalité est flagrante. On arrêtait d'abord ; puis pour sauver les apparences de légalité on demandait l'ordre après, et à qui demandait-on cet ordre ? à des ministres non responsables, merveilleusement secondés par la vile bureaucratie à leurs ordres.

Les frères Yvan, de Marseille.

Pierre Yvan, âgé de dix-huit ans, étudiant en chirurgie, à Paris; et Jean-Antoine Yvan, âgé de vingt ans, élève en médecine, à Lyon, furent convaincus de s'être rendus coupables d'escroquerie envers les loteries de Paris. Le jour que la loterie de l'Hôtel-de-Ville et celle du Mont-de-Piété se tiraient dans la capitale du royaume, Pierre Yvan se procurait aussitôt après le tirage deux listes à la main, qu'il faisait porter, de la manière la plus expéditive, jusqu'à Lyon, où résidait son frère Jean-Antoine. Voici comment :

A l'aide d'une correspondance régulièrement échelonnée certains jours du mois, l'étudiant à Paris faisait passer à Lyon, avec autant de secret que de diligence, une liste hiéroglyphique des numéros sortis aux différentes loteries parisiennes. Enveloppées d'une toile cirée, ces dépêches, sans adresses et sans lettres déchiffrables, étaient ordinairement portées par le jeune chirurgien à Auxerre; de là, par un postillon, au nommé Dubois, marchand de chevaux à Saulieu (route de traverse). Celui-ci était chargé d'établir des relais jusqu'à Châlons et quelquefois jusque dans le faubourg de Lyon, où le médecin Yvan venait prendre le petit paquet. La chance était certaine quand il restait des billets à prendre chez les buralistes; ces employés de province ne pouvaient refuser le choix des numéros jusqu'à l'arrivée de la liste imprimée, qui n'avait lieu que quelques jours après, tant on mettait de diligence à l'expédition mystérieuse. L'élève en médecine avait donc la faculté de choisir dans les bureaux de loterie de Lyon les billets gagnans qui n'avaient pas été levés.

Les fonds des banques de hasard diminuaient sensiblement. Déjà l'Hôtel-de-Ville avait perdu 143,200 livres; la loterie du Mont-de-Piété se prétendait ruinée; les administrateurs de ces pernicieuses maisons se plaignaient du sort et demandaient à clore les jeux. Le duc de Choiseul, averti d'une correspondance secrète, trouva qu'il importait d'en connaître l'objet: il donna en conséquence des ordres à la maréchaussée pour intercepter toute dépêche et arrêter Jean-Antoine Yvan. A Paris, Pierre Yvan avait remarqué l'attention suspecte qu'on donnait à sa manœuvre; mais il ne pouvait rester en si bon chemin. La fortune des deux frères n'était pas encore faite; chaque voyage leur coûtait plus de cinq cents livres; le courier était récompensé en proportion de la diligence qu'il avait faite dans sa course. L'expéditionnaire de la capitale établit une nouvelle correspondance et lui fit prendre une autre route. Après avoir instruit son frère de ses projets persévérans, il porta lui-même la liste manuscrite à Briare; là, elle fut remise au fils du maître de poste de Rouanne, qui l'attendait pour l'envoyer à Tours, où le médecin poursuivi s'était retiré. Ce dernier, d'après les ordres du chirurgien, alla exploiter Marseille; arrivé dans cette ville deux jours avant que la liste imprimée y parut, il choisit plusieurs numéros et gagna une somme considérable. Ce fut la dernière.

Jean-Antoine fut arrêté le 9 septembre 1769, conduit à Pierre en Cise, puis à la Bastille, où se trouvait déjà Pierre son frère.

1774.

La fin du règne de Louis XV approchait, déjà ses courtisans et ses maîtresses s'étaient aperçu que *l'oint du seigneur* déclinait à vue d'œil. Un comité tenu chez la favorite décida qu'il fallait tirer Sa Majesté de cet état par quelque orgie vive, capable de la distraire et de lui rappeler le goût du plaisir. Une jeune fille charmante qui appartenait à une honnête famille d'artisans de Versailles, fut enlevée par ruse de chez ses parens par le pourvoyeur ordinaire du château et renfermée dans le *Parc-aux-cerfs*. On ordonna un voyage à Trianon pour lui faire trouver ce tendre objet orné de tous les charmes de la séduction; car la Dubarry depuis quelque temps imitait la Pompadour, et pour exciter son amant blasé lui procurait sans cesse de nouvelles jouissances.

La beauté novice, mise dans le lit du roi,

recelait déjà dans son sein le germe de la petite vérole, qui commençait à se développer et la rendait insensible, indocile même aux caresses du puissant monarque. Cependant on avait aidé le physique du vieux roué par les divers secours que l'art a imaginés pour aiguillonner la lubricité, en sorte que tandis qu'il pompait en tous sens les miasmes pestilentiels de cette cruelle maladie, il s'ôtait par ses efforts la vigueur nécessaire pour la supporter. Dès le lendemain il fut alité et ramené en robe de chambre à Versailles. Luxurieux jusque dans son lit de mort, il se faisait encore caresser, couvert de boutons purulens, par les mains blanches et délicates de la Dubarry; il baisait sa gorge et se livrait aux impudicités que lui permettait sa faiblesse. Enfin la bande de prêtres de toute couleur qui dominait à la cour finit par la faire expulser : il tomba entre leurs mains et son agonie commença. Trois jours après il n'était plus. Il mourut le 10 mai 1774. Toute la cour se sauva à Choisy, et il ne resta auprès du cadavre que quelques laquais nécessaires au service. Quarante gardes du corps transportèrent au grand galop à Saint-Denis ce corps infect, renfermé dans un cercueil dont la moitié la portière dépassait d'une voiture de chasse sur laquelle on l'avait posé.

Un nouveau règne va commencer. Louis XVI en vertu du droit divin et de la sainte légitimité est appelé à régner sur les Français. Notre tâche va-t-elle être terminée? Pas encore. Il n'appartenait qu'au peuple de 1789 de réduire en poudre et les infâmes prisons d'Etat et le despotisme plus infâme encore qui peuplait sans jugement, la plupart du temps sur un simple soupçon, sur une injuste dénonciation, non seulement la Bastille, mais toutes les bastilles dont le sol de la malheureuse France était alors hérissé.

Pintiau, libraire.

Le 1er mars 1775, Chenon fils, commissaire, accompagné d'un inspecteur et autres suppôts de la police, et d'une double brigade de maréchaussée, vint investir la maison du libraire Pintiau et s'y introduisit militairement.

En entrant, l'officier de police tira de son porte-feuille une lettre de cachet, en vertu de laquelle il ordonna l'ouverture des magasins, cabinets, secrétaires et commodes du sieur Pintiau : il se fit représenter les registres de commerce, et fouilla même jusque dans les papiers de correspondance et de famille.

Après une perquisition infructueuse de six heures consécutives, Chenon ordonna à M. Pintiau de le suivre à la Bastille. On l'arracha donc à son commerce, à sa femme, à ses enfans encore jeunes : on lui laissa à peine le loisir d'emporter quelques effets à son usage : à neuf heures du soir il fut jeté dans une voiture à la vue d'un peuple immense, qui le croyait coupable.

Des interrogatoires fréquens, des propositions insidieuses, des menaces, des insinuations les plus cauteleuses, en un mot tous les ressorts de l'inquisition la plus exercée et la plus noire, furent mis en œuvre pour faire avouer au sieur Pintiau un fait auquel il n'avait jamais eu la moindre part, et dont il n'avait aucune connaissance. Honteux ou même fatigués des preuves de son innocence, les ministres l'élargirent après onze mois de détention.

Il n'y a point de ressources contre les méprises du despotisme, et le sieur Pintiau en fournit un exemple irréfragable. Il présenta requêtes sur requêtes au roi, à ses ministres, au lieutenant de police, le sieur le Noir, afin qu'ils daignassent au moins lui faire connaître les motifs de sa captivité. Il attend encore la réponse.

MEMOIRES.

Les deux mémoires qui suivent, l'un de la mère, et l'autre de la fille, font voir combien la malheureuse facilité d'obtenir des ordres arbitraires du gouvernement occasionait de désordres dans les familles et d'injustices de tous les genres. Il suffisait de savoir que le ministre pouvait faire renfermer quelqu'un sous son bon plaisir, pour exciter toutes les vengeances, toutes les petites passions, depuis le premier personnage de la cour jusqu'au moindre particulier. Il serait facile de démontrer que c'est à l'arbitraire du gouvernement qu'on doit l'esprit de bassesse, d'imposture et de méchanceté qui s'était répandu parmi le peuple.

A MONSEIGNEUR DE SAINT-FLORENTIN,

Ministre et Secrétaire-d'Etat.

Monseigneur,
Catherine Aubin, veuve de François-Albert

Desemet, a l'honneur de représenter à votre grandeur qu'elle a une fille de vingt-cinq ans, nommée Françoise, dont le dérangement est des plus marqué, ayant depuis long-temps un commerce scandaleux avec un homme dont elle a eu trois enfans, dont deux existent, et de l'entretien desquels l'exposante veut bien se charger; mais craignant les suites funestes d'une conduite aussi déréglée, elle désirerait faire enfermer sadite fille à Sainte-Pélagie, en payant sa pension, ce qui l'oblige de recourir à votre autorité, monseigneur, et vous supplie très-humblement de vouloir bien lui accorder un ordre du roi pour renfermer ladite Françoise Desemet, sa fille, à Sainte-Pélagie, aux offres que fait la suppliante de payer sa pension, et elle fera des vœux au ciel pour la conservation de votre grandeur. Catherine Aubin, veuve Desemet.

J'ai l'honneur de certifier à monseigneur le comte de Saint-Florentin, que la nommée Françoise Desemet mérite d'être renfermée à Sainte-Pélagie.

A Paris, ce 10 *juin* 1759. Patin de La Tour, desservant de Saint-Nicolas-des-Champs.

DÉFENSE.

Françoise Dese[...], actuellement détenue, par ordre du roi, dans la maison de Sainte-Pélagie, représente très-humblement à M. le lieutenant-général de police, que ce n'est que par la surprise la plus odieuse faite à sa religion, qu'on est parvenu à obtenir l'ordre rigoureux exécuté contre elle. Elle voudrait pouvoir se dissimuler que le nouveau malheur qu'elle éprouve est l'ouvrage de sa mère, ou du moins en la reconnaissant pour l'auteur de sa détention; elle voudrait pouvoir lui prêter des motifs contre lesquels elle n'eût aucun droit de s'élever, elle se soumettrait alors sans murmure, et n'attendrait sa liberté que de sa mère elle-même; mais, dans l'état où sont les choses, elle ne peut avoir recours qu'à M. le lieutenant-général de police, et c'est, pour le mettre en état de juger en connaissance de cause, qu'en avouant ce qu'elle peut avoir à se reprocher, elle exposera au moins des faits qu'elle croit propres à la justifier, autant qu'on peut l'être en pareil cas aux yeux de la société.

La demoiselle Desemet a toujours reçu de sa mère les traitemens les plus durs et les plus violens, elle a plus d'une fois couru risque de la vie : une main, dont elle est presque hors d'état de se servir, atteste et les emportemens de sa mère et les cruels témoignages qu'elle en a donnés.

En 1753, la demoiselle Desemet ne pouvant plus résister aux traitemens qu'elle éprouvait, prit le parti de quitter sa mère, et l'exécuta sans savoir cependant où se retirer. Elle ne connaissait d'autre métier que celui d'enluminer des éventails ; ce métier très-peu fructueux pour les personnes qui l'exercent le mieux, ne lui donnait pas une ressource suffisante pour la faire vivre. Une ouvrière de sa connaissance consentit à lui faire partager son lit. Dans le temps qu'elles étaient ensemble, un particulier, de qui l'ouvrière était connue, vit chez elle la demoiselle Desemet, il se prit de goût pour elle ; et instruit de son état, il lui offrit de vivre avec elle et de lui donner subsistance : elle était sans ressource, elle accepta, et entra peu après dans une petite chambre, meublée pour elle. Sa mère ignora ce commerce pendant quatre à cinq mois ; ce fut alors qu'un dimanche la demoiselle Desemet allant à la comédie Française avec la personne qui s'était chargée d'elle, fut rencontrée, dans la rue Dauphine, par sa mère. Cette femme se livra d'abord à son emportement ordinaire; et un instant après elle accepta la proposition qui lui fut faite d'aller à la comédie. Après le spectacle elle vint chez sa fille, accepta son souper et y coucha. La demoiselle Desemet était enceinte, sa mère s'en aperçut très-bien, et ne parut (le fait est exact) occupée que du plaisir d'élever l'enfant que sa fille mettrait au monde. Depuis, elle a vu sa fille, elle a vu le particulier qui vivait avec elle. Elle a assisté à la naissance du premier enfant, elle a su deux autres grossesses qui ont suivi; en un mot, elle n'a jamais rien ignoré de tout ce qui s'est passé, et cependant n'a jamais offert à sa fille les secours qui pouvaient seuls la déterminer à rejeter ceux qu'elle tenait de son commerce avec un étranger.

Si la dame Desemet est venue chez sa fille, sa fille a également été chez elle; tantôt ces entrevues étaient tranquilles et remplies de témoignages d'amitié, tantôt elles étaient troublées par ces emportemens si communs chez la dame Desemet, et qui sont le fonds de son caractère. Ces emportemens sont devenus insoutenables quand la dame Desemet a vu refuser définitivement la demande qu'elle faisait du premier enfant de sa fille pour l'élever. Elle a d'abord fatigué et harcelé, par toutes sortes de voies, et sa fille et celui qui vivait avec elle, et enfin elle en est venue à une rupture totale ; c'est alors qu'elle s'est livrée avec la fureur la plus opiniâtre à diffamer sa fille auprès de tous ceux qui la connaissaient, en publiant une aventure qui n'était sue que de très-peu de personnes.

Tels sont, dans la plus exacte vérité, les faits qui se sont passés. La dame Desemet ne peut les nier. Et pour prévenir un dernier reproche de sa part, la demoiselle Desemet avouera que née extrêmement vive, dans les altercations qu'elle a eues avec sa mère, elle ne s'est pas toujours contenue dans les bornes étroites de la modération et du respect qu'on doit toujours à une mère, quelle qu'elle soit ; au reste, quel moment la dame Desemet prend-elle pour punir sa fille du désordre sur lequel elle avait jadis tant de complaisance ? C'est celui où ce désordre n'existe plus. La demoiselle Desemet a rompu tout commerce illicite avec le particulier qui s'était chargé d'elle. Elle en a reçu une somme, qui la met en état ou de commercer ou de vivre en exerçant quelque métier. Ce même particulier, de concert avec elle, veille à l'éducation des enfans, et celui qui était avec la mère lorsqu'on l'a arrêtée, allait être mis dans une pension à Surenne.

La demoiselle Desemet ose le demander. Est-elle donc si coupable, et mérite-t-elle que l'animadversion du ministère public la prive de sa liberté et la mette au rang de ces femmes véritablement débauchées, dont il est intéressant de purger la société?

Elle a vécu avec un seul homme, dans les bras duquel sa malheureuse situation l'a précipitée. Ce même homme ne lui reproche pas la plus légère irrégularité de conduite, et tous les voisins qu'elle a eus sont en état d'attester qu'elle a toujours vécu comme femme mariée, et qu'ils l'ont crue telle.

Dans cet état, la demoiselle Desemet espère que M. le lieutenant-général de police voulant bien la regarder d'un œil plus favorable, abandonnera des impressions odieuses inspirées par une mère qui n'a pas rougi de dénoncer sa fille, sur l'espérance basse et cruelle de profiter de ses dépouilles, et qu'il daignera rendre à cette même fille une liberté précieuse, aujourd'hui à ses enfans, dont le sort deviendrait affreux s'ils tombaient au pouvoir de la dame Desemet.

PRISE DE LA BASTILLE.

Elles vont enfin tomber ces vieilles tours dont l'aspect sinistre consterne jusqu'à l'innocence; mais comment? par un miracle!!! Comme acteurs, qu'il nous soit permis d'en tracer les scènes principales.

Un peuple peut rester long-temps courbé sous le joug; mais tôt ou tard il s'aperçoit que ce joug lui pèse; il le secoue, il le rejette et signale son réveil par de monstrueux excès. Malheur au roi qui, trompé par ses ministres, s'efforce d'opposer une digue à la marche de la civilisation! Le torrent n'en poursuit pas moins son cours rapide, emportant dans ses tourbillons tout ce qui lui ferme le passage.

Il est hors de doute que la révolution de 89 était désirée par l'immense majorité des Français. Néanmoins les violences qui signalèrent ses débuts réalisèrent les prédictions de Cazotte, qui, dès 88, en avait prévu et prédit les terribles événemens.

Il y avait près de deux siècles que les états-généraux n'avaient pas été convoqués. Louis XVI se rend enfin au vœu de la nation, et l'ouverture des états est fixée au premier mai 1789.

Le Parlement voulait que dans les prochains

états-généraux les délibérations eussent lieu par ordres; les patriotes insistaient pour que le tiers-état eût au moins une représentation égale à celle des deux autres ordres réunis. Le roi se prononça pour la double représentation du tiers-état, mais il exigea qu'il fût séparé des deux autres ordres dans les délibérations.

Avant de s'établir séparément en vertu de la décision royale, il était urgent de vérifier les pouvoirs en commun. Le tiers-état attendit vainement le clergé et la noblesse qui refusèrent de se rendre dans la salle des états. La cour y envoya des troupes. Alors le tiers se précipita dans la salle du Jeu-de-Paume de Versailles. Il s'y constitua en *assemblée nationale*, et prêta le serment de ne pas se séparer avant que la constitution du royaume ne fût achevée. Dans la séance royale, Louis casse l'arrêt du tiers-état et ordonne la séparation des trois ordres. Le tiers y répond en déclarant ses membres inviolables : *Nous ne quitterons nos places que par la puissance des baïonnettes*, répond Mirabeau à M. de Brézé. Le roi se décide à prononcer la réunion de la noblesse au tiers-état.

La majorité des membres des états-généraux,

justement mécontente d'un gouvernement inhabile, sentit promptement que la marche et les préjugés de la cour seraient un invincible obstacle à la réparation du mal : elle voulut un système de gouvernement dans lequel la nation fût comptée pour beaucoup, et les privilégiés pour peu de chose. Necker, financier habile et citoyen d'une république sage, l'encouragea. Mais le roi, trompé par ses courtisans, chassa ce ministre.

Cette nouvelle arriva brusquement à Paris, le 12 juillet, au moment où tous les habitans étaient dispersés dans les promenades. On apprend tout-à-coup dans l'assemblée nationale que des troupes suisses sont échelonnées aux environs de Versailles et de Paris.

Dès qu'on sut dans cette dernière ville le départ de Necker, la consternation fut générale; le peuple désespéré cherchait un terme à ses maux. Sur les cinq heures, le dimanche 12 juillet, des citoyens se font une tribune dans le jardin du Palais-Royal, et attirent autour d'eux la foule.

« Tout est perdu, disaient-ils, les états-généraux vont être dissous. Vos plus zélés défenseurs sont déjà forcés de fuir, et vous allez tomber sous l'intolérable fardeau d'impôts accablans, et sous les sanguinaires caprices d'un affreux despotisme. » Ce discours produisit une agitation que la présence des troupes étrangères contribua beaucoup à augmenter. Les agens du duc d'Orléans envoyèrent des ordres pour fermer tous les spectacles, et furent ensuite au cabinet du sieur Curtius, pour prier cet artiste de se dessaisir des bustes de M. Necker et du duc d'Orléans. On porta ces bustes en triomphe, quoique décorés de crêpes.

Le peuple criait : *chapeau bas*, pour marquer sa profonde vénération ! Le cortége était nombreux ; il a suivi le boulevard et la rue Saint-Martin : là, les citoyens qui le composaient ont engagé un détachement de la garde de Paris à les accompagner pour maintenir le bon ordre. On a suivi la rue Saint-Martin, celles Grenetat, Saint-Denis, les rues de la Ferronnerie, Saint-Honoré, jusqu'à la place Vendôme. Alors un détachement de Royal-Allemand a voulu faire main basse sur le peuple ; on a lancé des pierres, les soldats se sont jetés parmi la populace ; le buste de M. Necker a été brisé, celui du duc d'Orléans n'a échappé que parce qu'un dragon, d'un coup de sabre, n'a pu l'atteindre ; mais ces soldats ont osé tirer sur le peuple : un garde-française, sans armes, a été tué, et quelques personnes blessées. Au même instant le prince Lambesc, leur chef, a paru au pont tournant des Tuileries; il a eu la cruauté de se présenter à des citoyens qui se promenaient, et qui n'avaient pour arme qu'une canne en main : là, d'un coup de sabre, et sans motif, il a abattu à ses pieds un vieillard qui se retirait avec son ami; des jeunes gens ont voulu s'avancer, mais les soldats ont fait feu. Dès lors chacun, saisi d'effroi, a pris la fuite; on a tiré un coup de canon, et l'alarme s'est répandue : des citoyens désespérés sont entrés au Palais-Royal, en criant : *Aux armes! aux armes!* L'on avait déjà fait des motions dans ce jardin, pour se rassembler à l'Hôtel-de-Ville, sous les ordres des électeurs de la capitale; effectivement on y a couru : un très grand nombre de citoyens de tout rang, de tout âge, se sont armés et ont été rassemblés vers les neuf heures du soir ; ils se sont montrés en plusieurs endroits, les uns à pied, quelques autres à cheval, et notamment à la place Louis XV, où ils ont rencontré des hussards et quelques soldats de Royal-Allemand, mais il ne s'y est rien passé de remarquable.

Durant cet intervalle, des gardes-françaises

patriotes se sont échappés de leurs casernes malgré leurs officiers; ils se sont portés avec intrépidité vers la place Louis XV : on peut dire qu'ils n'y ont pas couru, ils y ont volé. Un détachement de Royal-Allemand s'était avancé le long du boulevard, les gardes ont fait feu, les dragons ont riposté par une décharge; mais un coup de canon tiré du dépôt des gardes et secondé d'un feu roulant, a forcé ces étrangers de fuir précipitamment, en laissant onze des leurs, tués ou blessés sur le lieu du combat. On a rapporté leurs armes et leurs dépouilles, que l'on a regardés comme les premiers gages de la victoire.

Ce sont des amis, des frères et soi-même qu'il faut défendre; nos lâches oppresseurs nous y forcent : ils ont trahi leurs sermens, leurs devoirs ; à la justice ils opposent la force; ils trompent la bonté du roi : c'est à nous de montrer que nos demandes sont équitables, et que la victoire est due à l'intègre justice; non, ce n'est point aux rampantes intrigues des cours que peut appartenir le triomphe; le ciel en serait irrité! De vils courtisans, souillés de vices et d'opprobres, pourraient-ils donc être vainqueurs contre des légions de citoyens, éclairés par le flambeau de la saine philosophie, armés des droits sacrés des peuples, de la raison et de l'humanité ?

Lundi 13 juillet.

Les coups de fusils qui ont été entendus dans la nuit du dimanche au lundi, avaient été tirés par *les soldats de la patrie*; c'est le titre qu'ont pris les gardes-françaises en se présentant au camp des régimens de Royal-Allemand et de Châteauvieux ; mais ceux-ci ont refusé le combat, et ces soldats ont promis de quitter les armes. Le cruel prince Lambesc les a menacés de la corde, ils se sont soulevés contre lui, et cet homme détesté s'est vu forcé de partir le lendemain pour Versailles.

L'assemblée nationale a envoyé une députation au roi, pour lui représenter l'état de la capitale. Louis a répondu qu'il persistait dans ses intentions, d'après l'avis de son conseil.

M. Necker, après une scène fâcheuse, reçut ordre de quitter le royaume ; il lut la lettre du roi avec calme et sérénité. Après dîner il monta dans sa voiture avec son épouse, et sans en prévenir personne, de peur que son départ ne causât quelqu'alarme, il se fit conduire à Saint-Ouen ; là il prit la poste et partit pour Bruxelles.

Dans la nuit du dimanche au lundi, toutes les barrières, depuis le faubourg Saint-Antoine jusqu'à celui Saint-Honoré, ont été incendiées, et aucune marchandise n'a payé de droits d'entrée depuis ce moment.

Ce matin, la populace armée de bâtons, de poignards, de piques et de lances, s'est portée, par divisions séparées, en plusieurs endroits; elle a formé divers projets, entr'autres celui de mettre au pillage les hôtels de nos communs ennemis; cependant la sagesse de quelques citoyens qui s'étaient mêlés avec eux, les a contenus; mais on s'est fait délivrer les canons des gardes et les drapeaux de la ville; on a fouillé chez tous les armuriers, on a pris leurs armes; chaque individu s'est déclaré soldat de la patrie, en mettant une cocarde à son chapeau. Les prisons de la Force ont été ouvertes, et les prisonniers délivrés, excepté les criminels. Mais l'expédition la plus remarquable est celle faite au couvent des Lazaristes. On leur a demandé du blé ou des farines, et ils ont répondu, à diverses reprises, qu'ils n'en avaient que pour leur consommation. Néanmoins on a fait perquisition, et tandis que nous étions dans la disette des grains, ils en avaient des amas incroyables; on vient d'en conduire à la halle cinquante-deux voitures. On ne peut se dissimuler que la populace ne se soit portée à des excès très répréhensibles; elle s'est enivrée des vins et des liqueurs qu'elle a trouvés dans les caves, et a brisé et saccagé ce qu'elle a rencontré. Les religieux, pour se dérober à sa fureur, se sont réfugiés en d'autres lieux. Un incendie s'est manifesté dans leur grange, et n'a pas été dangereux vu la promptitude des secours.

Pendant ces alarmes, les citoyens de tous les rangs étaient assemblés à l'Hôtel-de-Ville. Le comité des électeurs des trois ordres a déterminé l'établissement d'une garde bourgeoise, pour rétablir la sûreté dans la ville.

Dans l'après-diner, il a été découvert au port Saint-Nicolas, un bateau chargé de poudre à canon; il a été déchargé et mis sous la garde des citoyens.

Sur les six heures, il est entré dans Paris un convoi de blé qui était destiné pour le camp du Champ-de-Mars. Ce convoi, de plusieurs voitures, a été conduit, non au camp, mais à la halle, pour être vendu aux boulangers de cette ville.

En même temps on a appris qu'il y avait au Bourget soixante pièces de canon, et quelques voyageurs en ont annoncé quarante à Gonesse;

en outre, on savait qu'il y avait cinq régimens à Saint-Denis, avec quarante pièces de canon.

Il y avait aussi un camp au Champ-de-Mars, composé de trois régimens Suisses, et de trois de dragons et de hussards, logés à l'Ecole-Militaire. Des cantonnemens existaient à Sèvres, à Saint-Cloud, aux Champs-Elysées, à Meudon, aux environs de Versailles et dans plusieurs autres lieux. C'est sans doute par humanité et pour maintenir l'ordre et la paix, que l'on nous investissait ainsi! C'était l'usage des gouvernemens qui voulaient montrer de la rigueur et qui aspiraient à se faire respecter ; cet usage dure encore.

Il avait été enlevé nuitamment, par ordre du ministre, de l'hôtel des Invalides, six voitures d'armes ; n'ayant pu enlever le reste, nos ennemis les ont fait cacher secrètement entre la voûte de l'église et le toit ; ils les ont fait couvrir de paille, dans l'espoir qu'elles ne seront pas découvertes.

Mais un dévoûment qui a paru digne d'exemple, est celui de M. le curé de Saint-Etienne-du-Mont, marchant au milieu de ses paroissiens les plus capables de porter les armes, et rétablissant partout l'ordre et le calme.

Ce soir la tranquillité règne dans la capitale ;

les bourgeois des différens districts, secondés par quelques *soldats de la patrie*, sont sous les armes, et ont ordre de désarmer les gens sans aveu; le tout s'exécute avec la plus grande régularité.

Mardi 14 juillet.

Enfin le soleil éclaire le quatorzième jour de juillet, époque à jamais fameuse, ère à jamais mémorable dans les fastes de la France, et que tous les peuples seront obligés de consigner dans leurs annales; car quel est celui d'entre eux dont l'existence politique et civile n'a pas été puissamment modifiée par la révolution.

Ce matin une ordonnance des électeurs assemblés à la ville, fixe l'état de la milice-bourgeoise : hier on portait la cocarde verte et blanche, aujourd'hui on la foule aux pieds, et l'on prend la cocarde bleue et rose; ce sont les couleurs conformes au blason de la ville.

Les troupes campées aux Champs-Elysées ont délogé cette nuit. Au lever du perfide prévôt des marchands, un citoyen a été déposer qu'un convoi de poudre et de plomb nous venait d'être enlevé par les soldats campés aux environs de Paris; vainement ce citoyen récidivait et appuyait sa déposition de preuves authentiques, de Flesselles ne l'écoutait point.

Il promettait sans cesse de délivrer des armes et n'en délivrait point, lorsqu'enfin on se décida de marcher aux Invalides; l'on se présenta en nombre suffisant; les canonniers et les soldats invalides, voyant que la résistance eût été vaine, ouvrirent les portes; on courut aux magasins d'armes; on en découvrit des quantités innombrables; on s'empara des canons; le respectable curé de Saint-Etienne-du-Mont s'y rendit avec sa milice; des citoyens accoururent en foule; on prit des fusils avec acharnement, depuis dix heures du matin jusqu'au soir; enfin il nous est impossible de dire quel est le nombre immense des armes enlevées; quelques personnes les font monter à vingt-six mille, sans y comprendre les pistolets, les sabres et les baïonnettes.

Mais une victoire éclatante, signalée, et qui peut-être étonnera nos neveux, c'est la prise de la Bastille, en quatre heures de temps ou environ.

D'abord, on s'est présenté par la rue Saint-Antoine pour entrer dans cette forteresse, où nul homme n'a pénétré sans la volonté de l'affreux despotisme; c'est là que le monstre faisait encore sa résidence. Le traître gouverneur a fait déployer l'étendard de la paix. Alors on s'est avancé avec confiance : un détachement de gardes-françaises, et peut-être cinq à six mille bourgeois armés, se sont introduits dans les cours de la Bastille ; mais six cents personnes ayant dépassé le premier pont-levis, dès lors il l'a fait hausser : une décharge d'artillerie a renversé plusieurs gardes-françaises et quelques soldats, le canon a tiré sur la ville, le peuple a pris l'épouvante ; quantité d'individus ont été tués ou blessés ; mais on s'est rallié, on s'est mis à l'abri du feu ; une échelle de baïonnettes, plantées dans le mur, a facilité un brave homme d'aller scier un pieux qui enchaîne le pont-levis ; dès-lors il est tombé, l'on est parvenu au second fossé, près duquel étaient les premières victimes : pendant ce temps on a couru chercher du canon ; l'on a attaqué du côté de l'eau par les jardins de l'Arsenal ; là, on a fait un siége en forme ; on s'est avancé de divers côtés, un feu roulant n'a cessé de part et d'autre, le foyer était terrible ; les intrépides gardes-françaises ont fait des merveilles.

Vers les trois heures, on s'est saisi de M. Clouët régisseur des poudres-et-salpêtres, que l'habit uniforme faisait prendre pour Delaunay. On fit dans le cours de cette journée bien d'autres méprises, dont plusieurs furent sanglantes.

Tandis que les uns croient avoir pris le gouverneur, d'autres, dans l'une des cours de la Bastille, s'emparent d'une jeune personne, intéressante par sa grâce et sa candeur. L'ayant amenée auprès du premier pont.— C'est la fille de Delaunay, s'écrient-ils : Qu'il rende la place, sinon qu'il voie expirer sa fille dans les flammes. Et l'on allume une paillasse sur laquelle elle était évanouie.

Le père de Mlle de Monsigny voit du haut des tours sa fille chérie près d'être brûlée vivante. Il allait se précipiter lorsqu'il fut atteint et renversé par deux coups de feu. Le brave et généreux Aubin Bonnemer, qui avait déjà une première fois sauvé cette jeune personne, écarte la foule homicide, enlève Mlle de Monsigny, la remet en main sûre et revole au combat (1).

(1) Un sabre d'honneur lui fut décerné, le 3 février 1790, par celle qu'il avait délivrée, et l'assemblée nationale y joignit la couronne civique. C'est ainsi que des atrocités finissaient le plus souvent par des traits d'héroïsme. Ce fut, de part et d'autre, le triomphe de la reconnaissance et de la modestie. La couronne fut offerte par M. le maire à mademoiselle de Monsigny, afin de lui procurer le plaisir de la poser elle-même sur la tête de son libérateur.

L'action devenait continuellement plus vive; on montait de toutes parts sur les toits, dans les chambres; et dès qu'un invalide paraissait entre les créneaux sur la tour, il était ajusté par les assaillans, qui l'abattaient à l'instant, tandis que le feu du canon, les boulets précipités, perçaient le deuxième pont-levis, et brisaient les chaînes. La fureur était au comble, ou plutôt on bravait la mort et le danger; des femmes, à l'envi, nous secondaient de tout leur pouvoir; des enfans même, après les décharges du fort, couraient et s'élançaient çà et là pour ramasser les armes des blessés.

En vain les assiégés feignaient de se rendre, on ne pouvoit plus croire à leurs signaux; à trois reprises différentes Delaunay avait fait tirer sur les députés. Cependant, pour avoir le droit d'accuser le gouverneur et sa garnison de perfidie, il faudrait être sûr qu'ils ont vu, reconnu et compris les signaux des deux dernières députations; et s'il les ont en effet aperçus, il faut convenir qu'il leur était presque impossible de suspendre immédiatement l'action, tandis qu'on les pressait de toutes parts, tandis que le feu des assiégeans continuait, et que l'on tirait sur eux non seulement du pied de la forteresse, mais encore du haut des maisons voisines.

La brèche se forme, on court chercher des planches pour traverser le fossé et se saisir d'un papier sortant d'une meurtrière. C'est une capitulation. « Nous l'acceptons, foi d'officier, s'écrie un bourgeois nommé Elie; baissez vos ponts. » On les baisse; mais les canonniers continuent de tirer; alors le peuple se précipite bouillant de carnage dans les cours; il force, gagne l'escalier, égorge tout ce qui s'oppose à son passage; on saisit les prisonniers, on pénètre partout : les uns cherchent le gouverneur, les autres volent sur les tours. On veut avoir le perfide gouverneur; on le découvre enfin; un jeune bourgeois se présente, Delaunay veut se confier à lui, il se jette dans ses bras, et le prie de le protéger contre les insultes de la populace qui le qualifie de scélérat. Il est traité en infâme, on va le traîner au milieu d'un peuple immense.

Ce malheureux cherchait cependant à faire encore bonne contenance; mais la terreur et l'agonie étaient peintes sur son visage. Les vainqueurs de la Bastille qui emmenèrent le gouverneur ne purent pas le garantir du sort affreux qui l'attendait. Son mauvais destin l'empêcha de monter à l'Hôtel-de-Ville, auprès duquel il fut massacré, non loin des marches du péristyle. L'abbé Lefèvre et moi nous fûmes spectateurs involontaires de ses derniers momens. Nous l'avons vu tomber sans pouvoir le secourir : il se défendit comme un lion ; et si vingt hommes seulement s'étaient conduits de même à la Bastille, elle n'aurait pas été prise. Cet affreux spectacle nous donna pour la licence du peuple une horreur et un dégoût qui ne se sont jamais affaiblis, et qui nous ont depuis fait passer sur bien des actes despotiques. Nous ne comprenons pas comment on peut tuer après la première chaleur du combat.

Nous apprîmes ensuite la mort de M. de Lorme Solbay, déplorée par tous les gens de bien. C'était le major de la place ; il fut tué à la Grève, vis-à-vis l'arcade Saint-Jean. Le marquis de Pelleport, dont il avait été la consolation pendant une captivité de cinq années, n'écoutant que sa reconnaissance, se jeta dans ses bras et voulut le dégager. — Jeune homme, lui dit-il, vous allez vous perdre, et je n'en mourrai pas moins. Il n'en tint compte : il fit des prodiges de force et de courage ; il se battit autour de son bienfaiteur, jusqu'à ce que, épuisé de fatigue et de sang, il fut à son tour, secouru par quelques-uns de ceux que son exemple avait enflammés.

Delaunay a été percé de mille coups; on lui a coupé la tête, on l'a portée au bout d'une lance, et son sang ruisselait de tous côtés. L'on en montrait déjà deux lorsque les gardes invalides de la Bastille ont paru au tribunal de la Ville. Le peuple a demandé leur supplice; mais les généreux gardes-françaises ont sollicité leur grâce; à leur demande toutes les voix se sont réunies, et le pardon a été unanime.

Nous apprîmes encore, et la mort de M. Miray, aide-major, et celle de M. Pierson, capitaine de la compagnie des invalides : le premier, tué dans la rue des Tournelles; le second, sur le port au Blé. Plusieurs autres éprouvèrent le même sort.

Quant au prévôt des marchands, il fut tué par un inconnu, d'un coup de pistolet, au coin du quai Pelletier; mais on nous a assuré qu'avant de l'immoler, on lui avait présenté une lettre écrite de sa propre main, et qui contenait la preuve évidente de la plus noire perfidie. Telles furent les premières victimes de la révolution. Etaient-elles bien choisies? On peut en douter. La perfidie de Flesselles n'a jamais été prouvée; la lettre par lui écrite jamais reproduite. Indépendamment de ces victimes, tombées sous les coups d'une populace féroce qui les a enlevées à la garde bourgeoise, deux officiers et trois invalides ont péri pendant le siége ; la conquête de la Bastille a coûté plus cher aux citoyens : cent trente sept hommes ont péri sous ses murs.

Cette forteresse n'avait pas pour vingt-quatre heures de subsistance ; sa garnison se composait de trente-cinq Suisses et quatre-vingt-dix invalides. Il y avait sur les tours 15 pièces de canon et 12 fusils de rempart d'un très gros calibre. Le château renfermait 400 biscaïens, 14 coffrets de boulets, 15,000 cartouches et 120 barils de poudre.

Après la prise de cette antique prison, les vainqueurs firent placer sur la porte de l'Hôtel-de-Ville l'inscription suivante :

> Obéissez au peuple, écoutez ses décrets ;
> Il fut des citoyens avant qu'il fut des maîtres :
> Le peuple, par ses rois, fut long-temps abusé,
> Il s'est lassé du sceptre, et le sceptre s'est brisé.

Ici trouve naturellement sa place la mort du banquier Pinet. Il avait prêté de l'argent au duc d'Orléans et ne pouvait pas le ravoir. Après bien des démarches inutiles, Pinet s'en plaignit au roi, et lui promit de lui dévoiler tous les secrets des accapareurs de grains, et de faire garnir les marchés de la capitale de manière à la garantir de la famine. Les factieux avec lesquels il avait eu d'étroites liaisons, apprirent son changement politique, et pour lui fermer la bouche, ils lui firent brûler la cervelle par des scélérats qu'ils avaient revêtus de la livrée de la reine. Montjoie prétend que ce banquier avait remis son portefeuille entre les mains d'un prince qu'il nomme, et que, au moment où il le lui avait redemandé, ce dernier l'avait fait assassiner. Doutons ! Quoique tout porte à croire que sa mort fut l'effet d'un calcul politique et financier.

Mercredi, 15 *juillet.*

Cette prétendue forteresse, ce colosse effrayant, que Louis XIV et Turenne jugèrent imprenable, a donc enfin été emportée d'assaut en quatre heures, par une milice indisciplinée et sans chef, par des bourgeois inexpérimentés, soutenus, il est vrai, de quelques soldats ; enfin, par une poignée d'hommes libres ! La nouvelle d'un événement aussi grand, aussi glorieux, répandit la joie et l'espérance dans tous les quartiers de la ville : mais une lettre surprise qu'écrivait le traître prévôt des marchands, à l'insigne Delaunay, avait fait connaître que vers les dix heures, et dans la nuit, il devait y avoir des trahisons et des surprises; en conséquence, on sonna le tocsin pour que chaque citoyen fût en armes, et que personne ne dormît dans cette vaste capitale : des détachemens étaient allés à la découverte; on avait formé des barricades, des retranchemens dans tous les faubourgs et dans plusieurs quartiers; les bourgeois sans armes avaient dépavé des coins de rues, et transporté des pierres dans leurs appartemens, jusqu'au haut des maisons; plus de cent pièces de canon entre les mains des citoyens, avaient permis d'en placer plusieurs à toutes les portes de la ville, à toutes les avenues; les serruriers avaient forgé des piques pour les hommes qui manquaient d'armes; les plombiers avaient fondu des balles; chacun était armé et retranché; des observateurs étaient placés sur les tours pour découvrir au loin ce qui se passait; un seul rang de lampions bordait les rues, sur les fenêtres du premier étage de chaque maison, et servait à éclairer les actions des traîtres qui pouvaient se trouver parmi nous; car certainement il y en avait, et en très grand nombre : c'est en cet état que nous attendions l'ennemi.

Je ne peindrai point les angoisses, la crainte, les appréhensions de chaque famille enfermée dans sa maison; chacun, selon sa timidité ou son courage, formait des conjectures diverses. L'on n'ignorait point qu'il y avait aux environs de Paris au moins trente mille hommes. Avant minuit, l'alarme se répandit dans plusieurs quartiers; la milice y courut de toutes parts; on y mena promptement du canon; quelques détachemens à cheval furent à la découverte; et en effet, l'on aperçut dans la campagne, et en certains endroits, des hussards, dans d'autres des dragons; mais il n'y eut aucun échec; l'on prévit seulement qu'ils cherchaient des issues secrètes pour s'introduire dans la ville. Cependant, l'on croyait que les régimens de Nassau, de Royal, et quelques autres, se hasarderaient; l'on connaissait la témérité de leurs chefs, et, vers le milieu de la nuit, l'on courut aux armes à diverses reprises, mais inutilement, l'ennemi n'osait pénétrer; conséquemment, la nuit se passa sans tirer un coup de fusil. Vers le matin, on ne tarda pas à savoir que les régimens campés au Champ-de-Mars, avaient fui et laissé une partie de leurs bagages;

on y fut, et l'on en ramena plusieurs voitures chargées de tentes, de pistolets, de manteaux et de beaucoup d'autres objets.

Le comité de l'Hôtel-de-Ville ne se sépara point durant cette nuit, et déclara que désormais il restait permanent, du moins autant que durerait le danger. Il ordonna ensuite que la milice parisienne allât s'emparer de diverses possessions, telles que l'École royale et militaire, le Trésor royal, la Caisse de Poissy, etc., ce qui fut exécuté sans trop de difficulté.

Enfin, la démolition de la Bastille fut arrêtée, des milliers d'ouvriers y coururent ; ce repaire affreux de l'infernal despotisme, qui durant tant de siècles, qui tant de fois a fait frémir, a outragé l'humanité, a englouti tant de victimes innocentes, sera totalement anéanti, et à sa place sera élevé un monument...

Cependant la fortune et la victoire nous secondaient ; divers convois nous furent encore amenés ; l'or, l'argent et les provisions s'accumulaient ; tous les habitans de la campagne nous servaient de leur mieux : rien n'échappait aux portes de la ville, rien n'entrait sans des perquisitions ; le comité voulut ranimer les travaux suspendus, rétablir l'ordre et la circulation des richesses.

Nos ennemis ne cessaient de nous tendre des embûches; ils espéraient encore nous surprendre par leurs lâches perfidies, pour ensuite nous charger de chaînes; un négociant de Bordeaux se présente, offre une somme de cinq cent mille livres, propose de faire entrer six mille hommes de troupes, et ne demande pour dédommagement que l'honneur distingué d'être généralissime de la milice de Paris : tant de générosité n'a point ébloui : l'on a recherché, examiné, et l'on a fini par le remercier de ses offres.

A Versailles, les représentans de la nation craignant avec raison, pour leur liberté et même pour leur existence, ne se séparèrent point durant soixante heures; le roi persistait dans les résolutions de ses iniques ministres et de ses perfides conseils; l'assemblée nationale les déclara, *de quelque rang, état et fonction qu'ils pussent être*, responsables des malheurs présens et à venir.

Mais la prise de la Bastille et les malheurs qui l'avaient précédée, inspirèrent à M. le duc de Liancourt la résolution de se présenter chez les princes et ensuite chez le roi; Sa Majesté l'écouta et ne tarda point à se transporter au milieu de l'Assemblée nationale; ce fut le mercrédi, sur les onze heures du matin; là, elle rendit la calme et *l'espérance aux Français*, et promit tout ce que le bonheur public exigeait.

Bientôt un courrier, des exprès, se transportèrent dans les quartiers de la capitale, pour annoncer que le roi se rendait aux instances de son peuple, qu'il allait reparaître parmi nous, que l'exil des ministres et des traîtres était prononcé : la joie dès ce moment gagna tous les cœurs. Bientôt une députation très nombreuse des représentans de la nation vint en confirmer la nouvelle aux citoyens de la capitale; elle fut accueillie au bruit du canon et aux applaudissemens d'un peuple immense. *Vive la nation! vive les députés!* fut le cri général; on la conduisit à l'Hôtel-de-Ville, les rues étant bordées par la milice bourgeoise; les députés nobles et autres sans distinction marchaient tous à pied. Des transports d'allégresse éclataient de toutes parts; là, on leur a présenté des couronnes civiques; et après des assurances de paix réitérées, ils se sont rendus à l'église de Notre-Dame, où le *Te deum* a été chanté; de là ils se retirèrent, et se rendirent dans différens quartiers. On les fêtait; ils étaient en quelque sorte menés en triomphe, et une illumination générale couronna la soirée.

Telle fut l'issue d'une journée qui d'abord parut la plus dangereuse qu'ait vue la capitale depuis le siége de Paris, et qui finit enfin par la plus glorieuse qui jamais ait été inscrite dans les fastes de cette ville immense.

Jeudi 16.

Les Français courbés depuis long-temps sous le joug de l'esclavage, dédaignant de s'instruire des droits et des devoirs de l'homme civilisé, préféraient s'incliner devant la richesse, ou abaisser un front humilié et ramper devant le pouvoir arbitraire. Accablés de fers, ils osaient dire encore nous sommes libres, tant l'orgueil, imbécille enfant de l'ignorance, est ingénieux à s'abuser ! Veut-on savoir ce qu'a produit cette foule d'écrits sur la liberté, dédaignés par les forts et révérés des hommes sages ? Que l'on examine avec quelle célérité l'ordre le plus exact, la discipline la plus sévère, se sont établis au milieu même du désordre. Est-ce là ce peuple insensé qui, au temps des Guises, s'amusait avec des histrions et des saltimbanques, tandis qu'on assiégeait Paris ?

Les gens à prétentions, pour la plupart ineptes, égoïstes, avilis sous le despotisme, regardaient les actions et les travaux de la multitude comme une calamité publique; et c'est pourtant cette populace, méprisée des oisifs et des nuls, qui nous a sauvés de l'esclavage; c'est elle qu'on a vu s'emparer des canons du régiment des gardes ; c'est elle qui, intrépidement, a franchi les fossés de la Bastille, et s'y est précipitée en foule ; c'est elle qui trouve entre les mains du gouverneur cette lettre dans laquelle étaient contenus ces mots : *tenez bon encore quelque temps, à dix heures vous aurez du renfort*, signé *de Flesselles*. C'est elle qui escalade le fossé de l'hôtel des Invalides, qui force les magasins d'armes, qui enlève tous les postes, et fait justice prévôtalement de celui de ses membres qui ose commettre un vol. Oh! vous que le besoin n'afflige pas, heureux du siècle, auriez-vous ce courage et cette intégrité? Ne vous persuaderez-vous jamais que l'homme qui porte un habit différent du vôtre vous égale en mérite, ou vous surpasse peut-être? Mais la vanité est si trompeuse!

Enfin, malgré les paroles de paix apportées le mercredi 15, on ne laissa pas que de se mettre sur la défense : tant de fois on s'était vu trompé! D'ailleurs, on n'ignorait pas que la bonté d'un prince ne suffit point pour l'exempter d'erreurs;

le flambeau de l'expérience rarement éclaire l'entendement des rois ! A chaque instant on arrêtait des convois ou des messages qui découvraient de nouvelles perfidies ; celui-ci avalait un billet dont il était porteur, cet autre était un hussard déguisé, ensuite c'était un seigneur travesti en cocher. De tous côtés, nos pas étaient entourés de piéges ; ceux même qui se présentaient pour nous servir excitaient justement nos soupçons.

Les troupes campées aux environs de Paris, au lieu de s'éloigner, se grossissaient encore, deux nouveaux régimens arrivèrent le matin à Saint-Denis ; un convoi de farine y fut arrêté par un ordre secret ; le conducteur vint nous faire sa déclaration, et conduit dans les rues, il obtint le rameau civique, récompense flatteuse bien due à son patriotisme. Enfin l'hôtel d'un ambassadeur, du comte de *Mercy*, cet intime conseiller de la reine, fut pourtant investi, et tout ce qui se présentait, visité ; ce ministre de l'empereur insinuait que l'insurrection des Français ressemblait à celle des Brabançons et devait être traitée de même ; il ignorait, ce politique, que des Français ne se comportent pas comme des Allemands ; il ne sait pas encore que le génie et les lumières des peuples déterminent les lois, et non les rêves puérils et vains de ceux qui se disent les maîtres de la terre !

Cependant la nouvelle du rappel de cet ambassadeur en Allemagne, l'exil de la maison de Polignac et de ses adhérens, celui de l'abbé de Vermond, le renvoi des ministres, l'exil de plusieurs princes, le retour du ministre Necker, formaient le sujet de toutes les conversations ; l'on regardait ces opérations comme certaines, tant elles étaient désirées.

Pourtant nos ennemis ne cessaient point leurs perfides complots. Un sergent des gardes, à la tête de deux compagnies, se présente devant la Bastille, et présume déjà sans doute qu'il va s'en rendre maître; mais les bourgeois qui y commandaient se montrent, présentent les baïonnettes prêtes à fondre sur lui au même instant; celui-ci, intimidé par cette ferme contenance, ne voit d'autre parti salutaire qu'une prompte retraite, et sa mission fut sans succès.

Cependant, lorsque, vers le soir, un bruit sourd annonçait que les habits du magasin des gardes avaient été enlevés secrètement, et que douze cents soldats des hussards et de Nassau s'étaient introduits dans la ville à dessein de nous surprendre, dès lors on forma des retranchemens; ainsi que la veille, les façades des maisons furent illuminées; la garde fut augmentée et beaucoup mieux armée que les jours précédens, tandis que les habitans de plusieurs villes, et notamment ceux de Versailles, venaient à notre secours; ils nous apprirent, à onze heures du soir, que les troupes campées entre Paris et Versailles avaient délogé; ce qui ne put être su généralement que le lendemain; mais la nuit se passa sans alarmes. Nos ennemis consternés étaient dans la douleur; le prince de Condé fuyait de Chantilly, où il s'était retranché; les ministres étaient disgraciés; M. Foulon fit répandre le bruit de sa mort pour éviter les recherches; les Polignac désertaient; le reste de la cabale était confus, désespéré et incertain d'échapper à la vengeance publique.

Vendredi, 17 *juillet.*

Nous vîmes enfin lever l'aurore du beau jour de la France. Bientôt on apprend que le monarque va venir parmi nous, qu'incessamment il arrive; la joie éclate de toutes parts; la milice prend les armes, elle vole au-devant du roi. Des horreurs de la guerre, ce peuple qui ne respirait depuis quelques jours que le carnage, qui portait partout le fer et la flamme, qui du sein des victimes arrachait les entrailles palpitantes; les mains encore fumantes de leur sang, ce peuple va, la menace à la bouche, au-devant du roi, qui vient à Paris livrer à ses ennemis triomphans les derniers débris de sa couronne.

Le monarque part de Versailles sans appareil et sans gardes, précédé des canons enlevés aux Invalides et à la Bastille, obligé de ralentir sa marche pour ne se dérober à aucun des regards farouches des perturbateurs. Il traversa une triple haie de deux cent mille hommes, armés de piques, de pioches, de faulx, et de fusils du garde-meubles de la couronne, qui bordaient les quais depuis la barrière de Passy jusqu'à l'Hôtel-de-Ville, sans qu'aucun cri d'applaudissement, aucune bénédiction, attestassent la reconnaissance d'une multitude dont il méritait plus que jamais d'être l'idole. Le roi dévora cette injure en silence, et sa douleur concentrée, dont on ne s'aperçut que par quelques larmes qui lui échappèrent, fut une nouvelle jouissance pour la horde du Palais-Royal qui marchait près de la voiture. Le malheureux monarque traversa la Grève teinte encore du sang des Launay et des Flesselles, et monta à l'Hôtel-de-Ville où Bailly l'attendait. C'est lui qui, en recevant le prince à la barrière, lui avait fait observer avec maladresse ou malignité que si Henri IV avait conquis sa capitale, cette capitale, à son tour, venait de conquérir son roi.

Ce nouveau maire de Paris, d'ailleurs très-instruit et surtout très-vertueux, couronna sans s'en douter le triomphe du crime, en faisant prendre à Louis XVI, en cérémonie, les couleurs du Palais-Royal, qui n'étaient alors que la livrée de l'insurrection. L'infortuné reçut la cocarde tricolore sans répugnance, parce que sa réconciliation avec son peuple était sincère; et, comme si ce n'était que de ce moment qu'il fût roi des Français, les chefs des factieux, ceux qui, pendant la route, n'avaient pas quitté la portière, attendirent qu'il eût cette décoration populaire pour donner le signal des applaudissemens à la multitude.

Ceux qui ont blâmé Louis XVI de cette condescendance à prendre les couleurs du duc d'Orléans, son ennemi juré, n'ont pas réfléchi que le moindre refus l'eût exposé à une mort inévitable.

Sa Majesté se montra ensuite à l'une des fenêtres de la salle; le peuple lui voit la nouvelle cocarde au chapeau; il entend les acclamations de ceux qui le guident, il y mêle aussitôt les siennes. On crie: *Vive le roi!* Le tumulte est calmé, les meneurs ont donné le signal de l'approbation.

Enfin on permit au monarque de se retirer; il remonta en voiture et retourna à Versailles, où il apporta, avec les couleurs du Palais-Royal, les souvenirs de tous les dangers auxquels il vient d'échapper comme par miracle. C'est ainsi que se termina cette journée.

Du samedi 18 au 25 juillet.

Nous avons oublié de parler de l'enlèvement des armes du Garde-Meubles de la couronne. Ces armes étaient en général fort belles, mais le nombre n'en était pas considérable. Ce qui pourtant offrait des contrastes dignes des méditations du sage, c'était de voir les armes de François Ier, d'un Turenne, d'un Vendôme, du grand Condé, de Charles IX, de Richelieu, de Louis XIV même, dans les mains d'un forgeron, d'un possesseur de marmotte, d'un clerc du palais, ou d'un garçon perruquier; ces mêmes armes qui, pour la plupart, n'avaient été employées que pour asservir des hommes, défendaient enfin la liberté et les droits imprescriptibles de l'équité, de la nature.

Peuple français! ce n'est pas tout de vaincre, il faut savoir jouir de sa conquête! Prenez garde! c'est dans votre sein, c'est de vos prétentions, c'est de vos excès que l'hydre despotique peut renaître de sa cendre.

> Les hommes sont égaux; ce n'est point la naissance,
> C'est la seule vertu qui fait la différence.
> Voltaire.

Pendant que la capitale était en proie aux plus horribles désastres, l'Assemblée nationale, au lieu de s'attacher à calmer l'effervescence des esprits, et se borner à la prise de la Bastille, s'occupait à discuter une déclaration des droits de l'homme, où l'on posait en principe que l'insurrection était le plus saint des devoirs. Elle forçait le roi à rappeler M. Necker.

De toutes parts les hommes attachés à la personne du roi s'éloignaient de Paris, saisis de frayeur, et le désespoir dans l'âme; les têtes portées au bout des lances avaient répandu l'alarme et l'effroi. Ils gagnèrent la route de Bruxelles sous divers travestissemens; les femmes prenaient l'habit d'hommes, les hommes s'habillaient en valets, en artisans, et d'autres en pauvres fermiers ; le comte d'Artois lui-même suivit cet exemple, et la tranquillité parut un instant s'établir dans la capitale.

Le comble des égaremens ayant retracé parmi nous l'image des sanglantes proscriptions de Rome, et les horreurs de son triumvirat, ces proscriptions, ces haines, ont fait sacrifier quelques innocens à la vindicte publique : tel fut un abbé, qui, arrêté jeudi matin aux portes de la ville, fut pris pour un agent secret de la cour. On l'accusait d'être le principal instrument de cette émeute populaire, dans laquelle on égorgea gratuitement tant de malheureux. Cet abbé avait beau s'écrier, protester qu'il n'était pas l'abbé Roy, on ne l'écoutait point ; et déjà il était menacé du supplice à la mode, la lanterne, lorsqu'enfin, rassemblant avec peine ses idées, il s'avisa de dire qu'il avait des choses de la plus grande importance à découvrir, qu'on daignât le conduire à l'Hôtel-de-Ville, où il promettait de tout avouer : cette ruse innocente réussit et lui sauva la vie : arrivé au comité, il se fit connaître et obtint sa liberté ; mais avant lui, M. Croct, régisseur des poudres-et-salpêtres, blessé d'un coup de baïonnette à la cuisse, avait été victime de la méprise des cannibales.

L'insurrection de Paris gagnait insensiblement toutes les provinces. Partout on voyait des brigands qui, sous le nom de soldats citoyens, soulevaient la populace contre les autorités constituées, incendiaient les châteaux, et assassinaient les riches. C'est dans cette effervescence des esprits que Necker, par une lettre à l'Assemblée, annonça son arrivée dans la capitale. A sa rentrée en France, on accorda à ses instantes prières la liberté du baron de Bezenval, et une amnistie générale pour tout ce qui s'était passé depuis l'origine de l'insurrection.

Le pouvoir occulte, qui préparait tout pour une régénération politique, avait interposé Necker entre lui et le peuple, pour cacher la main qui conduisait la trame; de sorte que sans être à la tête d'un parti, cet étranger travaillait en sous-ordre, et était grand-visir d'un sultan caché dans l'ombre, qui ne devait sortir des ténèbres que pour trôner.

La cabale mystérieuse réfléchit que le retour à l'ordre allait la rendre à son ancienne nullité. Elle avait besoin des passions du peuple, et elle continua à les remuer. Les districts furent invités à annuler l'arrêté unanime de l'Hôtel-de-Ville, et l'Assemblée nationale, corrompue par les agitateurs du Palais-Royal, se rangea du côté des districts.

Un agent invisible sema de l'argent, augmenta le nombre de ces hommes à figures sinistres, dont on comptait déjà plus de vingt mille dans Paris. Ces brigands semaient la terreur dans les faubourgs, dont ils pillaient les boutiques. L'alarme est générale ; la milice bourgeoise, les vainqueurs de la Bastille, dont on ne saurait trop louer le zèle, l'activité et le patriotisme, s'offrent pour les chasser de la capitale; Bailly accepte leurs services ; ils marchent vers Montmartre, où les bandits soldés s'étaient retranchés avec ordre de s'y défendre. Il était évident que la cabale mystérieuse, qui les avait appelés et les payait tous les jours, cherchait à les protéger. Un léger combat s'engage; soixante-cinq de ces brigands sont tués ou blessés; les autres capitulent. La municipalité décide enfin qu'ils sortiront de Paris par bande de douze à quinze cents hommes.

Ils évacuèrent la capitale le 18 juillet et jours suivans. La renommée porta bientôt dans tout le royaume la nouvelle de leurs exploits. Beaucoup plus nombreux depuis leur départ de Paris, ils se portèrent alors sur les châteaux, sur les villes, pillant et saccageant tout ce qui se trouvait sur leur passage.

Dimanche, 19 *juillet*.

Il n'y eut rien d'alarmant cette journée pour la capitale; les citoyens, quoique toujours inquiets, ne présageaient pas les expéditions atroces qui les firent tressaillir d'horreur quelques jours après.

Les architectes-ingénieurs, chargés des démolitions de la Bastille, assurèrent qu'après les plus exactes perquisitions faites avec les porte-clefs dans cette prison, on n'y trouva aucun prisonnier, seulement quelques cadavres. Cet affreux repaire, où l'autorité ministérielle immolait les victimes au despotisme, bientôt n'existera plus! A sa place va s'élever, dit-on, un monument à la liberté; les mêmes pierres qui tenaient emprisonnés quelquefois le crime, plus souvent l'innocence, ne formeront bientôt qu'un temple dédié à l'humanité.

On envoya dans toute l'Europe des plans de ce gothique édifice, avec la relation de ce siége où la valeur parisienne s'était montrée dans tout son éclat. L'architecte Palloi, après avoir démoli la Bastille, vendit une partie des pierres aux étrangers, qui les gardèrent avec soin, comme des monumens précieux.

Lundi, 20 juillet.

L'orage des révolutions vient-il à gronder dans un état, alors le caractère national disparaît, et le peuple le plus aimable et le plus doux n'est bientôt que le plus sauvage et le plus barbare; mais au moindre rayon que promet le calme, il redevient lui-même; aussi, quoique que les visages annonçassent encore la vive agitation de l'âme, la journée du 20 juillet ne nous a donné, dans la capitale, que des scènes de patriotisme et de sentiment.

Les femmes du marché Saint-Germain vinrent complimenter les membres du comité de la ville; cette députation fut très-bien accueillie; les marchandes, en présentant des bouquets, prononcèrent le compliment suivant :

« L'amour d'un peuple qui adore son roi, vous conduit ici pour la consommation du plus grand de tous les ouvrages, qui est une réunion réelle des trois ordres, et le divin zèle qui vous anime, nous fait espérer la fin de nos misères, en nous faisant dire d'avance que votre auguste assemblée représente à l'humanité du meilleur des rois, la protection du plus grand des princes, et que vous êtes tous des Necker (1) »

M. Moreau de Saint-Méry, président de l'assemblée générale des électeurs, répondit à ce compliment en vrai patriote. Cette scène brillante fut terminée par des couplets, dont le refrain était *vive le roi, vive la nation, vive le tiers-état*.

Cette journée devait être tout entière pour le sentiment; parmi les différentes personnes que les milices bourgeoises amenèrent à messieurs les électeurs, se trouva une jeune fille habillée en garçon; et l'on parlait déjà de lui faire subir le supplice qui devint à la mode, et fut employé jusqu'à l'invention de la guillotine (2). C'est une ruse, disait-on, des Polignac, des Thierry, des Vermond; il faut la mettre à

---

(1) Le nom de Necker était invoqué comme celui d'un dieu tutélaire.

(1) Le décret qui suprime les différens genres de supplices et les remplace, pour les condamnés à la peine capitale, par la guillotine, est du 21 janvier 1790. « Dans tous » les cas, dit le décret, où la loi prononcera la peine de » mort contre un accusé, le supplice est le même, quelle que » soit la nature du délit. Le criminel sera décapité, et il le » sera par l'effet d'une simple machine. »

Cet instrument tire son nom du docteur Guillotin, qui en

la lanterne. Cependant on questionnait cette fille qui, avec l'air de l'embarras, répondait avec l'ingénuité de l'innocence. On lui demanda pourquoi elle ne portait point l'habit de son sexe. « Oh! messieurs, dit-elle fondant en larmes, sans doute, je suis coupable, mais pardonnez-moi d'avoir pris l'habit de garçon; j'ai cru pouvoir, avec cet habit, gagner davantage, et procurer plus d'aisance à mon père et à ma mère, qui sont dans la plus grande indigence. » Ces mots, que des sanglots laissaient à peine échapper, attendrirent l'assemblée; on la mena dans la rue de la Mortellerie, qu'elle avait indiquée pour celle de sa demeure; les renseignemens se trouvèrent conformes à ses dépositions; l'on fit sur-le-champ une quête qui lui fut remise, et le détachement qui l'avait amenée comme une victime de la haine publique, la reconduisit comme un modèle de la piété filiale; ainsi, dans les mêmes momens, l'on punissait le crime et l'on récompensait la vertu.

fut l'inventeur. En substituant cette machine aux autres supplices, tels que la roue, la potence ou la lanterne (ce dernier fort en usage dans les premiers temps de la révolution), cet estimable citoyen n'était mû que par un sentiment d'humanité, et n'avait en vue que d'abréger les souffrances des condamnés à la peine capitale.

Mardi, 21 Juillet.

Le calme de la journée du lundi 20 juillet ne laissait rien imaginer de fâcheux pour la journée suivante. On avait annoncé la reprise des spectacles, au profit des soldats et ouvriers qui avaient chassé les brigands du Palais-Royal, avec le courage patriotique qui leur donne de si grands droits à notre reconnaissance, et leur assure les applaudissemens de tous les siècles.

Il se répand un bruit que l'abbaye de Montmartre recèle des armes, de la poudre, et que de cette éminence on a le projet de bombarder la capitale; c'était plus qu'il n'en fallait dans un moment de révolution aussi sensible, pour faire courir en foule à la prison de ces chastes cénobites.

> Prison où la vertu, volontaire victime,
> Gémit et se repent, quoiqu'exempte de crime.

L'abbesse fit dire qu'elle ne demandait pas mieux que l'on fît la plus exacte recherche dans le couvent; qu'elle allait donner toutes les clés. Quelques électeurs, M. le curé de Saint-Eustache et d'autres personnes y entrèrent; ils ne trouvèrent aucune arme, ni rien qui laissât soupçonner la trahison. Il fut dressé procès-verbal, et cette émeute n'eut aucune suite fâcheuse. Il est à présumer que l'on n'avait d'autres reproches à faire aux religieuses de Montmartre, que celui d'être trop riches. Mais pourquoi des richesses à qui fait vœu de pauvreté ?

La tranquillité de la capitale ne pouvait que déplaire aux factieux qui avaient besoin de séditions continuelles pour seconder leurs projets. Un avocat sans causes et sans fortune faisait chaque jour, par ordre, au Palais-Royal, les motions les plus incendiaires. Le *Journal de Paris* dit, en parlant de cet agent salarié, que *c'était un homme sans culottes, qui cherchait à en gagner par sa scélératesse plutôt que par ses talents.* Après s'être plaint inutilement de cette injure, l'avocat déclara en plein café qu'il s'honorait de cette qualification. Il fut décidé que tous les démagogues se pareraient de ce titre. Ce fut l'origine de la *sans-culotterie.*

Le dieu sans-culotte vint annoncer au comité de la ville que Berthier, intendant de Paris, était arrêté ; alors le comité députa M. Rivière, avec deux cent cinquante bourgeois, pour aller le chercher.

La nouvelle de la prise de ce traitant, à qui l'on reprochait la trahison la plus noire, mit tout Paris en mouvement et dans la plus grande fermentation : on se rendit cependant aux spectaques; les loges étaient plus remplies; la fête n'était pas pour les nobles.

Au nombre des derniers ministres que Louis avait été forcé de renvoyer, était M. Foulon. Ce ministre, sorti de la classe des petits propriétaires, avait fait, lors de la guerre d'Amérique, une fortune immense.

Mercredi 22 Juillet.

Cette journée fut effrayante et terrible; elle signala la vengeance d'un peuple féroce. Dès cinq heures du matin, l'on annonce que Foulon, ambitieux démesuré, qui tant de fois avait excité la haine publique par ses spéculations odieuses, et l'accroissement inouï d'une fortune étonnante, incroyable même, Foulon vient d'être arrêté à cinq lieues de Paris, sur la route de Fontainebleau, dans un village appelé *Viry*, près Essonne; afin d'échapper à la fureur du peuple, il fit répandre, comme nous l'avons déjà dit, le bruit de sa mort. Un hasard l'avait secondé; l'un de ses domestiques était véritablement mort, et fut enterré à sa place, avec des obsèques convenables à la fortune d'un capitaliste.

Foulon était haï et même abhoré: dès le dernier règne, ses monopoles odieux le couvraient de l'indignation publique; ses vassaux le détestaient; ils furent les premiers à le rechercher, à le découvrir, et leurs instances forcèrent le procureur-fiscal du lieu de s'en saisir. On l'arrêta dans une maison de M. de Sartines, un de ses dignes collègues, alors reconnu pour avoir désiré que les malheureux mangeassent de l'herbe, puisque ses chevaux en vivaient. Ses domestiques lui mirent sur le dos une botte de foin pour sa provision, avec un bouquet de chardons à sa boutonnière et un écriteau portant ces mots : *acapareur de blé* ; en cet état ils l'amenèrent à l'Hôtel-de-Ville de Paris, où le comité s'empressa de nommer des juges pour instruire son procès. Mais bientôt une foule nombreuse se rendit à la Grève, et s'augmentait de moment en moment; l'impatience allait croissant : ces hommes barbares demandaient hautement leur victime. Le comité, après avoir interrogé ce proscrit, employa tous les moyens qui étaient en sa puissance pour calmer le peuple, et le porter, non pas à la clémence, mais à la modération, afin de laisser à Foulon la facilité de donner lui-même des preuves suffisantes. Vainement les électeurs descendirent de la Ville, tâchèrent de haranguer les meurtriers, mais des paroles de paix ne pouvaient rien sur un peuple de cannibales qui ne voulait que du sang. M. Bailly se présente ; son éloquence, qui presque toujours portait la persuasion dans les cœurs, est pour la première fois en défaut : l'on ne veut rien entendre. Qu'espérer d'un peuple qui n'est pas ému par l'expression du sentiment ? Foulon entendait les cris du peuple, et n'était point effrayé ; l'un de ses gardes, sensible à son sort, ose lui dire : *Vous êtes calme, Monsieur, sans doute vous êtes innocent ? — Le crime seul*, lui dit Foulon, *peut se déconcerter.*

Sur les cinq heures, les membres du comité crurent pouvoir obtenir du peuple qu'il le laisserait conduire dans la prison de l'Abbaye ; on avait donné l'ordre à un détachement de la milice bourgeoise pour l'y conduire ; M. de Lafayette s'avance ; sa seule présence aurait dû apporter le calme ; il propose de conserver encore le prisonnier, pour obtenir de lui des secrets importans, et de le laisser enfin conduire dans la prison ; mais ces barbares poussent des cris de rage ; ils forcent les gardes, se jettent dans la salle de l'Hôtel-de-Ville, saisissent l'accusé, et l'entraînent sur la place de Grève. On détache le fatal réverbère dont la colonne a servi de gibet à tant d'autres victimes. Déjà il est suspendu ; mais la corde casse, Foulon tombe lourdement sur le pavé ; mille mains, mille bras sont occupés de son supplice. La corde est raccommodée, Foulon, une seconde fois suspendu, fait encore casser la corde : « *Oh ! la vilaine canaille*, s'écrie-t-il en tombant, *Oh ! la vilaine canaille*; alors on se jette sur lui, on l'égorge, et sa tête, séparée du tronc, est placée au haut d'une pique et promenée dans Paris. Les assassins lui ont mis une poignée de foin dans la bouche.

Au nombre des spectateurs se trouvaient plusieurs jeunes gens qui avaient pris la Bastille et qui voyaient cette scène atroce avec un sentiment d'horreur. L'un d'eux cria grâce, et faillit être victime de son dévoûment. Bientôt une nouvelle scène se présente. Une foule de bandits quitte la Grève, abandonne les restes sanglans du malheureux vieillard, pour voler à l'arrivée d'une nouvelle victime. Berthier, son gendre, intendant de Paris, soit par un effet du hasard, soit par une combinaison atroce, arrive au moment où l'on promenait dans les rues de la capitale la tête livide de son beau-père. Les bourreaux le reconnaissent ; ils courent à sa rencontre et arrêtent sa voiture.

Berthier était le plus actif agent des volontés

secrètes de la cour et de ceux qui favorisaient le commerce des blés : d'ailleurs, quelques lettres particulières, certaines, le trahissaient. Cet homme qui possédait le signalement des citoyens les plus zélés pour la cause publique, et une liste des vainqueurs de la Bastille, n'attendait sûrement qu'un moment favorable; mais quelle différence! comme les perfides projets s'anéantissent!

Pour le mieux voir, l'on a enlevé la partie supérieure de la chaise de poste qui le conduit; plus de cinq cents cavaliers en armes forment son cortége; gardes-françaises, suisses, soldats des autres corps, bourgeois, tout est mêlé; tous, avec plaisir, mènent un ennemi détesté : musique militaire, tambours, drapeaux, rien ne manque à ce cortége, on le prendrait pour un triomphe! la joie cruelle du peuple est peinte dans tous les regards ; portes, balcons, fenêtres, sur son passage, tout est garni, tout est occupé : le désir de l'attente augmente l'intérêt; il paraît enfin, cet intendant, la tranquillité est encore sur son front!

Berthier ne pensait pas marcher à son supplice. Mais quelle scène horrible vient s'offrir! qui le croirait! la tête sanglante d'un vieillard, son beau-père, lui est présentée : ô spectacle terrible! Berthier frémit, et son âme, pour la première fois, peut-être, se sentit abreuvée de remords ! la crainte et la terreur le saisirent ; cependant il espérait encore que les nouveaux héros de la liberté, de l'humanité, pourraient lui faire grâce : vain espoir, ils sont sourds à sa justification.

Cependant il approche du tribunal, entre à l'Hôtel-de-Ville, on l'interroge sur sa conduite et ses desseins : « J'ai obéi à des ordres supé-
« rieurs, répond-il ; vous avez mes papiers et
« ma correspondance ; vous êtes aussi instruits
« que moi. » Malgré la brièveté de cette réponse, on veut répliquer. « Je suis fatigué,
« reprit-il, depuis deux jours je n'ai pas fermé
« l'œil ; faites-moi donner un lieu où je puisse
« prendre quelque repos. » Hélas ! la faux de la mort est suspendue sur sa tête ; il ne l'aperçoit point. On délibère.

Déjà les cris de la fureur font retentir les voûtes de l'édifice : on résout néanmoins d'envoyer l'accusé aux prisons de l'Abbaye-Saint-Germain ; on le lui annonce, il y consent. De nouveaux cris de mort se font entendre ; l'effroi saisit les juges. M. Bailly se hasarde ; il veut calmer, s'il est possible, cette multitude effrénée, que la rage possède, et expose avec l'éloquence de la persuasion, que la prudence, la nécessité font une loi de conserver la vie à l'accusé, que la découverte de nouveaux faits est nécessaire à la conviction, et plus encore à la sûreté publique; qu'enfin il va être conduit aux prisons de Saint-Germain. On ne lui répond que par des cris de rage. L'on attendait encore pour le faire paraître; on craignait de se décider, lorsque des menaces terribles, d'affreuses imprécations, font appréhender les excès d'un peuple insatiable de vengeance. Berthier sort enfin de l'assemblée, il s'avance au milieu des gardes...

Dieux! les infernales Euménides... Non, des hommes... dix mille bras le saisissent... En vain il veut s'armer, se défendre... rien ne peut s'opposer à la rage féroce de ses bourreaux! Déjà Berthier n'est plus, sa tête déjà n'est qu'une masse mutilée et séparée du corps; déjà un homme... un homme... O Dieux! le barbare, il arrache le cœur de ses entrailles palpitantes; les mains dégouttantes de sang, il va offrir ce cœur fumant encore, au regard de l'assemblée: quelle horrible scène! Citoyens, jetez les yeux sur ce terrible et révoltant spectacle; son corps est indignement traîné dans la fange, et les pics des pavés le déchirent par lambeaux! Voulez-vous savoir jusqu'où la fureur a pu entraîner les assassins ? Sachez quelles étaient les bornes de leur rage; le cœur de cet homme, sans doute coupable, était porté dans les rues, au bout d'un coutelas : eh bien, dans un lieu public...(1) Qui le croirait, des Français, des êtres sensibles... Dieux... ils ont osé tremper des lambeaux de chair et de sang dans leurs breuvages, et la haine s'en est repue avec acharnement. Français, vous exterminez les révolutions; votre haine est révoltante; elle est affreuse... Vous ne serez jamais libres. Ces proscriptions outragent l'humanité et font frémir la nature.

Nous avons éprouvé de terribles orages : on devait s'y attendre; et nous en éprouverons encore, car il s'en faut bien que les coryphées du crime renoncent à leurs atrocités. Agissant sous la funeste influence d'un pouvoir occulte, chaque jour ces monstres s'apprêtent à renouveler leurs forfaits plus terribles et plus sanglans.

Depuis la dégoûtante et dissolue régence d'un d'Orléans, les fondemens de l'édifice social étaient renversés en France. Une philosophie meurtrière avait soufflé sur ce beau

(1) Ce fait a eu lieu dans un café, rue Saint-Honoré, près celle de Richelieu.

royaume; et l'anarchie, comme un vent particulier, avait, au nom de la liberté, tout anéanti.

Nous rappellerons une des horreurs qui souillent les cannibales du Palais-Royal. Louis XVI avait contrarié les vues d'un homme puissant, d'un homme ambitieux qui voulait trôner à quelque prix que ce fût. Pour se venger, celui-ci avait acheté, au poids de l'or, le simulacre menaçant d'une disette, et fait recommander la chose publique aux hommes altérés de sang.

Un nommé Châtel, maire de Saint-Denis, avait, pendant la disette factice, nourri près de deux cents pauvres, et sacrifié une partie de sa fortune à faire baisser le prix du blé dans les marchés; mais en déjouant les sinistres projets du maître accapareur, il avait aussi contrarié ses vues ambitieuses.

Bientôt des émissaires, envoyés du Palais-Royal, arrivent à Saint-Denis; ils étaient armés de gros bâtons noueux, et portaient à leurs boutonnières le ruban tricolore avec les portraits de Philippe et de Necker. Ils répandent le bruit que le maire de l'endroit s'entend avec les accapareurs, et que son zèle à soulager les malheureux n'est qu'un masque convenu pour déguiser sa secrète connivence avec les exportateurs de grain.

Dans la soirée on environne la maison de Châtel, qui, effrayé des hurlemens, fuit par une porte de derrière, gagne l'église et se cache dans le clocher. On le cherche vainement. Les bandits soudoyés, désespérant de le rencontrer, s'éloignaient de l'église dans laquelle ils avaient fait d'inutiles perquisitions, lorsque l'imprudent Châtel fait un mouvement pour descendre de dessus l'échafaudage de la cloche qu'il met en branle. Le malheureux maire donne lui-même le signal de sa mort. Le bourdon, heurté, a retenti aux oreilles des meurtriers envoyés; ils rentrent dans l'église!

Ces furieux l'entraînent, l'accablent de coups; Châtel veut s'expliquer. — Tu es un traître. — Quelle trahison ai-je commise? — Tu as accaparé des blés. — Depuis près de trois mois je nourris les pauvres de la commune — Tu seras mis à la lanterne.

Cependant les meurtriers n'étaient pas d'accord sur le genre de supplice qu'ils devaient faire souffrir à leur victime. Quelques-uns voulaient l'étrangler; d'autres la brûler. Une mégère, pendant le débat, se jette sur Châtel, le renverse, lui prend la tête sur ses genoux, et lui enfonce dans le cou, à plus de vingt reprises, un de ces mauvais couteaux qui coûtaient six liards, et que le peuple appelait *Eustaches*. On lui coupa ensuite la tête, qui fut apportée au Palais-Royal.

La plume se refuse à peindre de pareilles horreurs, et le lecteur a pu, pendant un temps, refuser d'y croire. Les hideux détails de ces sanglans exploits nous font voir les atrocités dont peuvent être capables des scélérats excités et soutenus par une faction puissante, et qui sont sûrs de l'impunité.

Détournons nos regards de ces scènes d'horreurs qui nous ont affligés. Passons à des actes de générosité, c'est-à-dire à la nuit des sacrifices. Cinq heures d'enthousiasme suffirent pour renverser l'ouvrage de quatorze siècles.

L'assemblée nationale, dont la majorité était pure, montra, par un élan de vrai patriotisme, qu'elle était digne de coopérer à la régénération de la monarchie. Jusqu'à ce moment il y avait toujours eu une rivalité sourde entre les trois ordres, quoique confondus dans le sein de leurs séances. Le 4 août, à la séance du soir, qui ne commença qu'à huit heures, cette rivalité, entretenue par les privilégiés pécuniaires ou honorifiques, parut totalement s'anéantir. Des ducs, des comtes, des marquis, des magistrats, des privilégiés demandent que les impôts soient supportés également par tous les individus français, et que les premiers coups de hache soient portés à l'arbre antique de la féodalité. Les actes de générosité succèdent avec la rapidité de la pensée. Des seigneurs sollicitent l'abolition des droits de servitudes personnelles, les terrages, les champarts et les lods et ventes. Un baron renonce à son fief et ne veut plus de fules, de colombiers et de droits exclusifs de garenne. On demande la suppression de toutes les justices seigneuriales, ecclésiastiques, laïques et inféodées. Le clergé, non moins généreux cette nuit là, veut qu'on supprime le droit odieux des annates; qu'on regarde comme illégale, la pluralité des bénéfices; et, ce qui étonne de la part de ce corps, la plénitude de la liberté religieuse. Toutes ces motions, dictées par le patriotisme et l'enthousiasme, sont aussitôt décrétées.

Telle fut l'issue de cette nuit mémorable, qu'on peut appeler la nuit des Sacrifices. C'est à la fin de cette séance que Louis XVI, qui avait ouvert cette belle carrière de dévoûment en envoyant ses bijoux et son argenterie à la Monnaie, en reçut le prix : on lui décerna solennellement le titre de *Restaurateur de la liberté française.*

Malgré le désordre et l'espèce d'anarchie qui nous ont affligés, il est évident que les circonstances qui accompagnèrent, précédèrent et suivirent la prise de la Bastille, recommençant un nouvel ordre de choses, honorent la France par des qualités nouvelles, et qui lui furent trop long-temps étrangères, surtout sous les règnes abrutissans de quelques princes despotiques.

Quelque temps après la prise de la Bastille, la commune de Paris nomma quatre commissaires, M. Busaulx, Oudart, Bourdon de la Crosnière, et de la Grey, pour constater le nombre des vainqueurs, des blessés, des morts, des veuves et des orphelins.

Le travail fut long et pénible. Ces messieurs firent d'abord plus de cinq cents procès-verbaux, ils furent obligés de recommencer plusieurs fois. Enfin, pour terminer, ils demandèrent à la commune deux nouveaux commissaires. MM. Thuriot de la Rosière et Dosmont furent nommés. Ils choisirent ensuite parmi les vainqueurs de la Bastille huit adjoints, pour les aider à reconnaître ceux qui avaient en effet servi convenablement au siége.

Des séances publiques furent tenues en présence de tous les vainqueurs; de sorte que l'on ne peut rien contester de ce qui est relatif à cette prison. Les vainqueurs de la Bastille adjoints furent MM. Hulin, Elie, Tournay, Thirion, Rousselot, Cholat, Aubin Bonnemer et Maillard.

Pour ce qui regarde la prise de ce gothique édifice, il résulte du travail de la commission que l'on compte de

Morts sur la place.	83
Morts des suites de leurs blessures.	15
Blessés.	60
Estropiés.	13
Vainqueurs qui n'ont pas été blessés.	654
Veuves.	19
Orphelins.	5
Total.	849

Il résulte des perquisitions faites dans les antres du château royal, que l'on a trouvé sept prisonniers vivans. Voici leurs noms, celui de la tour où ils croupissaient et ceux des porte-clés chargés de les servir et de les garder.

PORTE-CLÉS.	PRISONNIERS.	TOURS.
Trécour	Tavernier.	3e. — Comté.
	Pujade.	3e. — Bosinière.
	La Roche.	4e. — Bosinière.

PORTE-CLÉS.	PRISONNIERS.	TOURS.
Guyon.	Le comte de Solage...	4º.— Bertaudière.
	De Whyte.	1ʳᵉ.—Bertaudière.
Fanfardet.	La Caurège.	1ʳᵉ.—du Puits.
	Bedache.	1ʳᵉ.—du Coin.

Il a fallu, pour les déterrer, enfoncer les triples portes des prisons : les gardiens ne purent que les indiquer; ils n'avaient plus leurs clés. Dans un moment où elles étaient devenues si nécessaires, on les portait en triomphes dans toutes les rues de Paris. Indépendamment des précautions que Delaunay avait prises de faire porter sur les tours six voitures de pavés, de vieux ferremens, et de faire tailler, pendant la nuit, quelques jours auparavant, les embrasures des canons d'environ un pied et demi, il fit transférer dans la troisième Comté, le nommé Tavernier, de la première Bosinière où il était depuis long-temps, pour pratiquer dans son cachot des meurtrières d'où l'on pouvait tirer sur les assiégeans. De cette espèce de barbacane, on a tiré avec des fusils de rempart, appelés *amusettes du comte de Saxe*, portant chacun une livre et demie de balles. Le gouverneur avait fait préparer douze de ces amusettes pour sa défense, mais il n'y en eut que six dont on put se servir. Jusqu'à cinq heures trois-quarts de l'après-midi que le monument du despotisme fut envahi par les bourgeois de Paris, les Suisses n'ont cessé de tirer, avec ces fusils de rempart, par un trou qu'ils avaient pratiqué par ordre de l'officier qui les commandait, dans le tablier du grand pont. Ces pièces, à elles seules, ont fait plus de mal que toutes les autres, soit d'artillerie, soit de mousqueterie ensemble.

Ces faits sont tous fondés, ou sur la déposition des porte-clés, ou puisés dans un mémoire que les soldats invalides qui composaient la garnison du château, ont remis aux représentans de la commune.

Il y avait, dans le logement du gouverneur, une fenêtre donnant sur la cour du passage, et faisant face au quartier, fermée par des madriers de bois de chêne assemblés, à rainures et languettes, dans lesquels le prévoyant Delaunay avait aussi fait pratiquer six ouvertures propres à y placer des canons de fusils de gros calibre. Ces meurtrières, qui ne lui ont été d'aucune utilité, puisqu'il s'était retiré dans le fort dès le commencement de l'attaque, ne pouvaient être aperçues du dehors, parce qu'elles étaient cachées par la jalousie qu'il avait eu la précaution de faire baisser négligemment.

Sur les rapports faits aux représentans de la

municipalité pendant la démolition de la Bastille, le comte de Mirabeau s'écria : *Les ministres ont manqué de prévoyance; ils ont oublié de manger les os.*

Nous croyons devoir rapporter ici textuellement l'extrait d'un procès-verbal lu dans l'assemblée des représentans de la commune de Paris, à la séance du 14 mai 1790.

« Au commencement de ce mois, j'allais avec M. Souberbiel, chirurgien-major des volontaires de la Bastille, pour voir où en était la démolition du château royal. Il était rasé jusqu'aux cachots.

« On nous indiqua une terre grise extraite de latrines sèches que l'on avait vidées, et l'on nous y fit remarquer une grande quantité d'ossemens, la plupart brisés ou en dissolution ; mais, en cherchant, nous y trouvâmes un *tibia*(1) assez bien conservé... Des ossemens humains dans les latrines !...

« De là nous marchâmes vers le bastion, dont la surface convexe ne présentait auparavant que des jasmins, des roses et des arbustes; c'était la promenade du gouverneur, qui l'avait volée aux prisonniers. Qu'on songe que sous

(1) Os intérieur de la jambe.

les fleurs et les bosquets étaient cachés les antres de la mort !...

« La démolition de ce bastion était déjà assez avancée pour que nous puissions distinguer à travers les larges entailles que l'on y avait faites, de longs corridors, des escaliers dont les voûtes inclinées circulaient, montaient et descendaient dans cette horrible ruche de cachots, dont personne n'avait encore soupçonné l'existence.

« Nous sommes descendus à travers les démolitions, où nous avons trouvé un escalier doublé en pierres de liais, dont chaque branche était large d'environ quatre pieds ; mais ces branches étaient rompues en plusieurs endroits, et répondaient à différens caveaux.

« Au bout de cet escalier, nous avons d'abord remarqué un cadavre autour duquel des ouvriers travaillaient à la fouille, qui s'opérait avec beaucoup de précaution. La tête de ce cadavre, plus élevée que le reste du corps, qui était un peu incliné, portait sur le massif de cet escalier, au bas de la dernière marche.

« Le tout était environné d'une légère bâtisse en pierres de différens morceaux, d'environ deux pouces d'épaisseur sur une largeur d'à-peu-près neuf pouces, et posées de champ.

« A en juger par les ossemens, ce cadavre paraissait être celui d'un homme de cinq pieds huit pouces de hauteur. Nous aperçûmes des traces de chaux, et nous ne fûmes pas surpris que les chairs et les cartilages fussent consommés. Les os étaient assez bien conservés. On voyait encore des cheveux au-dessus de la tempe gauche. Les dents très-saines et solidement fixées dans leurs alvéoles, indiquaient un homme de trente-cinq à quarante ans, et pourrait faire croire que ce cadavre n'était pas fort ancien.

« Sous le flanc droit de ce squelette, à la chute des reins, s'est trouvé un boulet de canon du poids de cinquante-six livres, enveloppé d'une croûte fort épaisse, formée sans doute par l'humidité des corps ambians. Il est à croire que ce boulet ne s'est point trouvé là fortuitement.

« Tous ces ossemens ont été transportés sur une planche dans un caveau, où il y avait un autre cadavre découvert sur les marches du même escalier, la tête en bas.

« Ce second cadavre était tourné en sens contraire à l'autre. Il était éloigné du premier d'environ un pied et demi, mais un peu plus élevé. Des pierres en forme de cercueil ne l'entouraient pas comme le premier; mais il était adossé au mur du caveau, et placé sur le flanc droit.

« Les ossemens n'en étaient pas bien conservés, à cause des éboulemens et de la pluie qui a suspendu le travail. Les dents étaient encore entières et fermes dans leurs alvéoles. Nous pensâmes que ce cadavre était antérieur au premier. »

La lecture de ce procès-verbal fit une vive impression sur toute l'assemblée, et M. l'abbé Fauchet, président, y répondit en ces termes :

« Le procès-verbal, messieurs, que vous remettez dans les archives de la commune constate que ces cadavres sont des corps humains appartenant au despotisme, et non comme le prétendent des gens intéressés à soutenir le contraire, des squelettes trouvés dans l'armoire du chirurgien-major de la Bastille, des cadavres propres à étendre les connaissances anatomiques (1), et que ce sont les agens du pouvoir

(1) L'assemblée venait d'être informée qu'un pamphlet intitulé : *Catastrophe du 14 juillet*, avait été répandu avec une profusion étonnante. L'auteur de cet écrit assurait qu'on n'avait point trouvé à la Bastille de prisonniers vivans, de cadavres, de squelettes, point d'hommes enchaînés ; mais seulement quelques pièces d'anatomie dans l'armoire du chirurgien de ce château ; que des bruits populaires, dénués de preuves et

absolu qui les avait scellés dans les murs de ces cachots, qu'ils croyaient éternellement impénétrables à la lumière. Le jour de la révélation est arrivé; les os se sont levés à l'appel de la liberté française; ils déposent contre les siècles de l'oppression et de la mort, prophétisent la régénération de la nature humaine et la vie des nations, etc., etc. »

Ces cadavres furent inhumés peu de temps après, et voici ce qu'en dit la *Chronique de Paris:* « Les corps trouvés dans l'un des cachots dépendant de la Bastille ont été, le 1er juin 1790, déposés dans le cimetière Saint-Paul. La cérémonie funèbre a été accompagnée de toute la pompe possible : le cercueil était porté par douze ouvriers employés à la démolition de cette forteresse; ceux qui avaient déterré les

de fondement, avaient pu servir à accréditer les erreurs relatives à ces pièces anatomiques. Après avoir longuement déploré la perte de ce monument du despotisme, et défendu la criminelle tyrannie des rois embastilleurs contre les actions héroïques des bourgeois de Paris, le fanatique écrivain terminait son récit par les vers suivans, en l'honneur de cette odieuse citadelle :

De la Bastille ouverte, enfonçant les remparts,
Ces cent vingt mille soldats, plus heureux qu'intrépides,
Faisaient mordre la terre à quatorze invalides.

cadavres tenaient le poêle, armés de leurs outils, d'où pendaient des écritaux portant ces mots : *Tremblez ennemis du bien public.* Sur le cercueil étaient les chaînes et le boulet trouvés près de l'une de ces victimes. Le président, le corps des citoyens du district de la Culture et le bataillon de ce district ont assisté à ces funérailles. »

L'honorable fonction d'écrire les révolutions de la capitale, ne se borne point à faire un récit aride de quelques faits dont les circonstances furent souvent dénaturées par les agens très-actifs d'une faction qui avait son siége dans les repaires du Palais-Royal, et quelquefois par le fanatisme même de la liberté; elle nous fait encore un devoir de remonter à la source des faits, de découvrir la cause des changemens qu'ils éprouvent en passant par plusieurs bouches, et de saisir les diverses nuances que prend de temps en temps l'esprit public, selon la marche des choses qui excitent un intérêt général. Nous dirons un mot de ceux qui ont pressenti la révolution de 89.

Quand les sociétés s'altèrent et se divisent, quand on ne voit plus d'un côté que des oppresseurs, de l'autre des opprimés, c'est alors que les esprits s'exaltent, que les uns sèment des germes de révolution, que d'autres les regardent pousser, en calculant les progrès, et forment des conjectures dont on ne se lasse point d'admirer la justesse, lorsque le temps vient enfin à reproduire au grand jour ce qu'il recélait dans son sein mystérieux.

Les potentats qui gouvernaient la France avant Louis XVI, c'est-à-dire les courtisans, les parvenus, leurs maîtresses et des valets, entourés de flatteurs et aveuglés par la fumée d'un encens grossier, ne s'apercevaient pas que la nation s'éclairait, qu'elle notait les abus, calculait ses forces, et ne tarderait pas à réclamer des droits que l'on avait usurpés avec tant d'impudence.

Les choses en vinrent au point que bien des gens, et les ministres eux-mêmes, présagèrent confusément l'insurrection, assez long-temps avant qu'elle se soit opérée. Mais le prince insouciant se contentait de leur répondre : temporisons ; *après moi le déluge*. Ces ministres dociles retardèrent la révolution, que l'on désirait bien plus qu'on ne l'espérait ; ils la retardèrent à l'exemple de leurs prédécesseurs, par différens palliatifs, par de nouveaux impôts, de nouveaux emprunts, des séductions et surtout des Bastilles ; ce régime dure toujours. Qu'arriva-t-il? Dès que la France et le fisc furent absolument épuisés, les Bastilles tombèrent, les agens du despotisme se sauvèrent. Le peuple, qui n'était rien et qui se sentait vivement poussé et soutenu par un homme puissant à commettre impunément d'abord toutes sortes de désordres, ensuite une foule de crimes, devint tout-à-coup l'arbitre de ceux qui l'avaient tant dédaigné.

Cet homme puissant et invisible qui guidait le peuple dans ces excès, n'était pas, comme ceux qui sont le sujet de ce chapitre, *l'habile et l'heureux préviseur des choses futures*. Il croyait marcher au trône; il n'y marcha pas.... Variable dans ses affections, ses goûts et ses maîtres, le peuple devenu souverain barbare répudia son guide qui avait été son concurrent, et le conduisit à l'échafaud...

Quelques hommes de génie qui, comme les Thémistocle, savaient lire dans l'avenir et pressentaient les effets par les causes; les Montesquieu, les Mably, les Rousseau, les Voltaire, avaient prévu ce dénoûment. Néanmoins, aucun d'eux n'en a assigné les circonstances avec autant de précision que Cazotte. Ce personnage singulier, et qui a passé long-temps pour un fou sans en être choqué, que l'on recherchait pour en rire, a fini cependant par voir les événemens justifier ses prédictions.

Dès 1788, Cazotte connaissait les principes désorganisateurs et sanguinaires de l'hypocrite démagogie du Palais-Royal. « Le duc d'Orléans, disait-il, hait la cour. Dans plusieurs circonstances, son caractère pusillanime et ses mœurs corrompues lui ont attiré des humiliations qu'il supporte lâchement, mais en nourrissant des projets de vengeance. L'immensité de cette fortune acquise par son trisaïeul en bouleversant toutes les fortunes particulières, lui permet d'avoir une cour nombreuse, presque entièrement composée de conspirateurs. Ces ambitieux courtisans, pour en faire un chef de parti, lui montrent le trône en perspective, lui font remarquer la tendance générale des esprits vers des innovations, sans doute nécessaires, mais que l'on obtiendra facilement du roi, dont le règne sera en France l'époque mémorable d'un nouvel ordre de choses. »

Cette conversation se tenait chez un grand seigneur, homme d'esprit et membre de l'Académie, qui avait réuni à dîner une nombreuse compagnie composée de tout état, gens de cour, gens de robe, gens de lettres, académiciens, etc. On avait, dit la Correspondance, fait bonne chère comme de coutume; au dessert, les vins de Malvoisie et de Constance ajoutaient à la gaîté de la bonne compagnie cette sorte de liberté qui n'en gardait pas toujours le ton. On parla de l'affaire de ce fameux collier de diamans, dans laquelle on vit figurer un cardinal et des prostituées; du supplice de la comtesse de Lamotte, condamnée à être marquée et fouettée. Cette aventure fut racontée de manière à laisser croire que la reine pouvait être coupable; elle s'était montrée, disait-on, un soir à huit heures sur la terrasse de Versailles, tandis que le cardinal de Rohan s'y promenait, et lui avait remis une rose comme un gage de sa satisfaction pour l'achat du collier.

Cazotte fut du petit nombre des gens qui rendirent justice à Marie-Antoinette. Les gentilshommes qui avaient l'honneur d'approcher cette princesse firent des efforts pour convaincre de son innocence, mais accusèrent cependant les imprudences et le ton léger et tranchant qui dirigeaient toutes ses actions. Ils assurèrent que la rose avait été donnée par une demoiselle d'*Oliva*, que l'intrigante de Lamotte avait chargée de représenter la reine aux yeux du crédule prélat, acquéreur du collier, pour le prix de quatorze cent mille livres. Les rencontres entre le cardinal de Rohan et cette demoiselle avaient toujours lieu la nuit ou dans des endroits obscurs. La rose devait être suivie de bien d'autres faveurs de la part de la figurante, si à l'échéance le prélat acquittait les billets qu'il avait souscrits.

Quoi qu'il en soit, dit Champfort, cette intrigue de cour avilit la majesté royale, et le supplice de la femme Lamotte fait croire à la majorité des Français qu'on a sacrifié une intrigante pour sauver la réputation de la reine.

On proposa de changer la conversation ; Champfort nous lut de ses contes, qu'il donna comme excellens contre les vapeurs qui affligeaient en ce temps-ci plusieurs dames et plusieurs abbés. Les grandes dames écoutèrent sans avoir même recours à l'éventail ; de là, un déluge de plaisanteries sur la religion. A ces contes libertins, impies, succédèrent les tirades de la *Pucelle d'Orléans*.

> Le bon roi Charles, au printemps de ses jours,
> Au temps de Pâques, en la cité de Tours,
> A certain bal (ce prince aimait la danse),
> Avait trouvé, pour le bien de la France,
> Une beauté nommée Agnès Sorel :
> Jamais amour ne forma rien de tel.
> . . . .

Lorgner Agnès, soupirer et trembler,
Perdre la voix en voulant lui parler,
Presser ses mains d'une main carressante,
Laisser briller sa flamme impatiente,
Montrer son trouble, en causer à son tour;
Lui plaire, enfin, fut l'affaire d'un jour.
. . . .

Nos deux amans, pleins de troubles et de joie,
Ivres d'amour, à leurs désirs en proie,
Se renvoyaient des regards enchanteurs,
De leurs plaisirs brûlans avant-coureurs.
. . . .

Déjà la lune est au haut de son cours :
Voilà minuit, c'est l'heure des amours.
Dans une alcôve artistement dorée,
Point trop obscure et point trop éclairée,
Entre deux draps que la Frise a tissus,
D'Agnès Sorel les charmes sont reçus.
. . . .

. . . . . L'amour et la pudeur
Au front d'Agnès font monter la rougeur :
La pudeur passe et l'amour seul demeure.
Son tendre amant l'embrasse tout-à-l'heure.
. . . .

Sous un cou blanc, qui fait honte à l'albâtre,
Sont deux tétons séparés, faits au tour,
Allant, venant, arrondis par l'amour;
Leur boutonnet a la couleur de roses.
Téton charmant qui jamais ne reposes,
Vous invitiez les mains à vous presser,
L'œil à vous voir, la bouche à vous baiser.
. . . .

Plongés tous deux dans le sein des délices,
Ils paraissaient en goûter les prémices.
Charles, souvent, disait entre ses bras,
En lui donnant des baisers tout de flamme :
« Ma chère Agnès, idole de mon âme,
Le monde entier ne vaut point vos appas.
Vaincre et régner ce n'est rien que folie.
Mon parlement me bannit aujourd'hui ;
Au fier Anglais la France est asservie.
Ah ! qu'il soit roi, mais qu'il me porte envie :
J'ai votre cœur, je suis plus roi que lui. »

Un tel discours n'est pas trop héroïque ;
Mais un héros, quand il tient dans un lit
Maîtresse honnête, et que l'amour le pique,
Peut s'oublier et ne sait ce qu'il dit.

Comme il menait cette joyeuse vie,
Tel qu'un abbé dans sa grasse abbaye,
Le prince anglais, toujours plein de furie,
Toujours au champ, la visière haussée,
Foulait aux pieds la France terrassée.
Il marche, il vole, il renverse en son cours
Les murs épais, les menaçantes tours ;
Répand le sang, prend l'argent, taxe, pille,
Livre aux soldats et la mère et la fille ;
Fait violer des couvens de nonains,
Boit le muscat des pères Bernardins ;
Frappe en écus l'or qui couvre les saints ;
Et, sans respect pour Jésus ni Marie,
De mainte église il fait mainte écurie.
Ainsi qu'on voit dans une bergerie

Des loups sanglans de carnage altérés,
Et sous leurs dents les troupeaux déchirés;
Tandis qu'au loin, couché dans la prairie,
Colin s'endort sur le sein d'Egérie,
Et que son chien près d'eux est occupé
A se saisir des restes du souper.

Or, du plus haut du brillant apogée,
Séjour des saints et fort loin de nos yeux,
Le bon Denis, prêcheur de nos aïeux,
Vit les malheurs de la France affligée,
L'état horrible où l'Anglais l'a plongée;
Paris aux fers et le roi très-chrétien
Baisant Agnès et ne songeant à rien.

« Ah! par mon chef, dit-il, il n'est pas juste
De voir ainsi tomber l'empire auguste
Où de la foi j'ai planté l'étendard;
Trône des lis, tu cours trop de hasard.

J'aime la Gaule et l'ai catéchisée,
Et ma bonne âme est très scandalisée
De voir Charlot, mon filleul tant aimé,
Dont le pays en cendre est consumé,
Et qui s'amuse, au lieu de se défendre,
A deux tétons qu'il ne cesse de prendre.

J'ai résolu d'assister aujourd'hui
Les bons Français qui combattent pour lui.
Je veux finir leur peine et leur misère.
Tout mal, dit-on, guérit par son contraire.
Or, si Charlot veut, pour une catin,

Perdre la France et l'honneur avec elle,
J'ai résolu, pour changer son destin,
De me servir des mains d'une pucelle.
Si vous aimez le roi, l'Etat, l'église,
Assistez-moi dans ma sainte entreprise;
Montrez le nid où nous devons chercher
Ce vrai phénix que je veux dénicher.
Ainsi parla le vénérable sire;
Quand il eut fait chacun se prit à rire.

On répondit au bon Denis :
Quand il s'agit de sauver une ville,
Un pucelage est une arme inutile.
Pourquoi, d'ailleurs, le prendre en ce pays ?
Vous en avez tant dans le paradis.
Ainsi, vieux fou, pour finir nos querelles,
Cherchez ailleurs, s'il vous plaît, des pucelles.

Vers les confins du pays champenois,
Où cent poteaux marqués de trois merlettes,
Disaient aux gens : *En Lorraine vous êtes.*
Est un vieux bourg pas fameux autrefois;
Mais il mérite un grand nom dans l'histoire :
Car de lui vient le salut et la gloire
Des fleurs de lis et du peuple gaulois.

O Domremi! tes pauvres environs
N'ont ni muscat, ni pêches, ni citrons,
Ni mine d'or, ni bon vin qui nous damne;
Mais c'est à toi que la France doit Jeanne!
Jeanne y naquit. Certain curé du lieu,
Faisant partout des serviteurs à Dieu,
Ardent au lit, à table, à la prière,

Moine autrefois, de Jeanne fut le père.
Une robuste et grasse chambrière
Fut l'heureux moule où ce pasteur jeta
Cette beauté qui les Anglais dompta.

. . . .

Ses tétons bruns, mais fermes comme un roc,
Tentent la robe, et le casque et le froc ;
Elle est active, adroite, vigoureuse,
Et d'une main potelée et nerveuse
Soutient fardeaux, verse cent brocs de vin,
Sert le bourgeois, le noble, le robin.

Il faut enfin vous chanter cette dame
Qui fit, dit-on, des prodiges divins.
Elle affermit de ses pucelles mains,
Des fleurs de lys la tige gallicane,
Sauva son roi de la rage anglicane,
Et le fit oindre au maître-autel de Reims.

Jeanne montra sous féminin visage,
Sous le corset et sous le cotillon,
D'un vrai Roland le vigoureux courage.
J'aime mieux, moi, le soir, pour mon usage,
Vous le verrez si lisez tout l'ouvrage,
Une beauté douce comme un mouton.
Mais Jeanne d'Arc est un cœur de lion.
Vous tremblerez de ses exploits nouveaux;
Et le plus grand de ses rares travaux
Fut de garder un an son pucelage.

On citait aussi des passages de Diderot ; on rappelait ces vers philosophiques :

Et des boyaux du dernier prêtre
Serrez le cou du dernier roi.

La conversation devint plus sérieuse; on se répandit en admiration sur la révolution qu'avait fait la philosophie; on convint que c'était là le premier titre de la gloire des philosophes. On cita Voltaire. Il a donné le ton à son siècle, disait-on, et s'est fait lire dans l'antichambre comme dans le salon.

Un des convives nous raconta que son coiffeur lui avait dit en le poudrant: « *Voyez-vous, monsieur, quoique je ne sois qu'un carabin, j'ai confiance dans le duc d'Orléans.* » On conclut que la révolution ne tarderait pas à se consommer, qu'il fallait absolument que la superstition et le despotisme fissent place à la liberté dont on jouirait si on parvenait à mettre sur le trône un prince libéral; l'on en était à calculer les probabilités de l'époque, et quels seraient les membres de la société qui verraient le nouveau règne. Les plus vieux se plaignaient de ne pouvoir s'en flatter, les plus jeunes se réjouissaient d'en avoir une espérance très vraisemblable, et l'on félicitait surtout le Palais-Royal d'avoir poussé au grand œuvre, et d'avoir été le chef-lieu, le centre, le mobile de la liberté qu'on préparait au peuple français.

Un seul des convives n'avait point pris de part à toute la joie de cette conversation ; seulement il avait laissé tomber tout doucement quelques plaisanteries sur notre bel enthousiasme pour le nouveau prince. On le pria de répéter des vers qu'il avait faits en l'honneur du nouveau potentat.

> Et des maisons entières, par la main du bourreau,
> Pour servir ce tyran, passeront au tombeau.

C'était Cazotte, homme aimable et original, dont l'œil perçant voyait plus loin que d'autres; il prit la parole, et du ton le plus sérieux. « Messieurs, dit-il, soyez satisfaits, vous verrez tous ce grand œuvre que vous désirez tant. Vous savez que je suis un peu prophète ; je vous le répète, Messieurs, et vous le verrez. — On lui répondit : *Faut pas être grand sorcier pour ça.*

« Soit, mais peut-être faut-il l'être un peu plus pour ce qui me reste à vous dire. Savez-vous ce qui arrivera de cette révolution, ce qui en arrivera pour vous tous tant que vous êtes ici, et ce qui en sera la suite immédiate, l'effet bien prouvé, la conséquence bien reconnue ?

— Ah ! voyons, dit Condorcet, un philosophe n'est pas fâché de rencontrer un prophète.

— « Vous, M. de Condorcet, vous expirerez

étendu sur le pavé d'un cachot, vous mourrez du poison que vous aurez pris pour vous dérober au bourreau, du poison que le bonheur de ce temps-là vous forcera de porter toujours sur vous.

Grand étonnement d'abord; mais on se rappelle que le bon Cazotte est sujet à rêver tout éveillé, et l'on rit.

— Mais quel diable vous a mis dans la tête ce *cachot*, ce *poison*, ces *bourreaux* et ces *travestissemens* pour faire réussir la cause du ....? Qu'est-ce que tout cela peut avoir de commun avec la liberté que nous garantit le règne d'un prince protecteur des libertés?

—« C'est précisément ce que je vous dis; c'est au nom de la liberté, de l'*égalité*, dont votre idole prendra le nom, c'est sous le règne d'un prince libéral qu'il vous arrivera de finir ainsi, et ce sera bien le règne de la liberté, car alors elle aura des temples, et même il n'y aura plus dans toute la France que des temples de la liberté.

— Par ma foi, dit Champfort, vous ne serez pas un des prêtres de ces temps-là.

—« Je l'espère; mais vous, monsieur Champfort, qui en serez un, et très digne de l'être, vous vous couperez les veines de plus de vingt coups de rasoir, et pourtant vous n'en mourrez que quelques mois après.

On se regarde et l'on rit de plus belle.

— « Vous, M. Vicq-d'Azyr, vous ne vous ouvrirez pas les veines vous-même, mais après vous vous les ferez ouvrir six fois dans un jour, au milieu d'un accès de goutte, pour être plus sûr de votre fait, et vous mourrez dans la nuit. Vous, M. de Nicolaï, vous mourrez sur l'échafaud. Vous, M. Bailly, sur l'échafaud. Vous, M. de Malesherbes, sur l'échafaud.

— Ah! Dieu soit béni, dit Roucher, il paraît que M. Cazotte n'en veut qu'à l'Académie, il vient d'en faire une terrible exécution; et moi, grâce au ciel, je ne......

— « Vous! reprit vivement le prophète, vous mourrez aussi sur l'échafaud.

— Oh! c'est une gageure, s'écrie-t-on de toutes parts, il a juré de tout exterminer.

— « Non, ce n'est pas moi qui l'ai juré.

— Mais nous serons donc subjugués par les Turcs ou par les Tartares? encore...

— « Point du tout; je vous l'ai dit: vous serez alors gouvernés par la seule raison. Ceux qui vous traiteront ainsi, seront tous des patriotes élèves du Palais-Royal, ils auront à tout moment dans la bouche toutes les mêmes phrases que vous débitez depuis une heure, répéteront toutes vos maximes, citeront tout comme vous les vers de Diderot.

— On se disait à l'oreille : vous voyez bien qu'il est fou ; car il gardait toujours le plus grand sérieux.

— Est-ce que vous ne voyez pas qu'il plaisante, et vous savez qu'il entre toujours du merveilleux dans ses plaisanteries.

— Oui, répond Champfort, mais son merveilleux n'est pas gai, il est trop patibulaire, et quand tout cela arrivera-t-il ?

— «Six ans ne se passeront pas que tout ce ce que je vous dis ne soit accompli.

— Voilà bien des miracles (et cette fois c'était moi-même qui parlais), et vous ne m'y mettez pour rien ?

— «Vous y serez pour un miracle tout au moins aussi extraordinaire ; vous mourrez dans de grands sentimens de piété. »

Grandes exclamations.

— Ah ! s'écrie Champfort, je suis rassuré, si nous ne devons périr que quand la Harpe sera chrétien, nous sommes immortels.

FIN DU DEUXIÈME ET DERNIER VOLUME.

www.ingramcontent.com/pod-product-compliance
Lightning Source LLC
Chambersburg PA
CBHW071942220426
43662CB00009B/961